Dippold/Strasser •

Ausbildung und Beruf

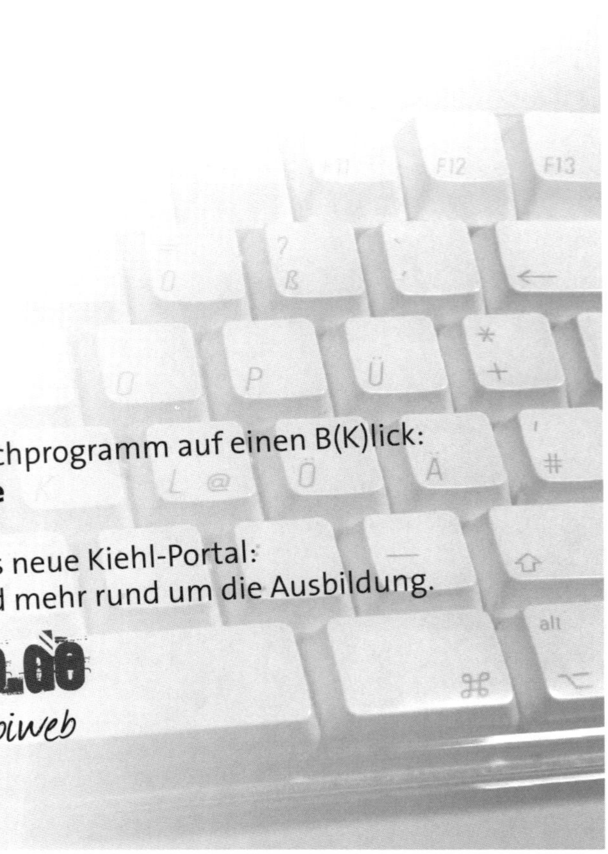

WISO 1

Trainingsmodule für Industriekaufleute

www.kiehl.de

Wirtschafts- und Sozialkunde

Ausbildung und Beruf

Von Diplom-Handelslehrerin Silke Dippold
und Diplom-Handelslehrer Alexander Strasser

WISSEN > LERNEN > TRAINIEREN >

kiehl

ISBN 978-3-470-**59231**-2

Kiehl ist eine Marke des NWB Verlags.

Satz: Satzbüro Sylke Backer, Limburgerhof
Druck: Stückle Druck und Verlag, Ettenheim

Vorwort

Die neuen Trainingsmodule ermöglichen angehenden Industriekaufleuten ein individuelles Lernen in unterschiedlichen Fachgebieten. Sie enthalten zu jedem Thema das für die Prüfung notwendige Wissen, zeigen Lösungswege für prüfungstypische Aufgabenstellungen auf und ermöglichen zu jeder Zeit der Ausbildung ein persönliches Wissenstraining mit Aufgaben unterschiedlicher Schwierigkeitsstufen.

- Im **Wissensteil** finden Sie die Inhalte, die für die Prüfung wichtig sind.
- Im **Lernteil** erfahren Sie, wie Sie an Aufgabenstellungen herangehen und
- im **Trainingsteil** können Sie üben und Ihren Wissensstand jederzeit kontrollieren.

Beachten Sie dazu bitte auch den **Benutzerhinweis** auf Seite 6.

Dieser Band beschäftigt sich mit der Ausbildung und den rechtlichen Rahmenbedingungen des Berufslebens, insbesondere mit der Berufsausbildung, dem Arbeitsvertrags- und Tarifrecht, den rechtlichen Bestimmungen zum Schutz des Arbeitnehmers, den Sozialversicherungen und der Sozialgerichtsbarkeit sowie der Mitbestimmung der Arbeitnehmer im Unternehmen.

Wir wünschen Ihnen eine erfolgreiche Ausbildung und freuen uns auf ein Feed-back.

Erlangen, im Juli 2010

Silke Dippold
Alexander Strasser

Benutzerhinweis

Der Aufbau der Trainingsmodule

Die Trainingsmodule für Industriekaufleute folgen einem völlig neuen Lernkonzept. Durch die Zerlegung des gesamten Stoffs der dreijährigen Ausbildung in einzelne Module können sich Auszubildende individuell vorbereiten und ihr eigenes Lernprogramm zusammenstellen. Für jedes Prüfungsfach gibt es mehrere Module zu unterschiedlichen Themen. Jeder Band enthält einen Wissensteil, einen Lernteil und einen Trainingsteil.

WISSEN

Der Wissensteil zeigt, was zum jeweiligen Thema gehört, strukturiert den Stoff und enthält in kompakter und übersichtlicher Form nur die Lerninformationen, die der Leser für die Prüfung braucht.

LERNEN

Im Lernteil erfährt der Leser, wie er aus dem Labyrinth möglicher Aufgabenstellungen herausfindet, worauf er achten muss, wie er beim jeweiligen Thema an Aufgaben und Fälle herangeht und wo mögliche Stolpersteine liegen können.

TRAINIEREN

Der Trainingsteil enthält Fragen, Aufgaben und Fälle auf unterschiedlichen Niveaustufen und in unterschiedlicher Methodik, z. B. offene Wissensfragen, Multiple-Choice-Aufgaben, Zuordnungsaufgaben, Rechenbeispiele, Situationsaufgaben und komplexe Fälle einschließlich deren Lösung.

Die Symbole

Die folgenden Symbole erleichtern Ihnen die Arbeit mit diesem Buch.

LABYRINTH

Dieses Symbol führt Sie zu den Antworten auf die zentralen Fragen eines Themas oder einer Aufgabenstellung.

MERKE

Die Hand macht auf wichtige Merksätze oder Definitionen aufmerksam.

STOLPERSTEIN

Immer wenn das Ausrufezeichen auftaucht, ist Vorsicht geboten. Es zeigt typische Stolpersteine oder Fehler, die Prüflinge immer wieder begehen.

TIPP

Hier finden Sie nützliche Zusatzinformationen und Hinweise.

INHALT

SEITE

Wirtschafts- und Sozialkunde

Modul 1: Ausbildung und Beruf

I. Berufsausbildung

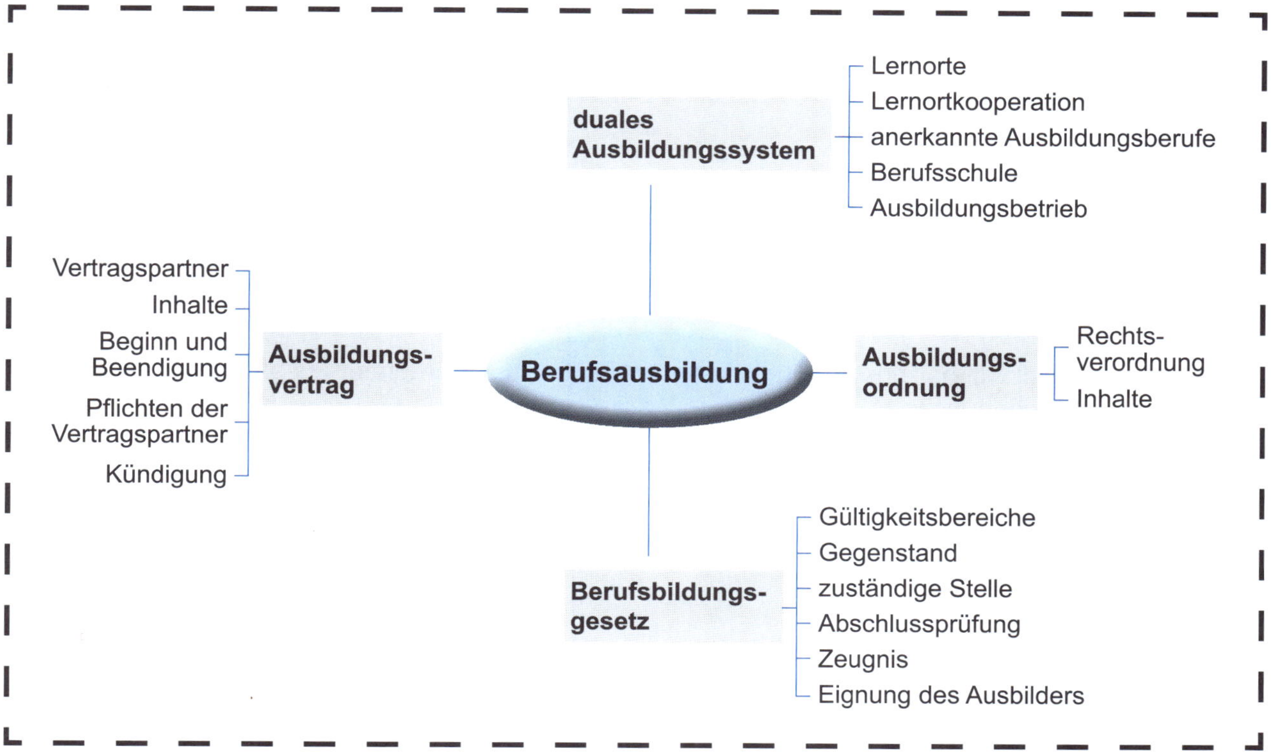

Was muss ich für die Prüfung wissen?

1. Das duale Ausbildungssystem

Das duale Ausbildungssystem bezeichnet die Berufsausbildung in der Bundesrepublik Deutschland, die grundsätzlich parallel an zwei verschiedenen Lernorten stattfindet, im Ausbildungsbetrieb und in der Berufsschule.

Zusätzlich kann die Berufsausbildung durch die außerbetriebliche Berufsbildung in Bildungseinrichtungen außerhalb der schulischen und betrieblichen Berufsbildung unterstützt werden.

a) Die Lernorte

1. Ausbildungsbetrieb

Die Ausbildungsbetriebe sind Betriebe der freien Wirtschaft in fast allen Wirtschaftsbereichen (Industrie, Handwerk, Landwirtschaft oder Dienstleistungssektor) oder vergleichbaren Einrichtungen außerhalb der Wirtschaft (v. a. öffentlicher Dienst, freie Berufe).

Hier findet die fachpraktische Berufsausbildung statt. Aufgabe der Betriebe ist die Vermittlung fachtheoretischer Inhalte, Fähigkeiten und Fertigkeiten zusammen mit der fachpraktischen Anwendung am Arbeitsplatz.

Am Ende der Ausbildung legen die Auszubildenden eine Prüfung vor der zuständigen Stelle (Kammer) ab.

2. Berufsschule

In der Berufsschule werden den Auszubildenden allgemein bildende und berufsbezogene theoretische Lerninhalte vermittelt. Der Berufsschulunterricht findet entweder an ein bis zwei Tagen in der Woche oder in Blockunterrichtsphasen statt.

Am Ende der Ausbildung erhalten die Auszubildenden ein Abschlusszeugnis von der Berufsschule.

b) Lernortkooperation

Lernortkooperation definiert das Berufsbildungsgesetz als Zusammenarbeit zwischen den beiden voneinander unabhängigen Ausbildungsträgern – Betrieb und Berufsschule – mit dem gemeinsamen Ziel der beruflichen Qualifizierung von Jugendlichen.

Die beiden Ausbildungspartner arbeiten daher eng und gleichberechtigt zusammen, um ihren gemeinsamen Bildungsauftrag zu erfüllen.

c) Voraussetzungen für das duale Ausbildungssystem

Grundlage des Ausbildungsverhältnisses ist ein Ausbildungsvertrag, der zwischen dem ausbildenden Unternehmen und dem Auszubildenden vor Beginn der Ausbildung abgeschlossen wird.

Die aufgrund des geschlossenen Ausbildungsvertrages zu besuchende Berufsschule ist abhängig vom Ort bzw. von der Landkreiszugehörigkeit des Betriebes. Die Anmeldung an der zuständigen Berufsschule erfolgt mithilfe des entsprechenden Antrages der jeweiligen Berufsschule durch den Ausbildenden.

Betriebliche Ausbildung und Berufsschulbesuch werden während der Ausbildungszeit entweder parallel (1 bis 2 Berufsschultage pro Woche) oder in abwechselnden Blöcken absolviert.

d) Chancen und Probleme des dualen Ausbildungssystems

Vorteile für die Auszubildenden:

- Verknüpfung der erworbenen theoretischen Kenntnisse mit praktischen Erfahrungen
- Verbesserung der beruflichen Handlungskompetenz, Eigenständigkeit und des selbstständigen Arbeitens.

Vorteile für die ausbildenden Unternehmen:

- Bedarfsgerechte Ausbildung zukünftiger Fachkräfte entsprechend der betrieblichen Anforderungen
- Einsparung von Einarbeitungskosten
- Reputationsgewinn durch das Ausbildungsengagement und IHK-Ausbildungssiegel „Dieser Betrieb bildet aus“.

Probleme des dualen Ausbildungssystems:

- Abhängigkeit von der Ausbildungsbereitschaft der Unternehmen, da ein Ausbildungsvertrag Voraussetzung für eine Berufsausbildung im dualen System ist.
- Konjunkturabhängigkeit des dualen Ausbildungssystem, da die jährlichen Bruttokosten einer Berufsausbildung die unmittelbar verrechenbaren Erträge der Ausbildung übersteigen.
- Demografiebedingter Bewerberrückgang erschwert die Suche nach passenden Bewerbern.

2. Berufsbildungsgesetz

Das Berufsbildungsgesetz ist die zentrale Rechtsgrundlage für die betriebliche (außerschulische) Berufsbildung im dualen System. Die Regelungen gelten in der gesamten Bundesrepublik Deutschland.

Das Berufsbildungsgesetz entstand 1969 zum Zweck der beruflichen Qualifizierung für die Mehrheit der Bevölkerung. Im Jahr 2005 trat das reformierte Berufsbildungsgesetz in Kraft.

a) Wie ist das Berufsbildungsgesetz aufgebaut?

§§	Regelungsbereich	Detailregelung
1-3	Allgemeine Vorschriften, Definitionen, Anwendungsbereich	Berufsbildung, Berufsausbildung, Berufsausbildungsvorbereitung, berufliche Fortbildung, berufliche Umschulung, Lernortkooperation
4-9	Ausbildungsordnung, Ausbildungsberuf	Anerkennung von Ausbildungsberufen, Ausbildungsordnung, Ausbildungszeit
10-26	Berufsausbildungsverhältnis	Begründung des Ausbildungsverhältnisses, Pflichten der Auszubildenden und der Ausbildenden, Vergütung, Probezeit, Beendigung, Kündigung, Weiterarbeit
27-33	Ausbildungsstätte, Ausbildungspersonal	Eignung der Ausbildungsstätte, Eignung von Ausbildenden und Ausbilder, Persönliche und fachliche Eignung, Überwachung der Eignung
34-36	Verzeichnis der Berufsausbildungsverhältnisse	Führen des Verzeichnisses der Berufsausbildungsverhältnisse, Eintragungen, Mitteilungspflicht
37-50	Rahmenvorschriften für die Prüfungen	Abschlussprüfung, Prüfungsgegenstand, Prüfungsausschüsse, Zulassungen, Prüfungsordnung, Zwischenprüfung
53-70	Berufliche Fortbildung, berufliche Umschulung, Berufsbildung behinderter Menschen, Berufsausbildungsvorbereitung	Fortbildungsordnung, Fortbildungsprüfungen, Umschulungsordnung, Umschulungsmaßnahmen und Umschulungsprüfungen, Überwachung, Beratung, Personenkreis
71-83	Organisation und Überwachung der Berufsausbildung	Zuständige Stellen, Berufsbildungsausschuss, zuständige Behörden, Landesausschüsse
84-88	Berufsbildungsforschung	Ziele, Berufsbildungsbericht, Berufsbildungsstatistik

89-101	Bundesinstitut für Berufsbildung	Aufgaben, Organe, Finanzierung, Satzung, Personal, Aufsicht, Auskunftspflicht
102	Bußgeldvorschriften	

b) Wie definiert das Berufsbildungsgesetz (BBiG) Berufsbildung?

Das Berufsbildungsgesetz versteht unter Berufsbildung die Berufsausbildungsvorbereitung, die Berufsausbildung, die berufliche Fortbildung und die berufliche Umschulung (§ 1 BBiG).

Berufsausbildungsvorbereitung	Berufsausbildung	Berufliche Fortbildung	Berufliche Umschulung
Ziel ist die Vermittlung von Grundlagen für den Erwerb beruflicher Handlungsfähigkeit, um an eine Berufsausbildung in einem anerkannten Ausbildungsberuf heranzuführen. Zielgruppe sind lernbeeinträchtigte oder sozial benachteiligte Personen.	Ziel ist die Vermittlung der für die Ausübung einer qualifizierten beruflichen Tätigkeit notwendigen Fertigkeiten, Kenntnisse und Fähigkeiten (berufliche Handlungsfähigkeit) in einem anerkannten Ausbildungsberuf. Die erforderliche Berufserfahrung soll erworben werden können.	Die berufliche Handlungsfähigkeit soll erhalten, angepasst oder erweitert werden. Der berufliche Aufstieg soll ermöglicht werden.	Ziel ist die Befähigung zu einer anderen beruflichen Tätigkeit.

c) Wer ist die zuständige Stelle und welche Aufgaben erfüllt sie?

Die zuständige Stelle ist nach dem Berufsbildungsgesetz (§§ 71 ff. BBiG) die jeweilige Kammer.

Für nichthandwerkliche Gewerbeberufe ist die Industrie- und Handelskammer (IHK) und für Berufe der Handwerksordnung die Handwerkskammer zuständige Stelle.

Aufgaben

Die zuständige Stelle erfüllt unter anderem folgende Hauptaufgaben bei der Koordinierung, Durchführung und Überwachung der Berufsausbildung:

- Einrichtung und Führung des Verzeichnisses der Berufsausbildungsverhältnisse für anerkannte Ausbildungsberufe
- Erlassung von Prüfungsordnungen und Durchführung von Zwischen- und Abschlussprüfungen sowie überbetrieblicher Fortbildungen
- Verkürzung der Ausbildungszeit auf gemeinsamen Antrag der Auszubildenden und Ausbildenden

- Prüfung und Überwachung der Eignung der Ausbildungsstätte und der persönlichen und fachlichen Eignung des Ausbildungspersonals
- Beratung von Ausbildenden und Auszubildenden durch Ausbildungsberater
- Förderung und Überwachung von Auslandsaufenthalten der Auszubildenden

d) Abschlussprüfung

Das Berufsbildungsgesetz schreibt vor, dass in den anerkannten Ausbildungsberufen Abschlussprüfungen durchzuführen sind.

Es enthält Rahmenvorschriften für die Prüfungen. Fachliche Einzelheiten zu den Prüfungen werden in den Ausbildungsordnungen festgelegt (siehe auch Punkt 3).

Nach § 43 BBiG wird zur Abschlussprüfung zugelassen,

1. wer die Ausbildungszeit zurückgelegt hat,
2. wer an vorgeschriebenen Zwischenprüfungen teilgenommen sowie vorgeschriebene schriftliche Ausbildungsnachweise geführt hat und
3. wessen Berufsausbildungsverhältnis in das Verzeichnis der Berufsausbildungsverhältnisse eingetragen ist.

Wenn die Abschlussprüfung nicht bestanden wurde, kann sie zweimal wiederholt werden.

Die Abschlussprüfung soll feststellen, ob der Prüfling die berufliche Handlungsfähigkeit erworben hat, die erforderlichen beruflichen Fertigkeiten beherrscht, die notwendigen beruflichen Kenntnisse und Fähigkeiten besitzt und mit dem im Berufsschulunterricht vermittelten und für die Berufsausbildung wesentlichen Lehrstoff vertraut ist.

e) Welche Zeugnisse gibt es nach dem Berufsbildungsgesetz?

Es gibt zwei Arten von Zeugnissen, das einfache und das qualifizierte Zeugnis.

Das einfache Zeugnis enthält nur Angaben über

- Art, Dauer und Ziel der Berufsausbildung und
- über die erworbenen beruflichen Fertigkeiten, Kenntnisse und Fähigkeiten.

In einem qualifizierten Zeugnis werden zusätzlich zu den Angaben des einfachen Zeugnisses auch Angaben über Verhalten und Leistung aufgenommen.

Das qualifizierte Zeugnis ist auf Verlangen des Auszubildenden auszustellen.

f) Wer kann nach dem Berufsbildungsgesetz Ausbildender sein?

Nur wer persönlich geeignet ist, darf Auszubildende einstellen. Auszubildende ausbilden darf nur derjenige, der persönlich und fachlich geeignet ist.

Wenn jemand fachlich nicht geeignet ist und nicht selbst ausbildet, kann er einen persönlich und fachlich geeigneten Ausbilder beauftragen, um Auszubildende einstellen zu können. Der Ausbilder vermittelt dann die Ausbildungsinhalte in der Ausbildungsstätte.

Das Berufsbildungsgesetz schreibt zudem vor, dass Auszubildende nur dann eingestellt und ausgebildet werden dürfen, wenn die Ausbildungsstätte nach Art und Einrichtung für die Berufsausbildung geeignet ist. Die Zahl der Auszubildenden muss in einem angemessenen Verhältnis zur Zahl der Ausbildungsplätze oder zur Zahl der beschäftigten Fachkräfte stehen.

Wenn in einem Unternehmen die erforderlichen beruflichen Fertigkeiten, Kenntnisse und Fähigkeiten nicht in vollem Umfang vermittelt werden können, ist es möglich, dass diese durch Ausbildungsmaßnahmen außerhalb der Ausbildungsstätte vermittelt werden.

Die Entscheidung über die Anerkennung der Eignung trifft die zuständige Stelle.

3. Die Ausbildungsordnung

Ausbildungsordnungen werden für anerkannte Ausbildungsberufe erlassen. Sie sind die formale Grundlage, damit eine geordnete und einheitliche **betriebliche** Berufsausbildung in diesen anerkannten Ausbildungsberufen gewährleistet werden kann und für alle Beteiligten einheitliche Regelungen gelten.

Der jeweilige **betriebliche** Ausbildungsplan wird nach der Ausbildungsordnung erstellt.

Die Ausbildungsordnungen für die anerkannten Ausbildungsberufe werden fortlaufend modernisiert oder es treten neue Ausbildungsberufe in Kraft.

Insgesamt gab es im Jahr 2009 (Stand 1. August) 349 staatlich anerkannte Ausbildungsberufe (vgl. Homepage des Bundesinstituts für Berufsbildung www.bibb.de). Die Zahl der anerkannten Ausbildungsberufe ist in den letzten dreißig Jahren seit Einführung des Berufsbildungsgesetzes stark gesunken (1971 gab es noch 606 anerkannte Ausbildungsberufe).

a) Welche Inhalte regelt die Ausbildungsordnung?

Eine Ausbildungsordnung regelt

- die Bezeichnung des anerkannten Ausbildungsberufes,
- die Ausbildungsdauer (mindestens zwei, maximal drei Jahre),
- das Ausbildungsberufsbild, d.h. die beruflichen Fertigkeiten, Kenntnisse und Fähigkeiten, die mindestens in der Berufsausbildung vermittelt werden müssen,
- den Ausbildungsrahmenplan (Anleitung zur sachlichen und zeitlichen Gliederung zur Vermittlung der Fertigkeiten, Kenntnisse und Fähigkeiten),
- dass Auszubildende einen schriftlichen Ausbildungsnachweis zu führen haben (Berichtsheft),
- die Prüfungsanforderungen der Zwischen- und Abschlussprüfung (Prüfungsbereiche und jeweilige Anforderungen, Zeitvorgaben, Bestehensregelung).

Die jeweiligen Ausbildungsinhalte sind Mindestanforderungen bzw. Mindestinhalte für eine zeitgemäße Ausbildung. Jeder Betrieb hat darüber hinaus die Möglichkeit, weitere Themen in die Ausbildung zu integrieren.

b) Wer erlässt Ausbildungsordnungen?

Ausbildungsordnungen werden vom Bundesinstitut für Berufsbildung (BIBB) gemeinsam mit Sachverständigen aus der Berufspraxis inhaltlich vorbereitet.

Die zuständigen Bundesministerien (i. d. R. das Bundesministerium für Wirtschaft und Technologie) erlassen im Einvernehmen mit dem Bundesministerium für Bildung und Forschung (BMBF) durch Rechtsverordnungen die Ausbildungsordnungen. Mit Inkrafttreten gelten sie für alle Bundesländer.

c) Welche formale Grundlage gibt es für die Berufsschule?

Für die Berufsschule erlassen die Kultusminister der einzelnen Bundesländer Lehrpläne für ihr Bundesland. Diese Lehrpläne sind mit den Ausbildungsordnungen der Ausbildungsberufe und den von der Kultusministerkonferenz empfohlenen Rahmenlehrplänen inhaltlich abgestimmt. Die Berufsschule erstellt auf der Grundlage dieser Lehrpläne einen Stoffverteilungsplan.

4. Der Ausbildungsvertrag

Der Ausbildungsvertrag wird zwischen dem Ausbildenden (Ausbildungsbetrieb) und dem Auszubildenden abgeschlossen und mit ihm wesentliche Inhalte schriftlich niedergelegt (§ 11 BBiG). Er begründet das Ausbildungsverhältnis.

Merkmale des Ausbildungsvertrages

Schriftlich festzuhaltende Inhalte des Vertrages (§ 11 BBiG)	1. Art, sachliche und zeitliche Gliederung, Ziel der Berufsausbildung, Berufstätigkeit 2. Beginn und Dauer der Berufsausbildung 3. Ausbildungsmaßnahmen außerhalb der Ausbildungsstätte 4. Dauer der regelmäßigen täglichen Ausbildungszeit 5. Dauer der Probezeit 6. Zahlung und Höhe der Vergütung 7. Dauer des Urlaubs 8. Voraussetzungen, unter denen der Berufsausbildungsvertrag gekündigt werden kann 9. allgemeiner Hinweis auf anzuwendende Tarifverträge, Betriebs- oder Dienstvereinbarungen
Beginn der Ausbildung (§ 20 BBiG)	• Mit der Probezeit (mindestens ein Monat, höchstens vier Monate)
Beendigung der Ausbildung (§ 21 BBiG)	• Mit Ablauf der vereinbarten Ausbildungszeit • Mit Bekanntgabe des Ergebnisses der bestandenen Abschlussprüfung durch den Prüfungsausschuss • Verlängerung des Ausbildungsverhältnisses bei Nichtbestehen der Abschlussprüfung auf Antrag des Auszubildenden bis zur nächstmöglichen Wiederholungsprüfung, höchstens um ein Jahr • Kündigung
Kündigung (§ 22 BBiG)	**Während der Probezeit:** • Jederzeit ohne Einhalten einer Kündigungsfrist durch Ausbildende und Auszubildende

	Nach der Probezeit: • Durch Ausbildende und Auszubildende aus wichtigem Grund ohne Einhalten einer Kündigungsfrist • Durch Auszubildende mit einer Kündigungsfrist von vier Wochen bei Aufgabe der Berufsausbildung oder bei Ausbildung in einem anderen Beruf
Pflichten der Ausbildenden (§§ 14 ff. BBiG)	• Berufliche Handlungsfähigkeit vermitteln und Berufsausbildung durchführen • Selbst ausbilden oder einen Ausbilder beauftragen • Notwendige Ausbildungsmittel kostenlos zur Verfügung stellen • Zum Berufsschulbesuch und führen des Ausbildungsnachweises anhalten • Auszubildende charakterlich fördern und sittlich und körperlich nicht gefährden • Nur angemessene und dem Ausbildungszweck dienliche Aufgaben übertragen • Zum Berufsschulbesuch, für Prüfungen und für außerbetriebliche Ausbildungsmaßnahmen freistellen • Angemessene Ausbildungsvergütung bezahlen • Zeugnis ausstellen
Pflichten der Auszubildenden (§ 13 BBiG)	• Bemühen um den Erwerb der notwendigen beruflichen Handlungsfähigkeit • Sorgfältige Ausführung der aufgetragenen Aufgaben • Teilnahme am Berufsschulunterricht, an Prüfungen und an Ausbildungsmaßnahmen • Befolgung der von weisungsberechtigten Personen erteilten Anweisungen • Beachtung der für die Ausbildungsstätte geltenden Haus- und Betriebsordnung • Pflegliche Behandlung der Werkzeuge, Maschinen und Einrichtungen • Stillschweigen wahren über Betriebs- und Geschäftsgeheimnisse

Was erwartet mich in der Prüfung?

1. Das Lernlabyrinth

A In welchen Elementen zeigt sich die Dualität der Berufsausbildung?

D Wie kann ein Ausbildungsvertrag beendet werden?

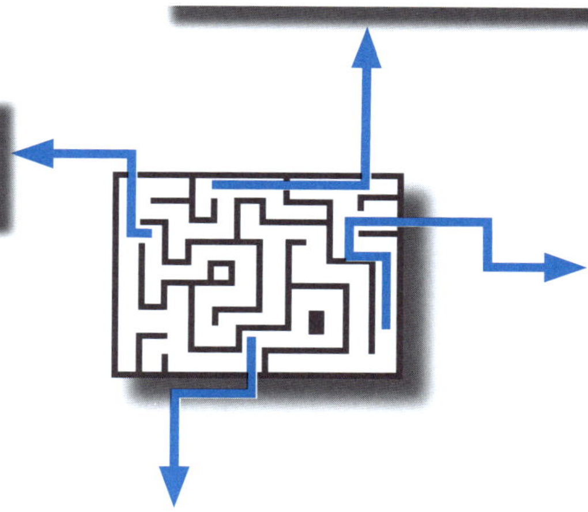

B Was ist beim Abschluss eines Ausbildungsvertrages zu beachten?

C Welche Pflichten hat der Ausbildende aufgrund des Ausbildungsvertrages?

2. Wege aus dem Lernlabyrinth

A In welchen Elementen zeigt sich die Dualität der Berufsausbildung?

Die Dualität im Ausbildungssystem zeigt sich nicht nur in den beiden Lernorten, sondern auch in den Zuständigkeiten staatlicher Stellen, den Grundlagen, der Überwachung oder der Finanzierung. Die folgende Übersicht zeigt eine Zusammenfassung.

	Betriebliche Berufsbildung	**Schulische Berufsbildung**
Lernort	Ausbildungsbetrieb	Berufsschule
Staatlich geordnet durch (Zuständigkeit):	Bund (Bundesministerium für Bildung und Forschung, Fachministerien, Bundesinstitut für Berufsbildung)	Länder (Ministerien der Länder, Kultusministerkonferenz)
Begründet durch:	Ausbildungsvertrag	Berufsschulpflicht
Inhaltlich festgelegt in:	Ausbildungsordnung	Rahmenlehrplan
Überwacht durch:	Zuständige Stellen (Kammern)	Schulaufsicht
Finanziert, durchgeführt und gestaltet durch:	Ausbildungsbetrieb	Bundesländer
Industriekaufmann/ Industriekauffrau	Ausbildungsdauer drei Jahre	

B Was ist beim Abschluss eines Ausbildungsvertrages zu beachten?

a) Wer sind die Vertragspartner?

Der Ausbildungsvertrag entsteht durch zwei übereinstimmende Willenserklärungen zwischen dem Ausbildenden und dem Auszubildenden.

Ausbildender ist derjenige, der einen anderen zur Berufsausbildung einstellt und Auszubildender ist derjenige, der ausgebildet wird.

Ist der Auszubildende unter 18 Jahre und somit beschränkt geschäftsfähig, wird auch die Zustimmung (Einwilligung oder nachträgliche Genehmigung) der gesetzlichen Vertreter benötigt.

Den Ausbildungsvertrag unterschreiben daher bei jugendlichen Auszubildenden neben dem Ausbildenden und dem Auszubildenden auch die gesetzlichen Vertreter, d. h. grundsätzlich beide Elternteile gemeinsam.

Ist der Auszubildende bereits 18 Jahre oder älter, sind auf dem Ausbildungsvertrag nur die Unterschrift des Ausbildenden und des Auszubildenden notwendig.

b) Welche Form muss beim Ausbildungsvertrag eingehalten werden?

Für den Ausbildungsvertrag gibt es keine ausdrückliche Formvorschrift. Der Ausbildende muss aber unverzüglich nach Abschluss des Berufsausbildungsvertrages, spätestens jedoch vor Beginn der Berufsausbildung, die wesentlichen Inhalte des Vertrages schriftlich niederlegen. Die elektronische Form ist ausgeschlossen (§ 11 BBiG).

Wird der Vertragsinhalt nicht schriftlich niedergelegt, so ändert dies nichts an der Vertragsgültigkeit.

Auch ein Mangel in der Berechtigung, Auszubildende einzustellen oder auszubilden, berührt die Wirksamkeit des Berufsausbildungsvertrages nicht (§ 10 Abs. 4 BBiG).

c) Welche sonstigen Einschränkungen der Vertragsfreiheit gibt es beim Ausbildungsvertrag?

Das Berufsbildungsgesetz und die Ausbildungsordnung regeln wesentliche Inhalte des Berufsausbildungsverhältnisses. Daher wird die Gestaltungs- bzw. Inhaltsfreiheit der Vertragspartner beim Abschluss des Ausbildungsvertrags eingeschränkt.

Vereinbarungen, die mit dem Sinn und Zweck einer Berufsausbildung in Widerspruch stehen oder die zu Ungunsten des Auszubildenden von den Vorschriften des Berufsausbildungsgesetzes abweichen, sind nichtig (Unabdingbarkeit des Gesetzes).

Beispiele für nichtige Vereinbarungen:

- Der Auszubildende darf nach Beendigung des Berufsausbildungsverhältnisses ein Jahr lang nicht bei einem Konkurrenzunternehmen arbeiten.
- Der Ausbildungsvertrag kann grundsätzlich nur gegen Zahlung einer Vertragsstrafe aufgelöst werden.
- Die Probezeit beträgt sechs Monate.

Es gibt weitere Gesetze, die die Inhaltsfreiheit einschränken. Das Jugendarbeitsschutzgesetz enthält z. B. Regelungen zur Arbeitszeit, zum Mindesturlaub, zu Ruhepausen, zur Freistellung für die Berufsschule oder zu den notwendigen Untersuchungen. So darf ein jugendlicher Auszubildender nicht beschäftigt werden, wenn die Bescheinigung über die Erstuntersuchung nicht vorliegt (siehe auch Kapitel III).

Das Mutterschutzgesetz enthält z. B. Beschäftigungs- oder Kündigungsverbote für Auszubildende, die werdende Mütter bzw. Mütter sind (siehe auch Kapitel III).

Das Arbeitszeit- und Bundesurlaubsgesetz enthält Mindestvorschriften für Auszubildende, die bereits 18 Jahre alt sind.

C Welche Pflichten hat der Ausbildende aufgrund des Ausbildungsvertrages?

a) Pflichten bei Abschluss des Ausbildungsvertrages

1. Der Ausbildende muss dem Auszubildenden und bei minderjährigen Auszubildenden auch seinen gesetzlichen Vertretern unverzüglich, d. h. ohne schuldhaftes Zögern, eine Ausfertigung der unterzeichneten Vertragsniederschrift aushändigen.
2. Der Ausbildende muss unverzüglich nach Abschluss des Berufsausbildungsvertrages die Eintragung in das Verzeichnis der Berufsausbildungsverhältnisse bei der zuständigen Stelle (IHK) beantragen.

   Die zuständige Stelle nimmt die Eintragung vor, wenn die Ausbildungseignung geprüft ist.

3. Der Ausbildende muss den Auszubildenden an der zuständigen Berufsschule anmelden.

b) Pflichten während der Berufsausbildung

1. Wenn sich während der Berufsausbildung wesentliche Inhalte des Ausbildungsvertrages ändern, dann muss der Ausbildende diese der zuständigen Stelle melden.
2. Der Ausbildende muss für die Durchführung der Berufsausbildung auf Grundlage des Ausbildungsrahmenplans der Ausbildungsordnung einen betrieblichen Ausbildungsplan erstellen.
3. Wenn ein Ausbildender z. B. zeitlich oder fachlich nicht in der Lage ist, die Ausbildung durchzuführen, muss er einen Ausbilder ausdrücklich mit der Ausbildung beauftragen. Das ist vor allem in größeren Unternehmen der Fall.

4. Die Pflicht zur charakterlichen Förderung der Auszubildenden bedeutet, bestimmte Arbeitstugenden beim Auszubildenden zu fördern. Dazu gehören zum Beispiel Eigenschaften wie sorgfältige Arbeitsausführung, Verantwortungsbewusstsein, Pünktlichkeit, Zuverlässigkeit, Kritikfähigkeit, Kollegialität, Hilfsbereitschaft, Kooperationsbereitschaft oder die Bereitschaft zur Weiterbildung. Der Auszubildende soll sich durch den Erwerb dieser Arbeitstugenden nach der Ausbildung in der Arbeitswelt zurechtfinden und in eine Arbeitsgruppe eingliedern können.

5. Die Sorgfaltspflicht umfasst neben der charakterlichen Förderung auch, dass der Auszubildende sittlich und körperlich nicht gefährdet werden darf. Es darf daher zum Beispiel keine körperliche Züchtigung oder keine religiöse Beeinflussung des Auszubildenden erfolgen. Zudem müssen die Arbeitsschutz- und Unfallverhütungsvorschriften beachtet werden.

6. Der Auszubildende hat Anspruch auf eine angemessene Ausbildungsvergütung, die mindestens jährlich ansteigt und sich nach dem Lebensalter des Auszubildenden bemisst. Diese muss auch für die Zeiten der Freistellung für den Berufsschulunterricht, für Prüfungen oder für außerbetriebliche Ausbildungsmaßnahmen gezahlt werden.

   Auch Auszubildende haben im Krankheitsfall Anspruch auf Entgeltfortzahlung für sechs Wochen. Ein weiterer Anspruch auf Fortzahlung besteht bei Urlaub.

   Anhaltspunkt für die Angemessenheit der Vergütung liefern die in den maßgebenden Tarifverträgen regelmäßig festgesetzten Vergütungen.

7. Der Ausbilder muss den Auszubildenden nicht nur zum Führen des Berichtsheftes anhalten. Er muss es auch durchsehen und überwachen, dass es geführt wird.

8. Der Auszubildende soll davor geschützt werden, dass seine Arbeitskraft ausgenutzt und er als „billige Arbeitskraft“ missbraucht wird. Deshalb müssen die übertragenen Aufgaben dem Ausbildungszweck dienen und seinen körperlichen Kräften angemessen sein. Nicht angemessen sind beispielsweise ausbildungsfremde Aufgaben, betriebsfremde Einkäufe, Reinigungsarbeiten außerhalb des Arbeitsplatzes oder andere Hilfsarbeiten, die nicht von allen Beschäftigten gleichermaßen übernommen werden.

9. Die Arbeitsmittel, die zur Berufsausbildung benötigt werden, müssen dem Auszubildenden kostenlos zur Verfügung gestellt werden.

c) Pflichten bei Beendigung der Berufsausbildung

1. Der Ausbildende muss dem Auszubildenden bei Beendigung des Berufsausbildungsverhältnisses ein schriftliches Zeugnis aushändigen. Auf Verlangen des Auszubildenden muss er ein qualifiziertes Zeugnis ausstellen. Das Zeugnis darf nur wahre Angaben enthalten.

2. Wenn der Ausbildende den Auszubildenden nach Bestehen der Abschlussprüfung nicht in ein Arbeitsverhältnis übernehmen kann, dann genügt es, dass er ihm die mündliche Information darüber gibt.

Wird der Auszubildende jedoch im Anschluss an das Ausbildungsverhältnis, d. h. am Tag nach der bestandenen Abschlussprüfung, wieder im Unternehmen beschäftigt, ohne dass ausdrücklich etwas hierüber vereinbart wurde, gilt er als **unbefristet eingestellt**, selbst wenn dies vom Unternehmen nicht vorgesehen war (§ 24 BBiG).

D Wie kann ein Ausbildungsvertrag beendet werden?

Der Ausbildungsvertrag kann auf drei Arten beendet werden.

Beispiel:

Ausbildungsbeginn:	01. September 2007
Ausbildungsdauer laut Ausbildungsordnung:	3 Jahre
Verkürzung durch Vorbildung:	6 Monate
Ausbildungsdauer laut Berufsausbildungsvertrag:	01.09.2007 bis 29.02.2010
Schriftliche Abschlussprüfung abgelegt am:	21. November 2009
Abschlussprüfung bestanden am:	01. Februar 2010

1. Vertragsablauf

Beim Ausbildungsvertrag handelt es sich um einen befristeten Vertrag. Deshalb endet der Ausbildungsvertrag automatisch zum vereinbarten Termin. Es bedarf keiner weiteren Erklärung durch die Vertragsparteien.

Beispiel:
Durch Vertragsablauf endet der Ausbildungsvertrag automatisch am 29. Februar 2010, wenn der Auszubildende nicht an der vorgesehenen Abschlussprüfung teilnimmt und keine Verlängerung des Ausbildungsverhältnisses beantragt.

2. Bestehen der Abschlussprüfung

Wenn Auszubildende vor Ablauf der Ausbildungszeit die Abschlussprüfung bestehen, dann endet das Berufsausbildungsverhältnis automatisch mit Bekanntgabe des positiven Ergebnisses durch den Prüfungsausschuss.

Beispiel:
Da die Abschlussprüfung am 01. Februar 2010 bestanden wurde, endet hier das Ausbildungsverhältnis. An diesem Tag wurde das Ergebnis durch den Prüfungsausschuss bekannt gegeben.

Wenn der Auszubildende die Abschlussprüfung nicht besteht, dann kann er beantragen, dass sein Ausbildungsverhältnis bis zur nächstmöglichen Wiederholungsprüfung verlängert wird.

Beispiel:
Der Auszubildende könnte die schriftliche und mündliche Prüfung im Sommer 2010 erneut ablegen. Besteht er sie wieder nicht, hat er die Möglichkeit, die Prüfung im Winter 2010/2011 ein zweites Mal zu wiederholen. Die Verlängerung des Ausbildungsverhältnisses ist höchstens für ein Jahr, also bis zum 29.02.2011 möglich.

3. Kündigung

Das Ausbildungsverhältnis kann in bestimmten Fällen vor Vertragsablauf gekündigt werden. Zu unterscheiden sind dabei die Kündigung während und nach der Probezeit.

Die Kündigung muss immer schriftlich erfolgen.

§ 113 BGB gilt nur für Arbeitsverträge! Daher können minderjährige Auszubildende das Ausbildungsverhältnis nicht ohne vorherige Zustimmung (Einwilligung) der gesetzlichen Vertreter kündigen.

a) Kündigungen während der Probezeit

Während der Probezeit können Ausbildende und Auszubildende das Ausbildungsverhältnis jederzeit ohne Angabe von Gründen kündigen. Sie müssen keine Kündigungsfrist einhalten.

Diese Vorschriften gelten, weil die Probezeit dem gegenseitigen Kennenlernen dient. Die beiden Vertragspartner sollen feststellen können, ob eine Eignung für den Ausbildungsberuf vorliegt.

b) Kündigungen nach der Probezeit

Nach der Probezeit genießen Auszubildende einen besonderen Kündigungsschutz. Der **Ausbildende** kann das Berufsausbildungsverhältnis daher nur noch aus einem wichtigen Grund außerordentlich kündigen.

Beispiele:
- Diebstahl
- Verrat von Geschäftsgeheimnissen
- Beleidigung des Ausbildenden oder Ausbilders

Auszubildende können das Ausbildungsverhältnis ebenfalls aus einem wichtigen Grund ohne Einhalten einer Kündigungsfrist beenden, wenn der Ausbildende mehrfach die Ausbildungsvergütung nicht bezahlt oder festgestellt wird, dass der Ausbildende nicht zur Ausbildung berechtigt ist.

Auszubildende haben jedoch auch die Möglichkeit, das Ausbildungsverhältnis mit einer Kündigungsfrist von vier Wochen zu beenden,
- wenn sie die Berufsausbildung aufgeben
- oder wenn sie sich für eine andere Berufstätigkeit ausbilden lassen wollen.

Beispiel
Ein Auszubildender stellt nach dem ersten Ausbildungsjahr fest, dass die Ausbildung zum Industriekaufmann doch nicht die richtige Berufswahl für ihn ist.

Er kann das Ausbildungsverhältnis dann unter Einhaltung einer Frist von vier Wochen kündigen, wenn er sich entscheidet, die Berufsausbildung aufzugeben, um sein Abitur nachzumachen bzw. um ein Studium zu beginnen.

Er kann das Ausbildungsverhältnis ebenfalls unter Einhaltung einer Frist von vier Wochen kündigen, wenn er sich künftig zum Schreiner ausbilden lassen möchte.

Unabhängig davon, wer nach Ablauf der Probezeit das Ausbildungsverhältnis kündigt, müssen die Kündigungsgründe angegeben werden.

Eine Kündigung ohne Einhaltung einer Kündigungsfrist kann nach der Probezeit nur erfolgen, wenn ein wichtiger Grund vorliegt. Sobald dieser Grund bekannt ist, muss die Kündigung innerhalb von zwei Wochen erfolgen.

Wenn ein Auszubildender das Berufsausbildungsverhältnis nach der Probezeit vorzeitig beenden will, weil er die Ausbildung in einem anderen Betrieb fortsetzen will, gibt es zwei Möglichkeiten:

- Er einigt sich mit seinem bisherigen Ausbildenden und der Ausbildungsvertrag wird aufgelöst.
- Der bisherige Ausbildende ist mit der Auflösung nicht einverstanden. Er kann dann Schadensersatz verlangen (§ 23 BBiG).

So trainiere ich für die Prüfung

Aufgaben

1. Wissensfragen

1.1 Lernfragen

1. Erläutern Sie, was man unter dem Begriff des dualen Systems im Zusammenhang mit der Berufsausbildung versteht.
2. Beschreiben Sie die Aufgabenverteilung zwischen den Ausbildungspartnern im dualen System.
3. Zeigen Sie anhand eines selbst gewählten Beispiels, wer Auszubildender, Ausbildender bzw. Ausbilder ist.
4. Führen Sie drei Aufgaben der zuständigen Stellen bei der Berufsausbildung an.
5. Geben Sie je fünf Pflichten an, die für den Auszubildenden und den Ausbildenden durch Abschluss eines Ausbildungsvertrages entstehen.
6. Führen Sie Gründe aus, die eine Kündigung innerhalb bzw. nach der Probezeit durch den Ausbildenden und den Auszubildenden rechtfertigen.
7. Nennen Sie vier wesentliche Inhalte der Ausbildungsordnung.

1.2 Mehrfachauswahl

1. Erklären Sie einem neuen Auszubildenden, wer beim dualen Ausbildungssystem zusammenwirkt.

   a) Zuständige Stelle (Kammer) und Ausbildungsbetrieb
   b) Berufsschule und Auszubildende
   c) Bund und Länder in der Ausbildung
   d) Ausbildende und Berufsschule
   e) Ausbildende und Auszubildende

2. Prüfen Sie, welche Aussagen zur Vergütung eines Auszubildenden richtig sind.

   Die Vergütung des Auszubildenden...

   a) richtet sich ausschließlich nach der Leistung des Auszubildenden.
   b) ist für den laufenden Kalendermonat spätestens am letzten Arbeitstag des Monats zu zahlen.
   c) kann für die Dauer des Berufsschulunterrichts gekürzt werden.
   d) soll möglichst erst nach bestandener Zwischenprüfung erhöht werden.
   e) wird immer frei zwischen Ausbildenden und Auszubildenden vereinbart.
   f) steigt mit fortschreitender Berufsausbildung, mindestens einmal jährlich, an.

3. Bestimmen Sie die richtige Aussage zur Probezeit im Berufsausbildungsverhältnis.

a) Die Probezeit im Berufsausbildungsverhältnis dauert mindestens 1 Woche und höchstens 4 Monate.
b) Die Probezeit im Berufsausbildungsverhältnis dauert mindestens 1 Monat und höchstens 3 Monate.
c) Die Probezeit im Berufsausbildungsverhältnis dauert mindestens 1 Monat und höchstens 4 Monate.
d) Das Berufsausbildungsverhältnis beginnt nach Ablauf der Probezeit.
e) Die Probezeit im Berufsausbildungsverhältnis gilt nur für jugendliche Auszubildende.

4. Aufgrund guter Leistungen möchte ein Auszubildender zum Industriekaufmann die Abschlussprüfung ein halbes Jahr vor Beendigung der vertraglich vereinbarten Ausbildungszeit ablegen. Geben Sie an, wer laut Berufsbildungsgesetz (BBiG) über die vorzeitige Zulassung zur Abschlussprüfung entscheidet.

a) Die Schulleitung der Berufsschule zusammen mit dem Klassenlehrer
b) Die Schulleitung der Berufsschule und der Ausbilder
c) Die zuständige Industrie- und Handelskammer bzw. der zuständige Prüfungsausschuss
d) Die Geschäftsführung des Betriebes auf Antrag des Auszubildenden
e) Der Ausbilder des Betriebes auf Antrag des Auszubildenden und des Ausbildenden

5. Kilian Goppert ist Auszubildender zum Industriekaufmann. Trotz anfänglicher Begeisterung ist er sich nach Ablauf der Probezeit nicht mehr sicher, ob er wirklich den richtigen Ausbildungsberuf gewählt hat. Er überlegt, ob er nun eine Ausbildung zum Schreiner beginnen kann. Prüfen Sie, ob er nach dem Berufsbildungsgesetz seinen Ausbildungsvertrag kündigen kann.

Nach Ablauf der Probezeit...

a) kann der Vertrag ausschließlich in beiderseitigem Einvernehmen aufgelöst werden.
b) kann Herr Goppert den Vertrag schriftlich mit einer Frist von vier Wochen kündigen, wenn er sich für einen anderen Beruf ausbilden lassen will.
c) kann Herr Goppert nur während der ersten Hälfte seiner Ausbildung den Vertrag schriftlich unter Einhaltung einer Frist von vier Wochen kündigen.
d) kann der Vertrag stets von beiden Seiten gekündigt werden, wenn eine Kündigungsfrist von vier Wochen eingehalten wird.
e) kann der Vertrag durch Herrn Goppert nur gegen Zahlung einer Vertragsstrafe aufgelöst werden.

6. Für den Auszubildenden Christian Finzel, der seine Berufsausbildung abgeschlossen hat, soll die Personalabteilung ein einfaches Zeugnis ausstellen. Prüfen Sie, welche Angaben dieses Zeugnis nach dem Berufsbildungsgesetz mindestens enthalten muss.

a) Angaben über die von Herrn Finzel in Anspruch genommenen Sozialleistungen,
b) Angaben über die Führung von Herrn Finzel während der Berufsausbildung,
c) Angaben über erbrachte Leistungen von Herrn Finzel im Ausbildungsbetrieb,
d) Angaben über besondere fachliche Fähigkeiten oder Eignungen von Herrn Finzel,
e) Angaben über Art, Dauer und Ziel der Berufsausbildung sowie über die von Herrn Finzel erworbenen Fertigkeiten und Kenntnisse.

7. Welche Aussagen zum Berufsausbildungsverhältnis von Jessica Benedikt (17-jährige Auszubildende der Büromöbel AG) sind richtig?

a) Während der Probezeit kann sowohl Frau Benedikt als auch die Büromöbel AG das Ausbildungsverhältnis ohne Angaben von Gründen fristlos kündigen.
b) Die Dauer der Probezeit beträgt bei Ausbildungsverhältnissen in der Industrie mindestens sechs Monate.
c) Das Berufsausbildungsverhältnis endet stets erst mit Ablauf der im Ausbildungsvertrag vorgesehenen Ausbildungszeit.
d) Besteht Frau Benedikt vor Ablauf der Ausbildungszeit die Abschlussprüfung, so endet das Berufsausbildungsverhältnis mit Bestehen der Abschlussprüfung.
e) Wird Frau Benedikt im Anschluss an das Berufsausbildungsverhältnis von der Büromöbel AG beschäftigt, ohne dass hierüber ausdrücklich etwas vereinbart worden ist, so wird hierdurch ein auf ein Jahr befristetes Arbeitsverhältnis begründet.
f) Das Berufsausbildungsverhältnis kann nach der Probezeit von Frau Benedikt ohne Einhaltung einer Kündigungsfrist gekündigt werden, wenn sie sich für eine andere Berufstätigkeit ausbilden lassen will.

8. In welchem Fall ist die vorzeitige Beendigung des Ausbildungsverhältnisses durch den Auszubildenden nach Ablauf der Probezeit möglich?

a) Bei Eheschließung
b) Bei längerer Krankheit
c) Bei schlechten Noten in der Berufsschule
d) Bei Kündigung unter Einhaltung einer Kündigungsfrist von 6 Wochen zum Quartalsende
e) Bei Wechsel in eine andere Berufsausbildung

9. Welche Pflichten hat der kaufmännische Auszubildende aus seinem Ausbildungsvertrag?

a) Sorgfalts- und Verschwiegenheitspflicht
b) Wettbewerbs- und Zeugnispflicht
c) Schadenersatz- und Fürsorgepflicht
d) Geschäftsführungs- und Vertretungspflicht
e) Handlungs- und Vollmachtspflicht

10. Prüfen Sie, in welcher Zeile die Pflichten des Ausbildenden nach dem Berufsbildungsgesetz richtig beschrieben sind.

a) Charakterliche Förderung des Auszubildenden, Zahlen einer angemessenen Vergütung, Berufsschulpflicht
b) Arbeitsmittel zur Verfügung stellen, Anweisungen Folge leisten, selbst ausbilden oder einen Ausbilder beauftragen
c) Zeugnis ausstellen, Fürsorgepflicht, Freistellung für die Berufsschule
d) Zur Führung eines Berichtsheftes anhalten, Vermittlung der beruflichen Handlungsfähigkeit, Schweigepflicht
e) Durchführung der Berufsausbildung, Freistellung für außerbetriebliche Ausbildungsmaßnahmen, Beachtung der für die Ausbildungsstätte geltenden Ordnung

11. Der 21-jährige Tim Grasser hat im August bei der Büromöbel AG eine Berufsausbildung zum Industriekaufmann begonnen.

Ordnen Sie die nachstehenden Aussagen den entsprechenden Rechtsvorschriften zu.

Rechtsvorschriften:

1. Ausbildungsvertrag
2. Berufsbildungsgesetz
3. Ausbildungsordnung
4. Aussage ist in keiner der angegebenen Rechtsvorschrift geregelt.

Aussagen:

A) Zur Ermittlung des Ausbildungsstandes ist eine Zwischenprüfung durchzuführen. Sie soll in der Mitte des zweiten Ausbildungsjahres stattfinden.

B) Die Prüfung in den Bereichen Geschäftsprozesse, Kaufmännische Steuerung und Kontrolle sowie Wirtschafts- und Sozialkunde ist schriftlich durchzuführen. Der Prüfungsbereich Einsatzgebiet besteht aus einer Präsentation und einem Fachgespräch.

C) Der Ausbildende hat dem Auszubildenden eine angemessene Vergütung zu gewähren. Sie beträgt 727,00 € im ersten, 776,00 € im zweiten und 840,00 € im dritten Ausbildungsjahr.

D) Besteht Herr Grasser die Abschlussprüfung nicht, so verlängert sich das Berufsausbildungsverhältnis auf sein Verlangen bis zur nächst möglichen Wiederholungsprüfung, höchstens um ein Jahr.

E) Die Büromöbel AG hat Herrn Grasser für die Teilnahme an Prüfungen und Ausbildungsmaßnahmen freizustellen.

F) Die Büromöbel AG hat Herrn Grasser bei Beendigung des Berufsausbildungsverhältnisses ein Zeugnis auszustellen.

G) Die Büromöbel AG darf Herrn Grasser an einem vor 9.00 Uhr beginnenden Berufsschulunterricht nicht beschäftigen.

A		B	C		D	E	F	G
2	3	3	2	1	2	2	2	4

12. Sandra Raithel, seit Februar dieses Jahres 17 Jahre alt, hat nach langer Suche einen Ausbildungsplatz als Industriekauffrau bei der Büromöbel AG gefunden. Die Ausbildung soll zum 1. September dieses Jahres beginnen.

Frau Raithel wird demnächst den Ausbildungsvertrag abschließen.

1. Prüfen Sie, welche der folgenden Aussagen zum Abschluss des Berufsausbildungsvertrags richtig ist.

   a) Frau Raithel kann diesen Ausbildungsvertrag grundsätzlich alleine rechtswirksam abschließen.

   b) Wenn Frau Raithel den Ausbildungsvertrag alleine abschließt, dann wird dieser erst durch die nachträgliche Genehmigung der Eltern als gesetzliche Vertreter wirksam.

   c) Die Eltern von Frau Raithel müssen dem Abschluss des Ausbildungsvertrags vorher zustimmen, denn eine nachträgliche Genehmigung reicht nicht aus.

d) Da Frau Raithel noch minderjährig und damit beschränkt geschäftsfähig ist, muss der Ausbildungsvertrag durch ihre Eltern als gesetzliche Vertreter abgeschlossen werden.
e) Da der Abschluss des Ausbildungsvertrags für Frau Raithel lediglich rechtliche Vorteile mit sich bringt, darf sie diesen Vertrag alleine abschließen.

2. Frau Raithel erhält eine Ausfertigung der unterschriebenen Vertragsniederschrift für ihre Unterlagen.

   Bestimmen Sie, welche der folgenden Vertragsinhalte rechtswirksame Bestandteile des Berufsausbildungsvertrags sind.

   a) Das Ausbildungsverhältnis beginnt mit einer Probezeit. Diese beträgt vier Monate.
   b) Nach der Probezeit kann das Ausbildungsverhältnis vom Ausbildenden mit einer Kündigungsfrist von vier Wochen gekündigt werden, wenn betriebliche Belange dies erforderlich machen.
   c) Das Ausbildungsverhältnis endet immer nach Ablauf der dreijährigen Ausbildungszeit.
   d) Die Auszubildende wird nur an den Tagen für die Berufsschule freigestellt, an denen dadurch der betriebliche Ablauf nicht gestört wird.
   e) Es wird vereinbart, dass Frau Raithel für ihre Ausbildung eine Entschädigung in Höhe von 1.500,00 EUR an den Ausbildungsbetrieb zu zahlen hat.
   f) Der Urlaubsanspruch der Auszubildenden beträgt 30 Werktage.

13. Der Büromöbel AG ist beim Ausfüllen des Berufsausbildungsvertrags ein Fehler unterlaufen. Prüfen Sie, bei welcher der nachfolgenden Positionen die Eintragung den Bestimmungen des Berufsbildungsgesetzes widerspricht.

a) Abschnitt A
b) Abschnitt B
c) Abschnitt C
d) Abschnitt D
e) Abschnitt E

Auszug aus dem Berufsausbildungsvertrag

A) Die Ausbildungszeit beträgt nach der Ausbildungsordnung 36 Monate. Die vorausgegangene Vorbildung Abitur wird mit sechs Monaten angerechnet bzw. es wird eine entsprechende Verkürzung beantragt. Das Berufsausbildungsverhältnis beginnt am 01.09.2010 und endet am 28.02.2013.

B) Die Probezeit beträgt zwei Monate.

C) Die Ausbildung findet in Nürnberg und den mit dem Betriebssitz für die Ausbildung üblicherweise zusammenhängenden Bau-, Montage- und sonstigen Arbeitsstellen statt.

D) Der Ausbildende zahlt dem Auszubildenden eine angemessene Vergütung. Diese beträgt zurzeit monatlich brutto:

EUR	727,00	776,00	776,00
Ausbildungsjahr	erstes	zweites	drittes

E) Die regelmäßige tägliche Ausbildungszeit beträgt 8 Stunden.

F) Der Ausbildende gewährt dem Auszubildenden Urlaub nach den geltenden tariflichen Bestimmungen. Es besteht ein Urlaubsanspruch

Im Jahr	2010	2011	2012	2013
Arbeitstage	10	30	30	5

G) Hinweis auf anzuwendende Tarifverträge und/oder Tarifvereinbarungen/sonstige Vereinbarungen: Tarifvertrag für das private Bankgewerbe

14. Die Berufsausbildung im dualen System findet an zwei Lernorten statt. Entscheiden Sie, in welchen der folgenden Fälle hauptsächlich der Lernort Betrieb zuständig ist.

a) Die geltenden Lehrpläne des entsprechenden Bundeslandes sind Grundlage für die Ausbildungsinhalte.
b) Die Eintragung des Berufsausbildungsvertrages in das Verzeichnis der Berufsausbildungsverhältnisse muss bei der zuständigen Industrie- und Handelskammer beantragt werden.
c) Die Kriterien der Berufsschulpflicht sollen geändert werden.
d) Die Ausbildung erfolgt nach dem schriftlich vorliegenden Ausbildungsplan.
e) Die Ausbildung soll u. a. auch so gestaltet sein, dass der Auszubildende optimal auf die Abschlussprüfung der Industrie- und Handelskammer vorbereitet wird.
f) Hauptaufgabe ist die Vermittlung allgemeiner und berufsbezogener theoretischer Lerninhalte.

15. Eine Auszubildende, die am 01.09.2010 ihre Ausbildung zur Industriekauffrau bei der Büromöbel AG begonnen hat, fragt Sie als Mitglied der Jugend- und Auszubildendenvertretung, zu welchem Zeitpunkt ihr Ausbildungsverhältnis endet, wenn sie am 05.03.2010 die Kündigung einreicht, weil sie sich entschlossen hat, einen anderen Beruf zu erlernen.

Ermitteln Sie mithilfe des abgebildeten Kalenderauszuges den Tag, mit dessen Ablauf das Ausbildungsverhältnis enden würde.

Jahr 2010

	Januar	Februar	März	April	Mai	Juni
Woche	53 1 2 3 4	5 6 7 8	9 10 11 12 13	13 14 15 16 17	17 18 19 21 22 23	23 24 25 26 27
Montag	4 11 18 25	1 8 15 22	1 8 15 22 29	5 12 19 26	3 10 17 24 31	7 14 21 28
Dienstag	5 12 19 26	2 9 16 23	2 9 16 23 30	6 13 20 27	4 11 18 25	1 8 15 22 29
Mittwoch	6 13 20 27	3 10 17 24	3 10 17 24 31	7 14 21 28	5 12 19 26	2 9 16 23 30
Donnerstag	7 14 21 28	4 11 18 25	4 11 18 25	1 8 15 22 29	6 13 20 27	3 10 17 24
Freitag	1 8 15 22 29	5 12 19 26	5 12 19 26	2 9 16 23 30	7 14 21 28	4 11 18 25
Samstag	2 9 16 23 30	6 13 20 27	6 13 20 27	3 10 17 24	1 8 15 22 29	5 12 19 26
Sonntag	3 10 17 24 31	7 14 21 28	7 14 21 28	4 11 18 25	2 9 16 23 30	6 13 20 27

16. Prüfen Sie, welche 2 Handlungen Thomas Zenk (17 Jahre) als Auszubildender zum Industriekaufmann in der Büromöbel AG ausführen muss.

a) Akkordarbeit in der Fertigung – Kopierarbeiten während der Einsatzzeit in der Verwaltung
b) Angebote bearbeiten – Waren versenden
c) Tägliche Reinigungsarbeiten in der Fertigungshalle – Warenannahme im Lager
d) Ausgangsrechnungen erstellen – tägliches Abladen der Lkws bei Materialanlieferung
e) Liefertermine überwachen – Akkordarbeiten in der Fertigung

17. Nach dem Berufsbildungsgesetz haben Ausbildende den Auszubildenden eine angemessene Vergütung zu gewähren. Das folgende Schaubild vergleicht verschiedene Ausbildungsvergütungen. Prüfen Sie, welche der folgenden Aussagen sich nicht aus dem Schaubild ableiten lassen.

a) Die Auszubildenden im Osten verdienen im Durchschnitt aller Ausbildungsjahre monatlich in jedem Beruf weniger als die Auszubildenden im Westen.

b) Mit monatlich 949,00 Euro im Durchschnitt aller Ausbildungsjahre ist die Ausbildungsvergütung bei den Auszubildenden in der Binnenschifffahrt in Ost und West am höchsten.

c) Zu den Spitzenverdienern unter den Auszubildenden gehören neben den Binnenschiffern auch die angehenden Maurer, Mechatroniker, Industriemechaniker und Versicherungskaufleute.

d) Am untersten Ende der Verdienstskala liegen den Angaben des Bundesinstituts für Berufsbildung zufolge die Maler und Lackierer bzw. die Friseure.

e) Maler und Lackierer wurden nach den Erhebungen des Bundesinstituts für Berufsbildung im Osten und im Westen am schlechtesten bezahlt.

f) Bei den medizinischen Fachangestellten und Verwaltungsfachangestellten sind die durchschnittlichen monatlichen Ausbildungsvergütungen im Osten und im Westen identisch.

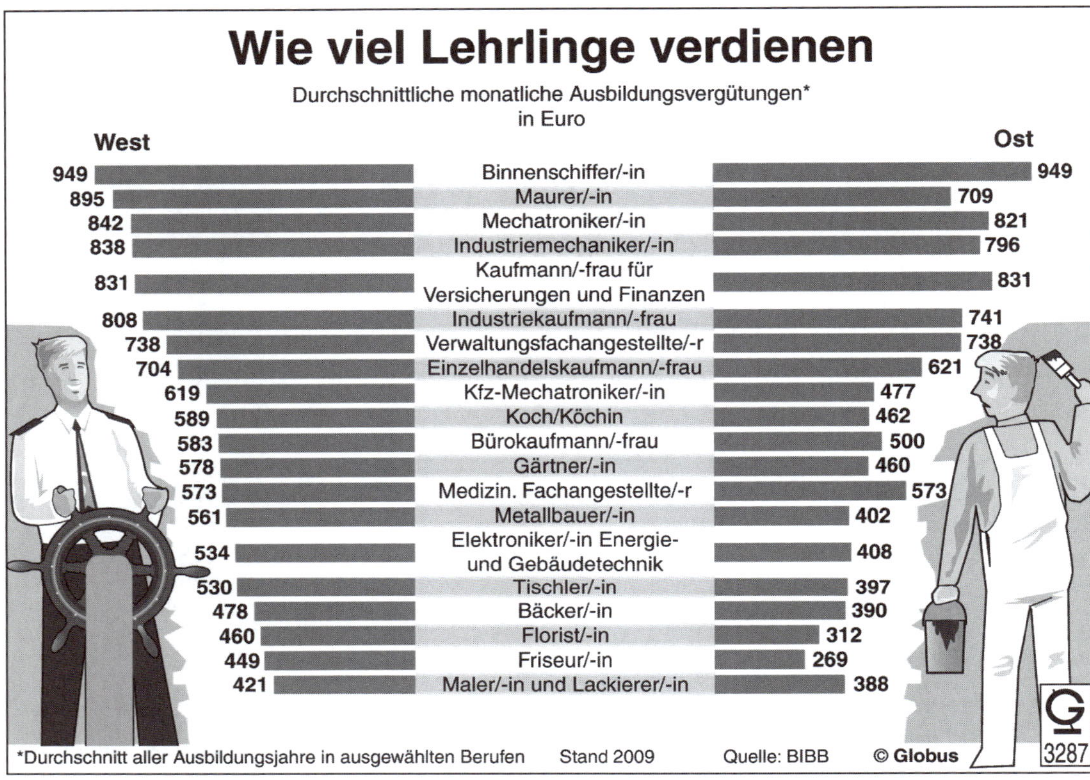

18. Entscheiden Sie, ob die folgenden Aussagen zum nachstehenden Schaubild richtig oder falsch sind. Berichtigen Sie die falschen Aussagen jeweils in der Zeile rechts daneben.

	richtig	falsch	Korrektur
Die Zahl der neu abgeschlossenen Ausbildungsverträge hat sich 2009 stark erhöht.			
Es wurde die Veränderung zwischen September 2008 und September 2009 betrachtet.			
Die meisten neuen Ausbildungsverträge wurden im Handwerk abgeschlossen.			
Betrachtet man die letzten 10 Ausbildungsjahre, so fällt auf, dass nur zweimal noch weniger neue Ausbildungsverträge abgeschlossen wurden, als im Jahr 2009.			

Ein Drittel aller Ausbildungsverträge wurden 2009 im Handwerk neu abgeschlossen.			
In der Industrie und im Handel wurden im Jahr 2009 333.400 neue Ausbildungsverträge abgeschlossen.			

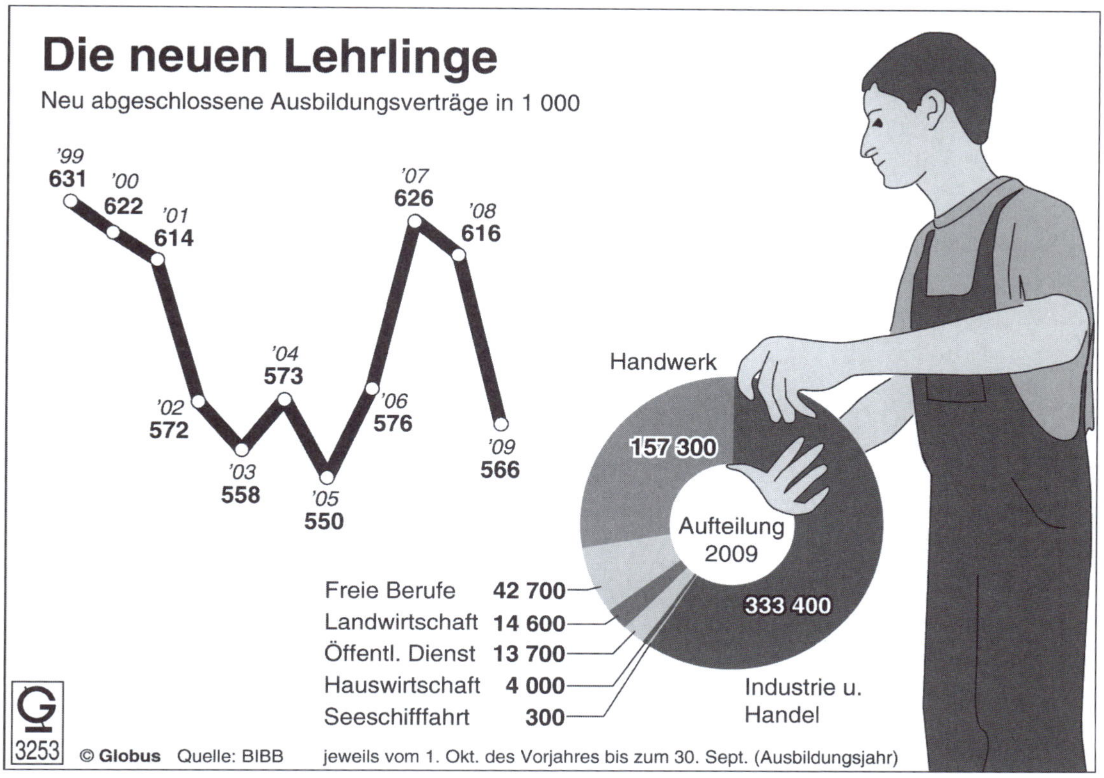

2. Beurteilen Sie die Rechtslage

Beurteilen Sie die folgenden Situationen zur Berufsausbildung mithilfe des Berufsbildungsgesetzes.

1. Die 17-jährige Simone ist Auszubildende zur Industriekauffrau. Zurzeit besucht sie die Berufsschule, an der sie wöchentlich von Montag bis Freitag 38 Stunden Blockunterricht hat. Da Simone nicht gerne zur Berufsschule geht und ihr Chef ohnehin der Meinung ist, dass sie dort nicht die Sachen lernt, die sie im Unternehmen braucht, vereinbaren beide, dass sie während der Berufsschulwochen arbeitet und sich den behandelten Stoff von einer Freundin besorgt.

2. Philipp (21 Jahre) hatte vor der Abschlussprüfung nicht mit seinem Chef besprochen, wie es nach der Abschlussprüfung weitergehen soll. Heute hat er nach der schriftlichen noch die mündliche Abschlussprüfung zum Industriekaufmann erfolgreich abgeschlossen.
   a) Da er in einem anderen Industriebetrieb ab dem nächsten Monat eine interessante Stelle antreten möchte, überlegt er, ob und wann er den Ausbildungsvertrag kündigen muss.
   b) Am Tag nach der Abschlussprüfung geht er freudestrahlend in seinen Ausbildungsbetrieb und setzt dort in der Abteilung, in der er zuletzt war, seine bisher ausgeführten Tätigkeiten fort. Sein Chef reagiert nicht darauf.

3. Tina und Jenny, beide 17 Jahre alt, haben vor etwa einem halben Jahr eine Ausbildung zur Industriekauffrau bei der Büromöbel AG begonnen. Tina möchte nun zur Telesys GmbH wechseln und dort ihre Ausbildung fortsetzen. Jenny ist sehr unglücklich mit ihrer Berufswahl und hat festgestellt, dass ihr der Beruf der Industriekauffrau nicht liegt. Sie möchte daher eine Ausbildung zur medizinischen Fachangestellten beginnen und hat auch bereits einen Ausbildungsbetrieb gefunden, der sie sofort einstellen würde. Der Ausbilder der Büromöbel AG will die beiden Auszubildenden nicht gehen lassen.

4. Christian ist Auszubildender zum Industriekaufmann und befindet sich im zweiten Ausbildungsjahr in einem kleinen Unternehmen. Sein bisheriger Ausbilder ist vor vier Monaten in Rente gegangen. Da sein Chef fast immer unterwegs ist, arbeitet er alleine mit der Sekretärin. Alles, was er für seine Tätigkeit können muss, kann er bereits.

5. Kilian hat die Abschlussprüfung zum Industriekaufmann nicht bestanden. Als er dies seinem Ausbildenden mitteilt, ist dieser darüber sehr verärgert und teilt Kilian mit, dass das Ausbildungsverhältnis somit für ihn beendet ist.

6. Katrin, Auszubildende zur Industriekauffrau, möchte nach bestandener Abschlussprüfung zu einem Konkurrenzunternehmen wechseln, da sie den Leiter der dortigen Controllingabteilung kennt. In der Hoffnung, dass er ein gutes Wort für sie beim Personalleiter einlegt, erzählt sie ihm von einer geplanten Produktionsumstellung und bereits erfolgten Einkaufsverhandlungen ihres Ausbildungsbetriebs.

7. Lars hat immer dienstags Berufsschule. Die Dienstage nutzt er aber seit drei Wochen, um im Fitnessstudio zu trainieren. Als sein Ausbilder von der Berufsschule erfährt, dass Lars seit drei Wochen fehlt, stellt er ihn zur Rede. Lars erklärt, dass er durch das Training im Betrieb leistungsfähiger ist und sich die verpassten Inhalte selbst beibringt.

3. Fallsituation

1. Diana Kohl (17 Jahre) wird am 01.09. bei der Büromöbel AG ihre Ausbildung zur Industriekauffrau beginnen. Heute hat sie zusammen mit ihren Eltern einen Termin beim zuständigen Ausbildungsleiter, um Fragen zur Berufsausbildung und zum Ausbildungsvertrag zu klären.

   a) In welcher Form ist der Ausbildungsvertrag abzuschließen?
   b) Begründen Sie, ob die Eltern dem Abschluss des Ausbildungsvertrages zustimmen müssen.
   c) Wie lange dauert die Ausbildung?
   d) Nennen Sie drei Voraussetzungen, unter denen die Ausbildungszeit gegebenenfalls verkürzt werden kann.
   e) Im Ausbildungsvertrag von Frau Kohl ist eine Probezeit von drei Monaten vereinbart. Welchen Zweck erfüllt diese Probezeit und wie lange muss sie mindestens bzw. darf sie höchstens dauern?
   f) Nennen Sie fünf weitere wesentliche Inhalte, die ein Ausbildungsvertrag nach dem BBiG neben dem Beginn und dem Ende der Berufsausbildung sowie der Dauer der Probezeit mindestens enthalten muss.
   g) Wer muss die Eintragung in das Verzeichnis der Berufsausbildungsverhältnisse vornehmen?
   h) Frau Kohl bekommt ein Ausbildungsberufsbild ausgehändigt. Beschreiben Sie den Begriff des Ausbildungsberufsbildes.

i) Frau Kohl möchte wissen, ob Sie nach Beendigung des Berufsausbildungsverhältnisses vom Ausbildungsbetrieb ein Zeugnis ausgestellt bekommt. Erläutern Sie ihr die beiden Zeugnisarten und begründen Sie kurz, welches Zeugnis Frau Kohl verlangen sollte.

Lösungen

1. Wissensfragen

1.1 Lernfragen

A

1. „Dual“ wird dieses System genannt, weil die Ausbildung an zwei Lernorten stattfindet, im Betrieb und in der Berufsschule. Ein weiterer möglicher Lernort ist die außerbetriebliche Berufsbildung, sie kann in Berufsbildungseinrichtungen außerhalb der berufsschulischen und betrieblichen Berufsbildung stattfinden.

A

2. In den Ausbildungsbetrieben findet die fachpraktische Berufsausbildung statt. Der Schwerpunkt liegt auf der Vermittlung fachtheoretischer Inhalte, Fähigkeiten und Fertigkeiten in Verbindung mit der fachpraktischen Anwendung am Arbeitsplatz.

   Die Berufsschule vermittelt den Auszubildenden allgemein bildende und berufsbezogene theoretische Lerninhalte.

   Im Rahmen der Lernortkooperation arbeiten die beiden Ausbildungspartner eng und gleichberechtigt zusammen.

B

3. Die Biosaft AG ist ein Industriebetrieb mit 500 Mitarbeitern im Bereich der Saftherstellung. Es werden 30 Auszubildende beschäftigt, die eine Berufsausbildung zum Industriekaufmann bzw. Industriemechaniker absolvieren. Verantwortlich für die Ausbildung und Betreuung dieser 30 Auszubildenden sind Herr Wunner im gewerblichen Bereich und Herr Grasser im kaufmännischen Bereich.
   - Ausbildender ist derjenige, der jemanden zur Berufsausbildung einstellt, d.h. die Biosaft AG als Ausbildungsbetrieb.
   - Ausbilder ist derjenige, der vom Ausbildenden ausdrücklich mit der Berufsausbildung beauftragt ist und die Ausbildung vor Ort vornimmt, d.h. Herr Wunner und Herr Grasser.
   - Auszubildende sind diejenigen, die eine Berufsausbildung absolvieren, die ausgebildet werden, d.h. die 30 Mitarbeiter, die die Berufsausbildung zum Industriekaufmann bzw. zum Industriemechaniker absolvieren.

4. **Aufgaben** der zuständigen Stelle sind u.a.
   - Einrichtung und Führung des Verzeichnisses der Berufsausbildungsverhältnisse für anerkannte Ausbildungsberufe
   - Durchführung von Zwischen- und Abschlussprüfungen
   - Verkürzung der Ausbildungszeit auf gemeinsamen Antrag der Auszubildenden und Ausbildenden, wenn zu erwarten ist, dass das Ausbildungsziel in der gekürzten Zeit erreicht wird.
   - Prüfung und Überwachung der Eignung der Ausbildungsstätte und der persönlichen und fachlichen Eignung des Ausbildungspersonals
   - Beratung von Ausbildenden und Auszubildenden durch Ausbildungsberater

C

5. Pflichten des Ausbildenden:

- Die zum Erreichen des Ausbildungsziels erforderliche berufliche Handlungsfähigkeit vermitteln,
- selbst ausbilden oder einen Ausbilder ausdrücklich damit beauftragen,
- erforderliche Ausbildungsmittel kostenlos zur Verfügung zu stellen,
- Auszubildenden zum Berufsschulbesuch und zum Berichtsheftführen anhalten,
- Auszubildenden nur angemessene Aufgaben übertragen,
- Auszubildenden für die Berufsschule und für Prüfungen freistellen,
- Ausstellung eines Zeugnisses nach Abschluss der Ausbildung,
- angemessene Ausbildungsvergütung bezahlen.

Pflichten des Auszubildenden:

- Lernpflicht (berufliche Handlungsfähigkeit erwerben),
- aufgetragene Aufgaben sorgfältig ausführen,
- Berufsschule und andere Ausbildungsmaßnahmen, für die sie freigestellt werden, besuchen,
- Weisungen befolgen,
- Einhaltung der geltenden Betriebs- und Hausordnung,
- Werkzeuge, Maschinen und sonstige Einrichtungen pfleglich behandeln,
- über Betriebs- und Geschäftsgeheimnisse Stillschweigen bewahren,
- Berichtsheft führen.

D

6. • Während der Probezeit:
  - fristlos (ohne Einhaltung von Kündigungsfristen) ohne Begründung durch den Auszubildenden oder den Ausbildenden

• Nach der Probezeit:
  - aus „wichtigem Grund" (ohne Einhaltung von Kündigungsfristen) durch den Auszubildenden oder den Ausbildenden
  - bei Aufgabe der Ausbildung (z. B. wegen Besuch der Universität oder der Fachoberschule) oder Wechsel des Ausbildungsberufes durch den Auszubildenden unter Einhaltung einer Kündigungsfrist von 4 Wochen

Ein wichtiger Grund liegt vor bei z. B. Arbeitsverweigerung, Beleidigung, sexueller Belästigung, Tätlichkeit, Straftaten im Betrieb, Nichtzahlung der Ausbildungsvergütung.

Die Kündigung muss schriftlich und nach der Probezeit mit Angabe der Kündigungsgründe erfolgen.

Eine Kündigung aus einem wichtigen Grund muss innerhalb von zwei Wochen nach Kenntnis des Kündigungsgrundes ausgesprochen werden.

7. • Bezeichnung des Ausbildungsberufes
• Ausbildungsdauer
• Ausbildungsberufsbild (Fertigkeiten und Kenntnisse, die mindestens Gegenstand der Berufsausbildung sind)
• Ausbildungsrahmenplan (sachliche und zeitliche Gliederung der Berufsausbildung)
• Ausbildungsplan

- Berichtsheft
- Prüfungsanforderungen für die Zwischen- und Abschlussprüfung (Prüfungsbereiche, Dauer, Form etc.)
- Bestehensregelung für die Prüfungen

1.2 Mehrfachauswahl

1. d

Ausbildungsbetrieb (Ausbildender) und Berufsschule als Ausbildungspartner.

A

2. b, f

zu e) In Tarifverträgen wird meist die Vergütung für Auszubildende geregelt. Diese Tarifvereinbarungen sind als Mindestvergütung beim Ausbildungsvertrag zu beachten.
zu c) Für die Zeit des Berufsschulunterrichts ist die Vergütung fortzuzahlen.

C

3. c

(vgl. § 20 BBiG)

4. c

Die zuständige Stelle entscheidet auf gemeinsamen Antrag des Auszubildenden und des Ausbildenden, wenn zu erwarten ist, dass das Ausbildungsziel in der gekürzten Zeit erreicht wird.

5. b

Nach der Probezeit ist die Kündigung unter Einhaltung der Kündigungsfrist von 4 Wochen durch den Auszubildenden möglich, wenn er sich in einem anderen Beruf ausbilden lässt oder die Berufsausbildung komplett aufgibt.

D

6. e

Nur auf Verlangen des Auszubildenden ist ein qualifiziertes Zeugnis auszustellen, das auch Angaben über Verhalten und Leistung enthält.

C

7. a, d

Mit Bekanntgabe der Ergebnisse durch den Prüfungsausschuss ist die Berufsausbildung bestanden und somit beendet.

Zu b) Höchstens 4 Monate Probezeit

Zu e) Es entsteht ein unbefristetes Arbeitsverhältnis (§ 24 BBiG).

Zu f) Eine Kündigungsfrist von 4 Wochen ist einzuhalten.

D

8. e

D

9. a

Zu b) Zeugnispflicht ist Pflicht des Ausbildenden
Zu c) Fürsorgepflicht ist Pflicht des Ausbildenden

C

10. c

Fürsorgepflicht beinhaltet z. B. die charakterliche Förderung des Auszubildenden oder darauf zu achten, dass er sittlich und körperlich nicht gefährdet wird.

11. A 2, 3 B 3 C 1, 2 D 2 E 2 F 2 G 4

Zu G) Regelung ist im Jugendarbeitsschutzgesetz zu finden.

B, C, D

12. 1) **b**

Auszubildende ist beschränkt geschäftsfähig und braucht daher die Zustimmung des gesetzlichen Vertreters.

2) **a, f**

Ein höherer Urlaubsanspruch als der gesetzlich geregelte ist möglich.

Zu b) Ausbildender kann das Ausbildungsverhältnis nach der Probezeit nur noch aus wichtigem Grund kündigen.
Zu e) verbotene Vereinbarung

13. d

Vergütung muss mit fortschreitender Berufsausbildung, mindestens jährlich, ansteigen, d. h. im dritten Ausbildungsjahr muss die Vergütung höher sein als im zweiten.

A

14. b, d

Zu b) Der Ausbildende muss die Eintragung beantragen.
Zu d) Laut Ausbildungsordnung muss der Ausbildende auf Grundlage des Ausbildungsrahmenplans für den Auszubildenden einen Ausbildungsplan erstellen.
Zu e) Dafür sind beide Lernorte gleichermaßen verantwortlich.

D

15. 02.04.2010

Vier Wochen Kündigungsfrist nach Ablauf der Probezeit, wenn eine Ausbildung in einem anderen Beruf begonnen wird (§ 22 BBiG).

! Die Grundkündigungsfrist von 4 Wochen zum 15. oder zum Kalendermonatsende nach dem BGB gilt nur für die Kündigung von **Arbeitsverhältnissen**!

C

16. b

Der Ausbildende darf dem Auszubildenden nur angemessene Verrichtungen übertragen, d. h., keine Akkordarbeit oder Putzarbeiten (außer sauber halten des eigenen Arbeitsplatzes).

17. b, c, d, f

Zu a) Es gibt einige Berufe, in denen die Ausbildungsvergütung im Westen und im Osten gleich hoch ist, z. B. Binnenschiffer, Kaufmann für Versicherungen und Finanzen, Verwaltungsfachangestellter oder medizinische Fachangestellte.

Zu e) Am schlechtesten wurden im Osten die Friseure bezahlt.

18.

	richtig	falsch	Korrektur
Die Zahl der neu abgeschlossenen Ausbildungsverträge hat sich 2009 stark erhöht.		X	Im Jahr 2009 wurden rund 50.000 Ausbildungsverträge weniger abgeschlossen als im Vorjahr 2008.
Es wurde die Veränderung zwischen September 2008 und September 2009 betrachtet.		X	Veränderungen zwischen Oktober 2008 und September 2009 wurden betrachtet.
Die meisten neuen Ausbildungsverträge wurden im Handwerk abgeschlossen.		X	In Industrie und Handel
Betrachtet man die letzten 10 Ausbildungsjahre, so fällt auf, dass nur zweimal noch weniger neue Ausbildungsverträge abgeschlossen wurden, als im Jahr 2009.	X		
Ein Drittel aller Ausbildungsverträge wurden 2009 im Handwerk neu abgeschlossen.		X	Im Handwerk wurden nur 27,79 % der Verträge abgeschlossen (157.300 · 100 / 566.000).
In der Industrie und im Handel wurden im Jahr 2009 333.400 neue Ausbildungsverträge abgeschlossen.	X		

2. Beurteilen Sie die Rechtslage

C, D

1. Ausbildende müssen Auszubildende zum Besuch der Berufsschule anhalten (§ 14 Abs. 1 Nr. 4 BBiG) und sie für den Berufsschulunterricht freistellen (§ 15 BBiG).

2. a) Ein Ausbildungsverhältnis endet automatisch, wenn der Prüfungsausschuss bekannt gibt, dass die Abschlussprüfung erfolgreich abgelegt wurde (§ 21 Abs. 2 BBiG). Eine Kündigung ist in diesem Fall nicht nötig. Daher muss Philipp nach bestandener Abschlussprüfung nicht mehr in seinem Ausbildungsbetrieb arbeiten und kann die Stelle im anderen Unternehmen antreten.

b) Wenn Auszubildende im Anschluss an das Berufsausbildungsverhältnis beschäftigt werden, ohne dass über diese Beschäftigung ausdrücklich etwas vereinbart worden ist, so gilt ein Arbeitsverhältnis auf unbestimmte Zeit als begründet (§ 24 BBiG).

Philipp hat deshalb durch schlüssiges Handeln (Fortsetzung der bisherigen Tätigkeit und Duldung des Chefs) einen unbefristeten Arbeitsvertrag abgeschlossen.

Die wesentlichen Vertragsbedingungen müssen vom Arbeitgeber spätestens einen Monat nach Beginn des Arbeitsverhältnisses schriftlich niedergelegt werden (§ 2 NachwG).

3. Da die Probezeit maximal 4 Monate betragen darf, ist diese bereits abgelaufen. Eine Kündigung des Ausbildungsverhältnisses ist daher nur aus wichtigem Grund oder bei Aufgabe der Berufsausbildung bzw. bei Wechsel der Berufstätigkeit möglich (§ 22 BBiG).

Tina kann ihren Ausbildungsvertrag nicht kündigen, da kein Berufswechsel und keine Aufgabe der Berufsausbildung vorliegt.

Da sich Jenny für eine andere Berufstätigkeit ausbilden lassen will, ist dies ein Grund, das bisherige Ausbildungsverhältnis zu kündigen. Allerdings muss sie eine Kündigungsfrist von vier Wochen einhalten (§ 22 Abs. 2 Nr. 2 BBiG).

4. Nach § 14 Abs. 1 Nr. 2 BBiG müssen Ausbildende selbst ausbilden oder einen Ausbilder oder eine Ausbilderin ausdrücklich damit beauftragen.

5. Da Kilian die Abschlussprüfung nicht bestanden hat, kann er von seinem Ausbildungsbetrieb verlangen, dass sich sein Ausbildungsverhältnis bis zur nächstmöglichen Wiederholungsprüfung, höchstens jedoch um ein Jahr, verlängert (§ 21 BBiG).

6. Die Auszubildende gibt Betriebs- und Geschäftsgeheimnisse an Dritte weiter. Sie verstößt daher gegen ihre Verschwiegenheitspflicht nach § 13 Nr. 6 BBiG. Da es sich hier um einen wichtigen Grund handelt, ist für den Ausbildenden auch nach der Probezeit eine fristlose Kündigung ohne Abmahnung möglich (§ 22 Abs. 2 Nr. 1 BBiG).

7. Für Lars besteht Berufsschulpflicht (§ 13 Nr. 2 BBiG). Er ist verpflichtet, an Ausbildungsmaßnahmen teilzunehmen, für die er vom Ausbildungsbetrieb freigestellt werden muss.

3. Fallsituation

B, C, D

a) Nach § 11 Abs. 1 BBiG müssen Ausbildende unverzüglich nach Abschluss des Berufsausbildungsvertrages, spätestens vor Beginn der Berufsausbildung, den wesentlichen Inhalt des Vertrages schriftlich niederlegen; die elektronische Form ist ausgeschlossen. Das heißt, dass der Abschluss des Ausbildungsvertrages formfrei erfolgen kann.

Nach § 11 Abs. 2 BBiG ist die Vertragsniederschrift von den Ausbildenden, den Auszubildenden und deren gesetzlichen Vertretern zu unterzeichnen.

b) Die gesetzlichen Vertreter müssen mit ihrer Unterschrift dem Ausbildungsvertrag zustimmen, weil die Auszubildende beschränkt geschäftsfähig ist.

c) Die Ausbildungszeit beträgt laut Ausbildungsordnung 3 Jahre (36 Monate). (Laut § 5 BBiG Abs. 1 Nr. 2 soll die Ausbildungsdauer nicht mehr als drei und nicht weniger als zwei Jahre betragen.)

Wenn die Auszubildenden die Abschlussprüfung vor Ablauf der Ausbildungszeit bestehen, dann endet das Berufsausbildungsverhältnis laut § 21 Abs. 2 BBiG mit Bekanntgabe des Ergebnisses durch den Prüfungsausschuss.

d) Die zuständige Stelle kürzt auf gemeinsamen Antrag des Auszubildenden und des Ausbildenden die Ausbildungszeit, wenn zu erwarten ist, dass das Ausbildungsziel in der gekürzten Zeit erreicht wird.

Gründe für die Verkürzung können sein:

- Schulabschluss (mittlerer Bildungsabschluss, Fachhochschulreife, Abitur).
- Berufliche Vorbildung (abgeschlossene Berufsausbildung, Berufs- oder Arbeitserfahrung).
- Anerkennung der bereits absolvierten Ausbildungszeit bei einem Ausbildungsplatzwechsel.
- Gute Leistungen während der Ausbildung in der Schule und im Betrieb.

e) Die Probezeit dient dem gegenseitigen Kennenlernen und erfüllt den Zweck, dass beide Vertragspartner feststellen können, ob eine Eignung für den Beruf des Industriekaufmannes vorliegt. In diesem Zeitraum können Ausbildende und Auszubildende das Vertragsverhältnis jederzeit ohne Einhaltung einer Kündigungsfrist beenden. Die Probezeit eines Berufsausbildungsverhältnisses muss mindestens einen Monat und darf höchstens vier Monate betragen (§ 20 BBiG).

f)
- Art, sachliche und zeitliche Gliederung sowie Ziel der Berufsausbildung,
- Ausbildungsmaßnahmen außerhalb der Ausbildungsstätte,
- Dauer der regelmäßigen täglichen Ausbildungszeit,
- Höhe und Zahlungszeitpunkt der Ausbildungsvergütung,
- Anzahl der Urlaubstage,
- Voraussetzungen, unter denen der Berufsausbildungsvertrag gekündigt werden kann,
- Hinweis auf die Tarifverträge, Betriebs- oder Dienstvereinbarungen, die auf das Berufsausbildungsverhältnis anzuwenden sind.

g) Der Ausbildende (Büromöbel AG) hat unverzüglich nach Abschluss des Berufsausbildungsvertrages die Eintragung in das Verzeichnis der Berufsausbildungsverhältnisse bei der zuständigen Stelle (Industrie- und Handelskammer) zu beantragen. Ändern sich in der Folgezeit wesentliche Inhalte des Berufsausbildungsvertrages, so hat der Ausbildende diese ebenfalls anzuzeigen.

h) Das Berufsbildungsgesetz definiert in § 5 BBiG Abs. 1 Nr. 3 das Ausbildungsberufsbild als die beruflichen Fertigkeiten, Kenntnisse und Fähigkeiten, die mindestens Gegenstand der Berufsausbildung sind. Das Ausbildungsberufsbild ist in der Ausbildungsordnung festgelegt. Das Ausbildungsberufsbild des Industriekaufmanns enthält z. B. Geschäftsprozesse und Märkte, Marketing und Absatz, Beschaffung und Bevorratung, Personal, Leistungserstellung, Leistungsabrechnung (Buchhaltungsvorgänge, Kosten- und Erlösrechnung, Erfolgsrechnung) etc.

i) Ja, da der Ausbildende die Pflicht hat, ein Zeugnis auszustellen (§ 16 BBiG).

Das einfache Zeugnis enthält Angaben über Art, Dauer und Ziel der Berufsausbildung sowie über die erworbenen beruflichen Fertigkeiten, Kenntnisse und Fähigkeiten des Auszubildenden.

Auf Wunsch und Antrag des Auszubildenden muss der Ausbildende ein qualifiziertes Zeugnis ausstellen, das zusätzlich Angaben über Verhalten und Leistung enthält.

Frau Kohl sollte ein qualifiziertes Zeugnis verlangen, da bei einer erneuten Bewerbung der neue Arbeitgeber die Vorlage eines qualifizierten Zeugnisses verlangen wird, um sich ein genaues Bild machen zu können. Wenn Frau Kohl sich gut geführt hat und ihre Leistung in Ordnung war, möchte sie das aus oben genannten Gründen dokumentiert haben. Würde sie bei einer Bewerbung jedoch nur ein einfaches Zeugnis vorlegen, kann der neue Arbeitgeber davon ausgehen, dass die Leistungen im Ausbildungsverhältnis mangelhaft waren oder sie Vorkommnisse verschweigen will.

II. Arbeitsvertrags- und Tarifrecht

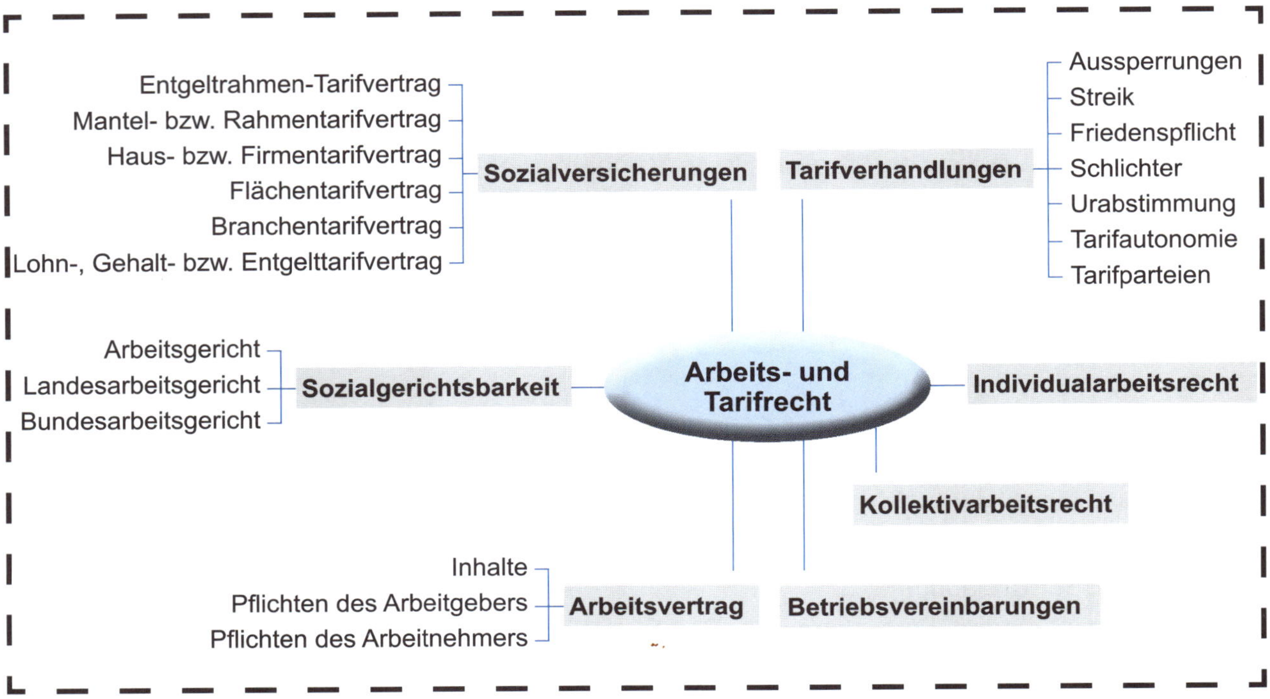

Was muss ich für die Prüfung wissen?

1. Arbeits- und Vertragsrecht im Rahmen der IHK-Prüfung

Mit Multiplechoice-Fragen zu diesem Thema müssen Sie im Prüfungsbereich Wirtschafts- und Sozialkunde rechnen. In den letzten Jahren sind verstärkt Aufgaben aus den Themengebieten Arbeits- und Tarifrecht sowie der Arbeitsgerichtsbarkeit gestellt worden.

2. Das kleine ABC des Arbeitsrechts

Allgemeinverbindlichkeit von Tarifverträgen
Rechtsanspruch aller Arbeitnehmer in einer Branche auf Leistungen aus dem Tarifvertrag.

Arbeitgeberverbände
Arbeitgeberverbände sind freiwillige Zusammenschlüsse von Unternehmen der gleichen Branche bzw. des gleichen Wirtschaftszweiges (z.B. Metall- und Elektroindustrie), die die Interessen der Mitglieder, beispielsweise im Rahmen von Tarifverhandlungen, vertreten. In Deutschland ist der Dachverband der Bundesverband deutscher Arbeitgeberverbände (BDA).

Arbeitsgerichte
Sie befassen sich mit spezifischen Streitfällen rund um das „Arbeitsrecht". Man unterscheidet Arbeitsgerichte, Landesarbeitsgerichte und das Bundesarbeitsgericht.

Arbeitsvertrag

Der Arbeitsvertrag ist ein gegenseitiger Vertrag, durch den sich der Arbeitnehmer zur Leistung der versprochenen Arbeit und der Arbeitgeber zur Gewährung des vereinbarten Arbeitsentgelts verpflichtet. Bereits durch die Vertragsanbahnung entsteht eine Sonderverbindung zwischen den Parteien, durch die konkrete Verhaltenspflichten, wie zum Beispiel Mitteilungs-, Fürsorge- und Verschwiegenheitspflichten, begründet werden. Für den Abschluss des Arbeitsvertrags gilt grundsätzlich das Prinzip der Vertragsfreiheit. Dieses beinhaltet die Freiheit zu entscheiden, ob, mit wem, mit welchem Inhalt und in welcher Form der Vertrag geschlossen werden soll. Der Arbeitsvertrag kann grundsätzlich formlos abgeschlossen werden. Seit Inkrafttreten des Nachweisgesetzes hat aber der Arbeitnehmer einen Anspruch auf schriftliche Dokumentation der für ihn geltenden wesentlichen Arbeitsbedingungen. Ein Formzwang kann aber zum Beispiel durch eine Betriebsvereinbarung oder einen Tarifvertrag festgelegt werden.

Aussperrung

Der Arbeitgeber löst die Arbeitsverhältnisse der gewerkschaftlich organisierten Arbeitnehmer vorübergehend auf. Die Arbeits- und Lohnzahlungspflicht entfällt für diese Zeit.

Betriebliche Öffnungsklausel

Möglichkeit der Unternehmen in Abstimmung mit dem Betriebsrat, von einzelnen Inhalten des Tarifvertrages vorübergehend abzuweichen.

Betriebsvereinbarung

Eine Betriebsvereinbarung ist ein Vertrag zwischen dem Arbeitgeber und der Belegschaft, vertreten durch den Betriebsrat. Die Vereinbarung regelt betriebliche Angelegenheiten, wie z. B. Betriebsurlaub.

Betriebsversammlung

Die Durchführung von Betriebsversammlungen ist im Betriebsverfassungsgesetz vorgeschrieben. Sie dient in erster Linie der Unterrichtung der Arbeitnehmer durch den Betriebsrat, bietet darüber hinaus aber auch die Möglichkeit zur Aussprache. Durch die Betriebsversammlung können Beschlüsse gefasst werden, an die der Betriebsrat zwar nicht gebunden ist, die er jedoch im Rahmen seiner gesetzlichen Pflichten als Betriebsrat zu berücksichtigen hat. Die Betriebsversammlung besitzt auch nicht die Kompetenz, mit dem Arbeitgeber Betriebsvereinbarungen abzuschließen. Kann wegen der Eigenart eines Betriebs eine Betriebsversammlung aller Arbeitnehmer nicht zum gleichen Zeitpunkt stattfinden, sind Teilversammlungen durchzuführen. Der Betriebsrat hat einmal pro Kalendervierteljahr eine regelmäßige Betriebsversammlung einzuberufen und einen Bericht über seine Tätigkeit zu erstatten.

Branchentarifvertrag

Der Tarifvertrag gilt für alle Arbeitnehmer der Branche, unabhängig von der Tätigkeit der Arbeitnehmer.

Einigungsstelle

Die Einigungsstelle dient der Beilegung von Streitigkeiten zwischen Arbeitgeber und Betriebsrat. Die Zusammensetzung erfolgt je zur Hälfte aus Mitgliedern, die Betriebsrat und Arbeitgeber benennen. Der Vorsitzende wird von beiden Parteien gewählt und ist eine neutrale und unabhängige Person (oftmals ein Arbeitsrichter).

Flächentarifvertrag

Ein Flächentarifvertrag ist ein Tarifvertrag für einen bestimmten räumlichen Geltungsbereich (Tarifgebiet) oder eine bestimmte Fläche (z. B. Bezirk Niedersachsen oder Bayern). Er kann für eine Branche (Metall-/Elektroindustrie) oder mehrere Branchen (z. B. Metall-/Elektroindustrie und Textilindustrie) gelten.

Friedenspflicht
Verbot von Streik und Aussperrung während der Laufzeit eines Tarifvertrages und während des Schlichtungsverfahrens.

Gewerkschaften
Gewerkschaften sind freiwillige Zusammenschlüsse von Arbeitnehmern, die beispielsweise im Rahmen von Tarifverhandlungen die Interessen ihrer Mitglieder vertreten. In Deutschland ist der Deutsche Gewerkschaftsbund (DGB) die Dachorganisation für acht Einzelgewerkschaften.

Günstigkeitsprinzip
Dieses Prinzip besagt, dass ein Arbeitnehmer durch Regelungen im Arbeitsvertrag nicht schlechter gestellt wird als in Gesetzen, Tarifverträgen oder Betriebsvereinbarungen geregelt. (Z. B. würde die Vereinbarung im Arbeitsvertrag von 10 Arbeitstagen Urlaub einen Verstoß gegen die Mindesturlaubstage des Bundesurlaubsgesetzes darstellen.)

Haus- bzw. Firmentarifvertrag
Vertragspartner sind ein einzelner Arbeitgeber bzw. ein einzelnes Unternehmen und die für den Betrieb zuständige Gewerkschaft.

Individualarbeitsrecht
Regelt durch den Abschluss eines Arbeitsvertrages die Rechtsbeziehungen zwischen dem einzelnen Arbeitgeber und dem einzelnen Arbeitnehmer.

Kollektivarbeitsrecht
Regelt durch den Abschluss von Tarifverträgen die Rechtsbeziehungen zwischen den Koalitionen von Arbeitgebern (Arbeitgeberverbände) und den Interessenverbänden der Arbeitnehmer (Gewerkschaften).

Kündigung des Arbeitsverhältnisses
Ein Arbeitsverhältnis kann ordentlich (z. B. wirtschaftliche Schwierigkeiten des Arbeitgebers) oder außerordentlich (z. B. Diebstahl des Arbeitnehmers) gekündigt werden. Zudem kann ein Arbeitsverhältnis durch einen einvernehmlich vereinbarten Aufhebungsvertrag beendet werden. Ein Arbeitsvertrag endet auch mit Zeitablauf eines befristeten Arbeitsverhältnisses.

Nachweisgesetz (NachwG)
Gemäß § 2 Abs. 1 NachwG hat der Arbeitgeber spätestens einen Monat nach dem vereinbarten Beginn des Arbeitsverhältnisses die wesentlichen Vertragsbedingungen schriftlich niederzulegen. Die Niederschrift ist zu unterzeichnen und dem Arbeitnehmer auszuhändigen.

Pflichten des Arbeitgebers im Arbeitsverhältnis
Der Arbeitgeber verpflichtet sich, das Arbeitsentgelt des Arbeitnehmers zu vergüten.
Zu den Nebenpflichten des Arbeitgebers zählen u. a. die allgemeine Fürsorgepflicht, die Beschäftigungspflicht und die Pflicht zum Schutz von Leben und Gesundheit des Arbeitnehmers.

Pflichten des Arbeitnehmers im Arbeitsverhältnis
Pflicht des Arbeitnehmers zur Erbringung der Arbeitsleistung. Diese Pflicht ist im Zweifel höchstpersönlich zu erbringen. Außerdem hat der Arbeitnehmer seine Arbeitsleistung grundsätzlich in Vorleistung zu erbringen. Die Arbeitsleistung des Arbeitnehmers ist vom Arbeitgeber einklagbar. Den Arbeitnehmer können weiterhin Nebenpflichten aus dem Arbeitsvertrag treffen, z. B. Treuepflichten, Verschwiegenheitspflichten, Wettbewerbsverbote oder Rücksichtsnahmepflichten.

Schlichter

Person oder Personengruppen mit der Aufgabe, einen tragfähigen Kompromiss zwischen den Tarifparteien herbeizuführen.

Streik

Streiks (z. B. Warn-, Schwerpunkt- oder Teilstreiks) sind eine „Arbeitskampfmaßnahme" der Gewerkschaften, bei denen eine größere Zahl von Arbeitnehmern planmäßig und vorübergehend die Arbeit niederlegt. Streiks sind generell nur erlaubt, wenn sie gewerkschaftlich organisiert sind. „Wilde" Streiks, Sympathiestreiks und Streiks während der Friedenspflicht sind in Deutschland nicht erlaubt. Während des Streiks ruhen die Arbeitsverhältnisse und die Arbeitnehmer erhalten kein Entgelt, sondern lediglich eine finanzielle Unterstützung aus der „Gewerkschaftskasse".

Tarifautonomie

Recht der Tarifvertragsparteien, Tarifverträge unabhängig von staatlichen Einflüssen auszuhandeln.

Tarifparteien

Gewerkschaften, einzelne Arbeitgeber sowie Arbeitgeberverbände.

Tarifvertrag

Der Tarifvertrag ist ein Vertrag zwischen den Tarifvertragsparteien und enthält Bestimmungen über den Inhalt, den Abschluss und die Beendigung von Ausbildungs- und Arbeitsverhältnissen sowie betriebliche und betriebsverfassungsrechtliche Sachverhalte. Die rechtliche Grundlage ist das Tarifvertragsgesetz.

Urabstimmung

Entscheidung der gewerkschaftlich organisierten Arbeitnehmer über Durchführung von Streikmaßnahmen bzw. die Annahme eines Verhandlungsergebnisses.

Verbandstarifvertrag

Vertragspartner sind die Arbeitgeberverbände einer Branche und die Gewerkschaften.

3. Arbeitsgerichtsbarkeit

Die Arbeitsgerichtsbarkeit befasst sich mit Streitfällen rund um das „Arbeitsrecht", ist dreistufig aufgebaut und besteht aus den Arbeitsgerichten, den Landesarbeitsgerichten und dem Bundesarbeitsgericht. Die Rechtsprechung in der ersten Instanz wird durch die Arbeitsgerichte und in der zweiten Instanz von den Landesarbeitsgerichten ausgeübt. Die dritte Instanz ist das Bundesarbeitsgericht, welches seit dem 22.11.1999 seinen Sitz in Erfurt hat.

Was erwartet mich in der Prüfung?

1. Das Lernlabyrinth

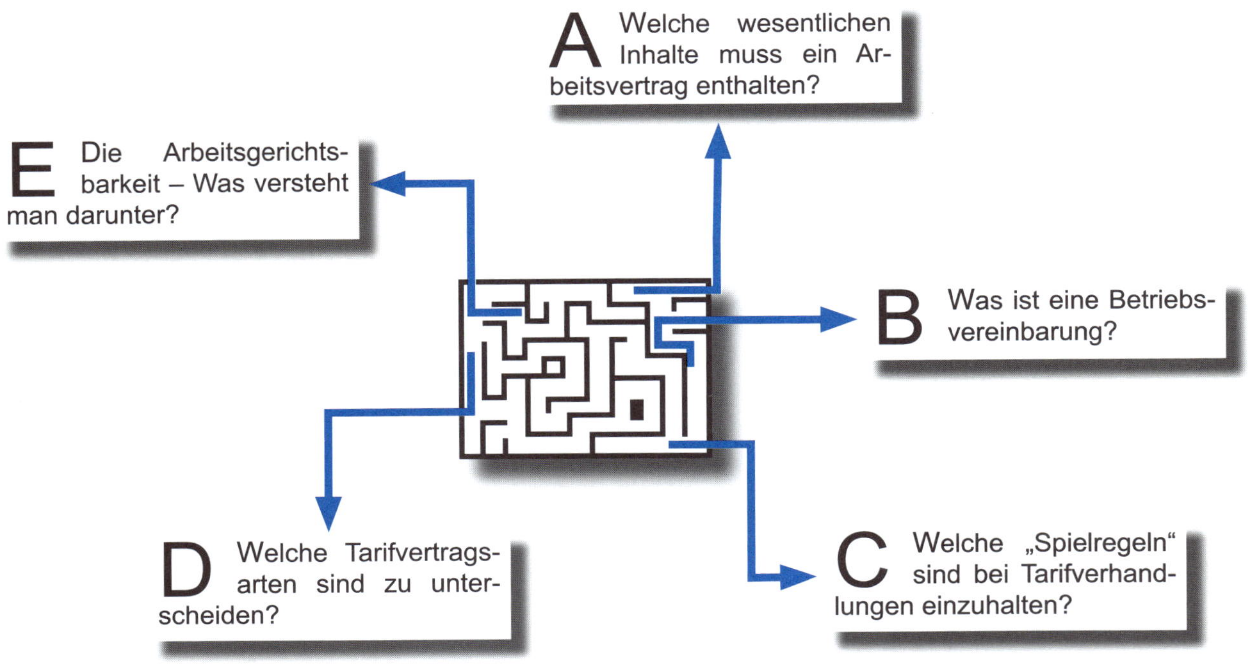

2. Wege aus dem Lernlabyrinth

A Welche wesentlichen Inhalte muss ein Arbeitsvertrag enthalten?

Mit der Beendigung der Berufsausbildung können Arbeitsverträge laut § 17 des Berufsbildungsgesetzes „stillschweigend" zu Stande kommen; in der Regel werden sie aber bewusst vom Arbeitgeber und zukünftigen Arbeitnehmer geschlossen. Beide Seiten sind frei bei der inhaltlichen Ausgestaltung eines Arbeitsvertrages.

Die getroffenen Vereinbarungen müssen sich jedoch an den gesetzlichen Arbeitsschutzbestimmungen ausrichten, wie beispielsweise

- dem Arbeitszeitgesetz,
- dem Bundesurlaubsgesetz,
- dem Kündigungsschutzgesetz,
- dem Mutterschutzgesetz,
- den tariflichen Mindestvereinbarungen.

Bei befristeten Arbeitsverhältnissen ist die vorhersehbare Dauer der Beschäftigung zu vereinbaren. Mündlich geschlossene Arbeitsverträge haben keine Gültigkeit. Die Schriftform ist laut Nachweisgesetz zwingend vorgeschrieben.

Fester Bestandteil eines Arbeitsvertrages kann eine Betriebsordnung sein, die beispielsweise Gleitzeit, Kernarbeitszeiten oder Pausenzeiten über die Woche regelt. Mit der Unterzeichnung des Arbeitsvertrages erkennt der neue Arbeitnehmer diese Betriebsordnung als festen Bestandteil seines Arbeitsvertrages an.

Ist der Arbeitgeber an einen Tarifvertrag gebunden, so muss er dessen Mindestinhalte erfüllen. Je nach individueller Unternehmenssituation bzw. konjunktureller Wirtschaftslage können die Betriebe höhere Leistungen gewähren. Andererseits ist es aber in „Krisenzeiten" auch möglich, dass der Betrieb die so genannte „betriebliche Öffnungsklausel" (sofern diese im Tarifvertrag vereinbart wurde) nutzt und vorübergehend geringere Löhne und Gehälter oder längere Arbeitszeiten anordnet. Solche Abweichungen vom Tarifvertrag muss die Unternehmensleitung mit dem Betriebsrat vereinbaren.

Wesentliche **Inhalte eines Arbeitsvertrages**:

- persönliche Daten des Arbeitgebers und Arbeitnehmers
- Tätigkeitsbezeichnung und Verantwortungsbereich
- Arbeitsort sowie andere Arbeitsorte (z. B. Ausland)
- Beginn des Arbeitsverhältnisses
- Dauer der Probezeit
- Wöchentliche Arbeitszeit
- Urlaubstage
- Gesetzliche oder frei vereinbarte Kündigungsfrist
- Monatliches Entgelt bzw. Entgeltgruppe
- Tarifvertragliche Regelungen und Betriebsvereinbarungen
- Rechte und Pflichten des Arbeitnehmers

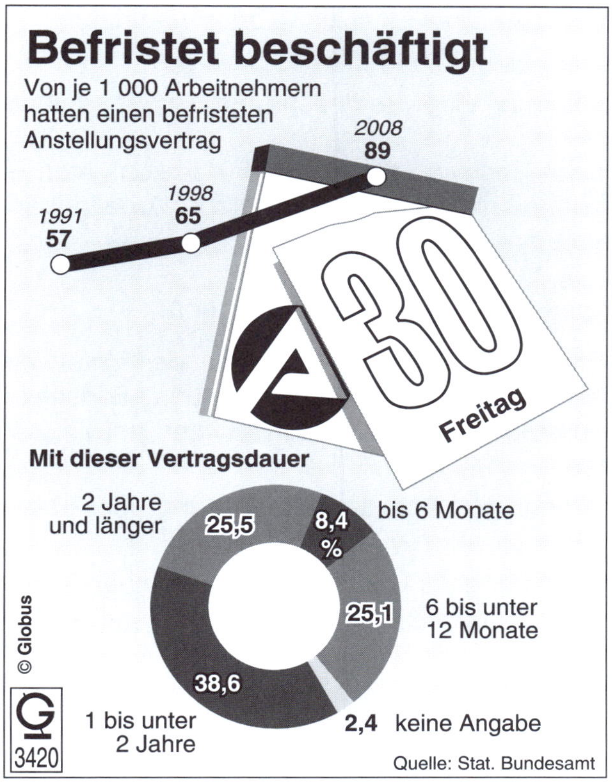

Pflichten im Arbeitsverhältnis	
Arbeitnehmerpflichten	Arbeitgeberpflichten
• Arbeitspflicht (vereinbarte Tätigkeiten persönlich ausführen) • Weisungsgebundenheit (Anordnungen der Vorgesetzten befolgen) • Treuepflicht (über Betriebsgeheimnisse schweigen)	• Beschäftigungspflicht (Arbeitnehmer vereinbarungsgemäß beschäftigen) • Entgeltpflicht (Zahlung von Lohn und Gehalt) • Fürsorgepflicht (Urlaub gewähren, Arbeitsschutzbestimmungen einhalten)

Neben den Fällen „Tod des Arbeitnehmers“ und „Erreichen des Rentenalters“ kann ein Arbeitsverhältnis auf vier Arten beendet werden (siehe Kapitel III):

- ordentliche Kündigung
- außerordentliche Kündigung
- Aufhebung des Arbeitsverhältnisses
- Ablauf eines befristeten Arbeitsverhältnisses

Der Arbeitsvertrag regelt die Rechtsbeziehungen zwischen dem einzelnen Arbeitgeber und dem einzelnen Arbeitnehmer (**Individualarbeitsrecht**).

B Was ist eine Betriebsvereinbarung?

Eine **Betriebsvereinbarung** ist ein Vertrag zwischen dem **Arbeitgeber** und der Belegschaft, vertreten durch den **Betriebsrat**.

Viele Absprachen, die im Alltag zwischen Arbeitgeber und Betriebsrat getroffen werden, regeln oftmals Einzelfälle, wie beispielsweise:

- die Zustimmung zu einer Einstellung oder Versetzung,
- die Behandlung einer Mitarbeiterbeschwerde
- oder die Festlegung einer Betriebsruhe zwischen Weihnachten und Neujahr.

Es gibt aber auch Sachverhalte, die über den konkreten Einzelfall allgemeine Gültigkeit haben. In solchen Fällen können der Arbeitgeber und der Betriebsrat eine Betriebsvereinbarung abschließen.

Mögliche Beispiele für Betriebsvereinbarungen:

- Betriebsvereinbarung über die Regelung der Unterweisung nach Arbeitsschutzgesetz, Betriebssicherheitsverordnung, Bildschirmarbeitsverordnung sowie über die Beteiligung der Beschäftigten an Maßnahmen des Gesundheitsschutzes
- Betriebsvereinbarung über die Zeiterfassung und Arbeitszeitkonten/gleitende Arbeitszeit
- Betriebsvereinbarung zur Förderung der Vereinbarkeit von Familie und Beruf
- Betriebsvereinbarung über die Führung einer Kantine sowie Automatenstationen

Wie andere Verträge auch, werden Betriebsvereinbarungen zwischen den zwei Parteien (Arbeitgeber und Betriebsrat) ausgehandelt. Nach § 77 Abs. 2 BetrVG sind sie schriftlich niederzulegen und von beiden Seiten zu unterzeichnen. Eine Betriebsvereinbarung bindet nicht nur die Unterzeichner persönlich, sondern die von ihnen vertretenen Personen.

Im Falle des Arbeitgebers die heutigen und zukünftigen Eigentümer und im Falle des Betriebsrates auch die Mitarbeiter, die den Betriebsrat nicht gewählt haben.

Grundsätzlich kann man zwischen **freiwilligen** und **erzwingbaren Betriebsvereinbarungen** unterscheiden:

Freiwillige Betriebsvereinbarungen können sich auf jedes beliebige Thema beziehen, zu denen Arbeitgeber und/oder Betriebsrat einen Regelungsbedarf sehen – allerdings nur innerhalb des von Gesetzen und Tarifverträgen gesteckten Rahmens. Zu Tarifverträgen macht § 77 Abs. 3 BetrVG ausdrücklich den Vorbehalt: „Arbeitsentgelte und sonstige Arbeitsbedingungen, die durch den Tarifvertrag geregelt sind oder üblicherweise geregelt werden, können nicht Gegenstand einer Betriebsvereinbarung sein. Dies gilt nicht, wenn ein Tarifvertrag den Abschluss ergänzender Betriebsvereinbarungen ausdrücklich zulässt."

Können sich Arbeitgeber und Betriebsrat nicht auf eine Betriebsvereinbarung einigen, kommt es bei so genannten „weichen" Mitbestimmungsrechten nicht zu einer vertraglichen Einigung.

Bei den „harten Mitbestimmungsrechten" haben beide Seiten die Möglichkeit, das Scheitern der Verhandlungen zu erklären und die Einigungsstelle anzurufen. Harte Mitbestimmungsrechte liegen überall dort vor, wo im Gesetz die Klausel steht: „Der Spruch der Einigungsstelle ersetzt die Einigung zwischen Arbeitgeber und Betriebsrat." Das entscheidende Merkmal der **Einigungsstelle** ist, dass sie einen neutralen Vorsitzenden (meist einen Arbeitsrichter) hat. Dieser hat sich im ersten Abstimmungsgang der Stimme zu enthalten; im zweiten gibt seine Stimme den Ausschlag, wenn sich Arbeitgeber und Betriebsrat bis zuletzt nicht einigen konnten.

Die Liste der über die Einigungsstelle erzwingbaren Betriebsvereinbarungen, ist vom Gesetzgeber verbindlich festgelegt. Beispiele hiefür sind:

- Behandlung von Beschwerden von Mitarbeitern.
- Beginn und Ende der täglichen Arbeitszeit einschließlich der Pausen sowie Verteilung der Arbeitszeit auf die einzelnen Wochentage. Vorübergehende Verkürzung oder Verlängerung der betriebsüblichen Arbeitszeit.
- IT-Systeme: Einführung und Anwendung von technischen Einrichtungen, die dazu geeignet sind, das Verhalten oder die Leistung der Arbeitnehmer zu überwachen.
- Fragen der betrieblichen Lohngestaltung, insbesondere die Aufstellung von Entlohnungsgrundsätzen und die Einführung und Anwendung von neuen Entlohnungsmethoden sowie deren Änderung.
- Grundsätze über das betriebliche Vorschlagswesen.
- Auswahlrichtlinien für externe und interne Stellenbesetzungen.
- Teilnehmer betrieblicher Bildungsmaßnahmen.

Entsprechend der vertraglichen Vereinbarung endet eine Betriebsvereinbarung mit Fristablauf oder der Arbeitgeber bzw. der Betriebsrat kündigt.

Betriebsvereinbarungen können, soweit nichts anderes vereinbart ist, mit einer Frist von drei Monaten gekündigt werden!

C Welche „Spielregeln" sind bei Tarifverhandlungen einzuhalten?

Auf der Grundlage des Artikels 9 (3) des Grundgesetzes können sich Arbeitgeber und Arbeitnehmer in Interessenverbänden zusammenschließen (Koalitionsfreiheit). Arbeitgeber können sich in Arbeitgeberverbänden und Arbeitnehmer in Gewerkschaften organisieren. Die beiden **Tarifpartner** (**Arbeitergeberverbände und Gewerkschaften**) sind im Rahmen ihrer Verhandlungen über den Abschluss eines Tarifvertrages völlig unabhängig.

Eine Einflussnahme auf die Ergebnisse der Verhandlungen zwischen den beiden Tarifparteien durch staatliche Institutionen ist untersagt (**Tarifautonomie**).

Tarifparteien	
Arbeitgeberverbände	**Gewerkschaften**
Ein Arbeitgeberverband ist ein Zusammenschluss von Arbeitgebern bzw. Unternehmen aus gleichen Branchen zum Zwecke gemeinsamer Interessenvertretung. Ein Arbeitgeberverband ist das tarif-, sozial- und gesellschaftspolitische „Sprachrohr" seiner Mitglieder. Mehrere regionale Verbände sind häufig zu einem Dachverband zusammengeschlossen. Die Bundesvereinigung der Deutschen Arbeitgeberverbände e.V. (BDA) ist der arbeits- und sozialpolitische Spitzenverband der gesamten deutschen Wirtschaft. Ihre Mitglieder sind 14 überfachliche Landesverbände mit jeweils überfachlichen Regionalverbänden sowie 56 Bundesfachspitzenverbände mit jeweiligen Landes- und regionalen Fachverbänden aus den Bereichen Industrie, Dienstleistung, Finanzwirtschaft, Handel, Verkehr, Handwerk und Landwirtschaft. Insgesamt sind circa eine Million Unternehmen mittelbar Mitglied der BDA. Arbeitgeberverbände mit großem Einfluss sind z. B. • Arbeitgeberband der Metall- und Elektroindustrie • Bundesarbeitgeberverband Chemie • Arbeitgeberverband Gesamttextil • Arbeitgeberverband des privaten Bankgewerbes	Gewerkschaften sind freiwillige Zusammenschlüsse von Arbeitnehmern und sollen in Deutschland unabhängig von politischen Parteien und dem Staat die Interessen ihrer Mitglieder gegenüber den Arbeitgebern vertreten. Insbesondere handeln die Gewerkschaften im Rahmen von Tarifverträgen die Gehälter für die Arbeitnehmer aus und setzen sich für eine Verbesserung der Arbeitsbedingungen ein. Der Deutsche Gewerkschaftsbund (DGB) ist die Dachorganisation für acht Einzelgewerkschaften: • IG Bauen-Agrar-Umwelt (IG BAU) in Frankfurt am Main, am 1. Januar 1996 entstanden aus: - IG Bau-Steine-Erden (IG BSE) - Gewerkschaft Gartenbau, Land- und Forstwirtschaft (GGLF) • IG Bergbau, Chemie, Energie (IG BCE) in Hannover, 1997 entstanden aus: - IG Bergbau und Energie (IG BE) - IG Chemie, Papier, Keramik (IG CPK) - Gewerkschaft Leder (GL) • Gewerkschaft Erziehung und Wissenschaft (GEW) in Frankfurt am Main • IG Metall (IGM) in Frankfurt am Main, mit den in ihr aufgegangenen Gewerkschaften: - Gewerkschaft Holz und Kunststoff (GHK)

- Gewerkschaft Textil und Bekleidung (GTB)

- Gewerkschaft Nahrung-Genuss-Gaststätten (NGG) in Hamburg
- Gewerkschaft der Polizei (GdP) in Berlin mit Geschäftsstelle in Hilden
- TRANSNET – Gewerkschaft der Eisenbahner Deutschlands (GdED) in Frankfurt am Main
- Vereinte Dienstleistungsgewerkschaft (ver.di) in Berlin, entstanden 2001 aus:
  - Gewerkschaft Handel, Banken und Versicherungen e.V. (HBV)
  - Deutsche Journalistinnen- und Journalisten-Union (dju) bei ver.di 2001 entstanden aus:
  - IG Medien – Druck und Papier, Publizistik und Kunst e.V. (IG Medien), 1989 entstanden aus:
  - IG Druck und Papier
  - IG Kunst, Kultur und Medien
  - Gewerkschaft Öffentliche Dienste, Transport und Verkehr e.V. (ÖTV)
  - Deutsche Postgewerkschaft (DPG)

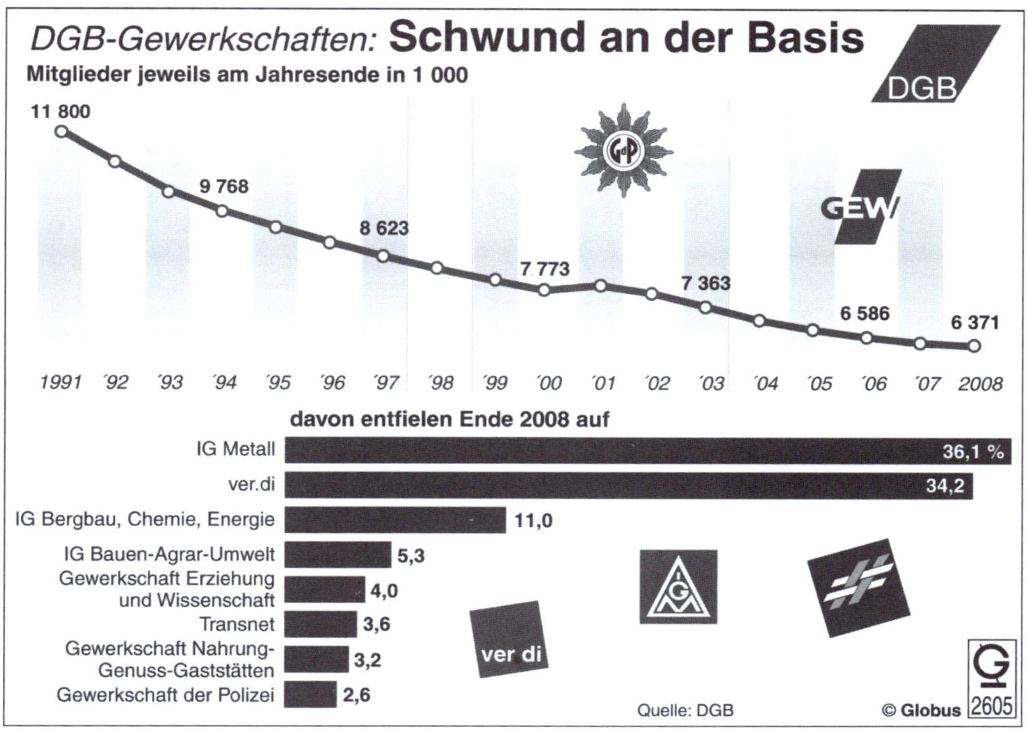

In der Regel beginnen die Tarifverhandlungen mit Fristablauf des alten Tarifvertrages und die Gewerkschaften stellen Forderungen (z. B. höheres Entgelt, mehr Urlaubstage, kürzere Arbeitszeiten etc.), die sie mit den Arbeitgebern verhandeln.

Einigt man sich, wird ein neuer Tarifvertrag abgeschlossen, der für eine bestimmte Zeit - mindestens 1 Jahr - Gültigkeit besitzt. Während dieser Zeit sind die Tarifpartner zum Arbeitsfrieden verpflichtet, dürfen also keine Kampfmaßnahmen, wie etwa Streik oder Aussperrung, ergreifen.

Einigt man sich nicht, werden die Verhandlungen für gescheitert erklärt. Man kann dann mithilfe eines unbeteiligten Dritten, der aber nie ein Vertreter der Bundesregierung ist, versuchen, einen Kompromiss zu finden. Wird dieser erreicht, kommt es zum Abschluss eines neuen Tarifvertrages. Scheitert die Schlichtung, setzt die Gewerkschaft eine Urabstimmung an, bei der die Arbeitnehmer entscheiden müssen, ob sie streiken wollen. Mindestens 75 % der gewerkschaftlich organisierten Arbeitnehmer im Tarifbezirk müssen für die Durchführung eines befristeten Streiks stimmen.

Auf einen Streik können die Arbeitgeber mit Aussperrung reagieren; d. h., auch die Arbeitnehmer, die nicht streiken, dürfen während der Arbeitszeit nicht arbeiten. Der Streik endet, wenn in neuen Verhandlungen ein Kompromiss gefunden worden ist und 25% der Arbeitnehmer in einer zweiten Urabstimmung dem Kompromiss zustimmen. Ein neuer Tarifvertrag kann dann in Kraft treten.

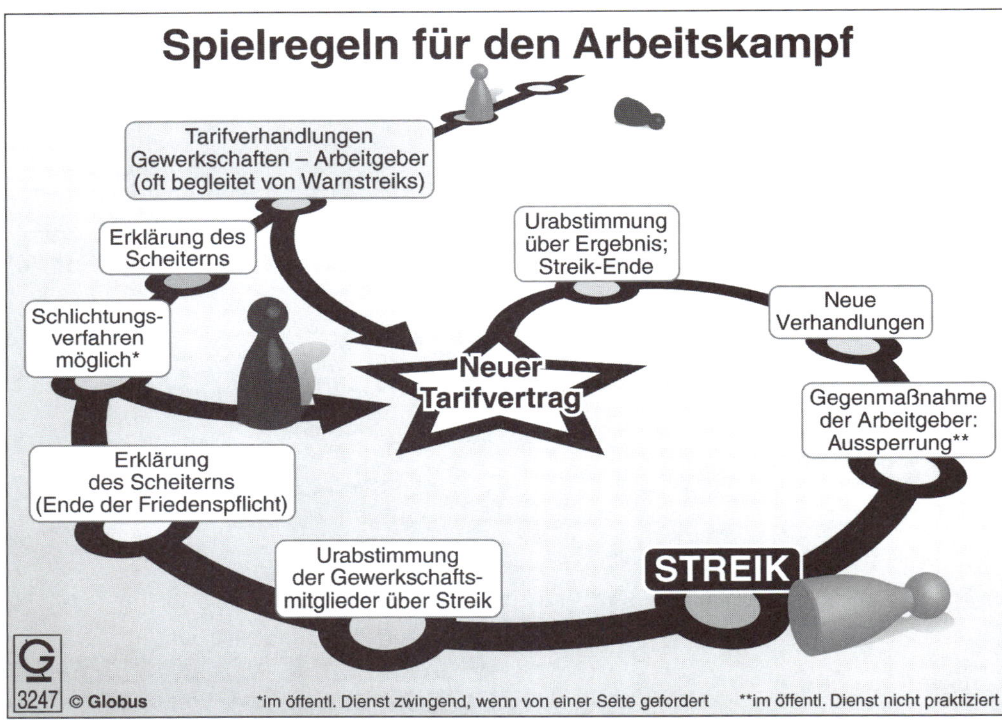

Während der Laufzeit eines Tarifvertrages dürfen die Tarifparteien keine Arbeitskampfmaßnahmen (z. B. Streik oder Aussperrung) zur Durchsetzung ihrer Forderungen durchführen (tarifliche Friedenspflicht); ansonsten können Schadensersatzansprüche erhoben werden.

Der Geltungsbereich eines Tarifvertrages ist durch den Vertrag selbst festgelegt. Einigt sich beispielsweise der IG Metall Bezirk Baden-Württemberg mit den entsprechenden Arbeitgebervertretern auf einen neuen Tarifvertrag, gilt dieser zunächst nur für die Unternehmen der Metall- und Elektroindustrie im Bundesland Baden-Württemberg.

Auf Antrag einer Tarifpartei kann der **Bundesarbeitsminister** im Einvernehmen mit einem Tarifausschuss (je drei Vertreter der Spitzenorganisationen der Arbeitgeber und Arbeitnehmer) diesen regionalen Tarifabschluss für allgemein verbindlich erklären, sodass die tariflichen Rahmenbedingungen dann auch für die nicht tarifgebundenen Arbeitgeber und Arbeitnehmer innerhalb des sachlichen (z. B. Branche) und räumlichen (z. B. Deutschland) Geltungsbereichs des Tarifvertrags verbindlich werden (**Allgemeinverbindlichkeit von Tarifverträgen**).

Die Allgemeinverbindlichkeitserklärung wird im Bundesanzeiger bekannt gemacht. Zudem veröffentlicht das Bundesarbeitsministerium vierteljährlich ein Verzeichnis aller allgemein verbindlichen Tarifverträge.

Tarifverträge regeln die Rechtsbeziehungen zwischen den Koalitionen von Arbeitgebern (Arbeitgeberverbände) und zwischen den Interessenverbänden der Arbeitnehmer (Gewerkschaften) → **Kollektivarbeitsrecht**.

D Welche Tarifvertragsarten sind zu unterscheiden?

Ein Tarifvertrag ist der schriftliche Vertrag zwischen einem oder mehreren Arbeitgebern oder Arbeitgeberverbänden einerseits oder einer oder mehreren Gewerkschaften andererseits (Tarifvertragsparteien). Er regelt die Rechte und Pflichten der Tarifvertragsparteien und enthält Rechtsnormen über Inhalt, Abschluss und Beendigung von Ausbildungs- und Arbeitsverhältnissen sowie über betriebliche und betriebsverfassungsrechtliche Fragen. Die Rechtsnormen des Tarifvertrages gelten unmittelbar zwischen den Tarifgebundenen und haben eine zwingende Wirkung. Arbeitgeber und Arbeitnehmer dürfen von den Tarifnormen nicht zu Ungunsten des Beschäftigten abweichen (Unabdingbarkeit).

Rechtliche Grundlage für Tarifverträge ist das Tarifvertragsgesetz (TVG). Tarifverträge werden schriftlich abgeschlossen und im Tarifregister eingetragen, das beim Bundesarbeitsministerium geführt wird.

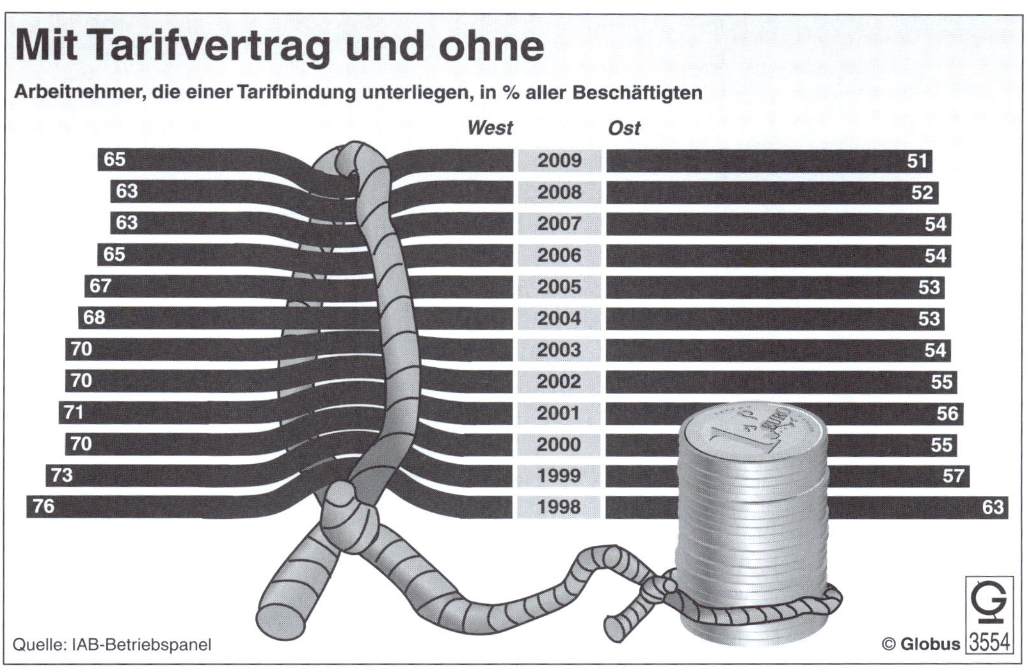

Es gibt verschiedene Arten von Tarifverträgen. Sie werden anhand von zwei Kriterien unterschieden:

- Das erste Kriterium stellen die Vertragspartner dar. Man unterscheidet zwischen **Verbandstarifverträgen**, welche zwischen Arbeitgeberverbänden und Gewerkschaften geschlossen werden und den **Firmen- bzw. Haustarifverträgen**, welche zwischen dem jeweiligen Arbeitgeber und einer Gewerkschaft geschlossen werden. Letztere regeln die Arbeitsbedingungen in nur einem Unternehmen.

- Das zweite Kriterium ist der Gegenstand bzw. Inhalt des Tarifvertrages. In diesem Zusammenhang kann man folgende Arten von Tarifverträgen zusammenfassen:

  - **Lohn-, Gehalts- und Entgelttarifverträge**

    Diese regeln die Höhe der tariflichen Grundvergütung in Form von Lohn-, Gehalts- bzw. Entgelttabellen (Tabellenvergütung). Die Verträge enthalten in der Regel auch die Ausbildungsvergütungen. Die Laufzeit der Vergütungstarifverträge beträgt überwiegend ein bis zwei Jahre.

  - **Entgeltrahmentarifverträge**

    Diese Tarifverträge werden auch Lohn- und Gehaltsrahmentarifverträge genannt und legen die Lohn- bzw. Gehaltsgruppen fest. Oftmals fällt aber die Unterscheidung von Lohn- und Gehaltsempfängern weg und man spricht nur noch von Entgeltgruppen, d. h. ein gewerblicher Mitarbeiter und ein kaufmännischer Angestellter, die in der gleichen Entgeltgruppe eingestuft sind, beziehen auch das gleiche Bruttoentgelt.

    Diese Tarifverträge definieren die Gruppenmerkmale und treffen die Regelungen zur Leistungsentlohnung. In einzelnen Fällen kommt es vor, dass der Entgeltrahmentarifvertrag selbst die Lohn- und Gehaltsgruppeneinteilung festlegt. Die Entgeltrahmentarifverträge haben in der Regel eine Laufzeit von mehreren Jahren.

  - **Mantel- bzw. Rahmentarifverträge**

    Sie enthalten Bestimmungen über sonstige Arbeitsbedingungen, wie z. B. Einstellungs- und Kündigungsbestimmungen, Arbeitszeit, Erholungs- und Sonderurlaub, vorübergehende Freistellungen, Zuschläge für Mehr-, Nacht- und Schichtarbeit, Arbeitsbedingungen und Bestimmungen zum Rationalisierungsschutz. Manteltarifverträge haben in der Regel eine Laufzeit von mehreren Jahren. Dabei werden für einzelne Regelungen, wie z. B. Arbeitszeit oder Urlaub, häufig abweichende Kündigungsfristen vereinbart.

  - **Sonstige Tarifverträge**

    Häufig werden auch zu einzelnen Bestimmungen, die normalerweise im Mantel- bzw. Rahmentarifvertrag geregelt werden, gesonderte Tarifverträge abgeschlossen, wie z. B. Tarifverträge über Urlaub und Urlaubsgeld, Arbeitszeitregelungen, vermögenswirksame Leistungen, Jahressonderzahlungen, Qualifizierung oder Vorruhestand.

    Wichtig sind ferner Absicherungs- und Rationalisierungsschutzabkommen, die bei Personalabbau, Versetzungen und Umschulungen Regelungen enthalten und bei unvermeidbaren Kündigungen den Arbeitgeber zur Zahlung von Abfindungen verpflichten.

E Die Arbeitsgerichtsbarkeit – Was versteht man darunter?

In der Weimarer Republik wurde im Jahr 1926 für Rechtsstreitigkeiten aus der „Arbeitswelt" eine individuelle Gerichtsbarkeit eingeführt. Kommt es zwischen Arbeitgeber und Arbeitnehmer zu Streitigkeiten, die das Arbeitsverhältnis betreffen und lässt sich auf dem Verhandlungsweg keine Einigung erzielen, kann beim **Arbeitsgericht** Klage erhoben werden.

Nach dem Arbeitsrecht sind die Gerichte unter anderem zuständig für:

- Rechtsstreitigkeiten zwischen den Tarifvertragsparteien über die Anwendung und Durchführung von Tarifverträgen
- unerlaubte Arbeitskampfmaßnahmen (Streik bzw. Aussperrung)
- Rechtsstreitigkeiten zwischen Arbeitnehmern und Arbeitgebern, die aus dem Arbeitsverhältnis resultieren (z. B. Kündigungen oder Abfindungen)
- Streitigkeiten zwischen Arbeitnehmern aus gemeinsamer Arbeit
- Angelegenheiten aus dem Betriebsverfassungsgesetz oder dem Mitbestimmungsgesetz

Das Arbeitsgerichtsverfahren ist vom Gesetzgeber bewusst einfach und kostengünstig gehalten worden, damit keiner auf die Durchsetzung seiner Interessen verzichten muss.

Wird ein Rechtsstreit nicht vorab in einem Güterverfahren durch Vergleich zwischen den beiden Streitparteien beigelegt, entscheidet in der 1. Instanz die Kammer bzw. Fachkammer des Arbeitsgerichts. Bei Streitigkeiten aus dem Arbeitsverhältnis oder in tarifvertraglichen Angelegenheiten entscheidet das Gericht nach mündlicher Verhandlung durch **Urteil**. In Angelegenheiten aus dem Betriebsverfassungsgesetz und aus dem Mitbestimmungsgesetz durch **Beschluss**.

Gegen Urteile der Arbeitsgerichte kann in 2. Instanz beim **Landesarbeitsgericht Berufung** eingelegt werden, wenn

- es sich um ein Kündigungsschutzverfahren handelt,
- der Beschwerdewert mindestens 600,00 € beträgt
- oder die Berufung im Urteil des Arbeitsgerichts ausdrücklich zugelassen wurde.

Gegen einen Beschluss besteht das Rechtsmittel der **Beschwerde** beim Landesarbeitsgericht.

Dritte und höchste Instanz ist das **Bundesarbeitsgericht** mit Sitz in Erfurt. Das Bundesarbeitsgericht entscheidet über die **Revision** gegen Urteile und über die **Rechtsbeschwerde** gegen Beschlüsse des Landesarbeitsgerichtes.

So trainiere ich für die Prüfung

Aufgaben

1. Wissensfragen

1.1 Lernfragen

1. Welche beiden Verhandlungspartner können Tarifverträge rechtsgültig abschließen?

a) Ein einzelner Arbeitgeber und ein einzelner Arbeitnehmer
b) Ein einzelner Arbeitgeber und der Betriebsrat
c) Ein einzelner Arbeitgeber und die für den Betrieb zuständige Gewerkschaft
d) Das Bundesarbeitsministerium und der Deutsche Gewerkschaftsbund
e) Der Präsident des F.C. Bayern München e.V. und ein Spielerberater
f) Der Arbeitgeberverband und der Betriebsrat
g) Der Arbeitgeberverband und die Gewerkschaften

2. Herr Klaus Augenthaler, Arbeitnehmer der Nürnberger Lebkuchenfabrik, steht im Rechtsstreit mit seinem Arbeitgeber bezüglich einer Kündigung. Der Rechtsstreit konnte vorab in einem Güteverfahren nicht durch Vergleich beigelegt werden. Nun möchte Herr Augenthaler Klage erheben. Welches Gericht ist zuständig?

a) Das Sozialgericht Nürnberg
b) Das Landesarbeitsgericht München
c) Das Arbeitsgericht Nürnberg
d) Das Bundesarbeitsgericht in Erfurt
e) Das Amtsgericht Nürnberg

3. Aus welchem Gesetz ist die Tarifautonomie abzuleiten?

a) Handelsgesetzbuch
b) Kündigungsschutzgesetz
c) Betriebsverfassungsgesetz
d) Grundgesetz
e) Bürgerliches Gesetzbuch
f) Mitarbeiterbestimmungsgesetz

4. Wer kann einen Tarifvertrag für allgemein verbindlich erklären?

a) Der Bundesarbeitsminister
b) Der Bundeswirtschaftsminister
c) Der Bundeskanzler/in
d) Arbeitgeberverbände und Gewerkschaften mit einer gemeinsamen Erklärung
e) Die Tarifpartner auf Antrag des Bundesarbeitsministeriums
f) Der Kaiser „Franz Beckenbauer“

5. Bringen Sie die nachfolgenden Schritte bezüglich des Ablaufs von „idealtypischen“ Tarifverhandlungen in die richtige Reihenfolge!

a) Erste Urabstimmung: 90 % der gewerkschaftlich organisierten Arbeitnehmer stimmen einem befristeten Streik zu.
b) Fristgemäße Kündigung des alten Entgelttarifvertrages.
c) Neue Verhandlungen während des Streiks.
d) Aufnahme der Verhandlungen zwischen den beiden Tarifparteien.
e) Die Gewerkschaft erklärt die Tarifverhandlungen für gescheitert.
f) Zweite Urabstimmung: 50 % der gewerkschaftlich organisierten Arbeitnehmer nehmen den ausgehandelten Kompromissvorschlag an.
g) Der Arbeitgeberverband lehnt den Schlichtungsvorschlag ab.
h) Der neue Entgelttarifvertrag tritt in Kraft.
i) Beide Vertragspartner stimmen dem Schlichtungsverfahren zu.
j) Schwerpunktstreiks und Aussperrung.

6. Erläutern Sie den Begriff Tarifautonomie!

7. Was ist unter der Friedenspflicht im Rahmen der Tarifpolitik zu verstehen?

8. Was versteht man unter einem Haus- bzw. Firmentarifvertrag?

9. Nennen Sie fünf wesentliche Inhalte eines Arbeitsvertrages!

10. Nennen Sie vier Gewerkschaften, die unter der Dachgewerkschaft des Deutschen Gewerkschaftsbundes (DGB) organisiert sind!

11. Welche Vertragsparteien schließen Betriebsvereinbarungen ab? Formulieren Sie auch zwei mögliche Beispiele für eine Betriebsvereinbarung!

12. In welchem Fall liegt eine Betriebsvereinbarung vor?

a) Ein Arbeitgeber einigt sich mit der Gewerkschaft auf eine Entgelterhöhung von 3 % und eine Einmalzahlung in Höhe von 500,00 €.
b) Die Siemens AG einigt sich mit der IG Metall auf eine Erhöhung der wöchentlichen Arbeitszeit um 2 Stunden.
c) Die Automobilkonzerne Volkswagen und Toyota vereinbaren die gemeinsame Produktion eines Elektroautos.
d) Die Adidas AG einigt sich gemeinsam mit dem Betriebsrat über die Einführung der Vertrauensarbeitszeit. Der Sachverhalt wird schriftlich festgehalten.
e) Die Rattenfänger AG in Hameln erhöht ihr Grundkapital durch die Ausgabe junger Aktien und lässt sich dies auf der Hauptversammlung genehmigen.
f) Die Ruhr Stahlwerke AG vereinbart mit der Eurobahn AG die Lieferung von Bahnschienen für Hochgeschwindigkeitszüge.

13. Nach erfolgreichen Verhandlungen zwischen den Tarifpartnern liegt der neue Entgelttarifvertrag vor. Stellen Sie fest, welche Regelung in diesem Tarifvertrag festgelegt wurde!

a) Die Höhe der Zuschläge für Überstunden
b) Die Anzahl der Urlaubstage
c) Die Vergütung in den einzelnen Entgeltgruppen
d) Die Entgeltfortzahlung im Krankheitsfall
e) Die Höhe der Vermögenswirksamen Leistungen des Arbeitgebers
f) Die Dauer der wöchentlichen Arbeitszeit
g) Die Regelungen zur Gleit- und Kernarbeitszeit

14. Im Haustarifvertrag der Siemens AG wurde vereinbart, dass das Entgelt um einen Festbetrag von monatlich 60,00 € steigen muss.

Prüfen Sie, welche Folgen dies für die Controllerin, Frau Martina Rummenigge, (bisheriges Bruttoentgelt 4.000,00 €) bzw. für den Lageristen, Herrn Felix Magath, (bisheriges Bruttoentgelt 2.000,00 €) hat.

a) Das Bruttoentgelt von Frau Rummenigge steigt um 8 %.
b Das Bruttoentgelt von Herrn Magath steigt um 2 %.
c) Das Nettoentgelt von Herrn Magath steigt um 3 %.
d) Das Bruttoentgelt von Herrn Magath steigt um 1,5 % und das Bruttoentgelt von Frau Rummenigge um 3 %.
e) Das Bruttoentgelt von Herrn Magath steigt um 3,0 % und das Bruttoentgelt von Frau Rummenigge um 1,5 %.

15. In einigen Betrieben der Metall- und Elektroindustrie wurde im Jahr 2003 der so genannte Entgeltrahmentarifvertrag eingeführt. Erläutern Sie diese Tarifvertragsart ausführlich!

Festlegung der Entgeltgruppen

16. Welche der nachfolgenden Aussage ist dem Bereich des Individualarbeitsrechts zuzuordnen?

a) Der Arbeitgeber schließt mit dem Betriebsrat schriftlich eine Betriebsvereinbarung ab.
b) Abschluss eines Haustarifvertrages zwischen dem einzelnen Unternehmen und der zuständigen Gewerkschaft.
c) Das Verhältnis zwischen dem Arbeitgeberverband „Metall- und Elektroindustrie" und der IG Metall.
d) Das zwischen den einzelnen Tarifparteien geltende Recht.
e) Die Siemens AG verlängert den Arbeitsvertrag des Vorstandsvorsitzenden Peter Löscher um 3 Jahre.

17. Welche Aussage trifft auf die Arbeitskampfmaßnahme „Aussperrung" zu?

a) Unter Aussperrung versteht man die planmäßig organisierte Arbeitsniederlegung aller Arbeitnehmer eines Betriebes.
b) Unter Aussperrung versteht man die planmäßig organisierte Arbeitsniederlegung aller gewerkschaftlich organisierten Arbeitnehmer eines Betriebes.
c) Aussperrung bedeutet die vorübergehende Beendigung des Arbeitsverhältnisses für den Zeitraum des Arbeitskampfes.
d) Aussperrung bedeutet die ordentliche Kündigung des Arbeitsverhältnisses in den betroffenen Betrieben.

e) Im Rahmen eines Insolvenzverfahrens sperrt der Insolvenzverwalter den Betrieb zu, da das Verfahren mangels Masse eingestellt wurde.

f) Die gewerkschaftlich organisierten Arbeiternehmer legen für einen befristeten Zeitraum die Arbeit nieder, um ihren Forderungen gegenüber den Arbeitgebern Nachdruck zu verleihen.

18. Die Ruhr Stahlwerke AG und die IG Metall befinden sich aktuell in schwierigen Tarifverhandlungen. Welcher Sachverhalt stellt in diesem Zusammenhang einen Verstoß gegen das Prinzip der Tarifautonomie dar?

a) Die IG Metall ruft nach dem Scheitern der Tarifverhandlungen mit der Ruhr Stahlwerke AG zur ersten Urabstimmung auf.

b) Die Ruhr Stahlwerke AG stimmt dem Schlichtungsverfahren zu.

c) Die Ruhr Stahlwerke AG sperrt nach den gescheiterten Tarifverhandlungen die gewerkschaftlich organisierten Arbeitnehmer aus.

d) Nach Wiederaufnahme der Verhandlungen bietet die Ruhr Stahlwerke AG der IG Metall an, das Entgelt aller Arbeitnehmer um 2,3 % zu erhöhen.

e) Der Bundesarbeitsminister setzt nach wochenlangen Arbeitskämpfen fest, dass die Arbeitgeber bundesweit das Entgelt für alle Arbeitnehmer der Metall- und Elektroindustrie um 2,5 % anheben müssen.

19. Für welche Rechtsstreitigkeit sind die Arbeitsgerichte in Deutschland zuständig?

a) Ein Arbeitnehmer fordert von der Berufsgenossenschaft eine Rentenzahlung aufgrund einer Berufskrankheit.

b) Ein Arbeitssuchender fordert von der Bundesagentur für Arbeit ein höheres Arbeitslosengeld I ein.

c) Ein Arbeitnehmer möchte vor Gericht die Auszahlung von Kindergeld einklagen.

d) Für die Entscheidung über die „Tariffähigkeit" eines Arbeitgeberverbandes.

e) Ein Arbeitnehmer möchte seine Krankenkasse auf Kostenübernahme einer „medizinisch umstrittenen" Naturheilbehandlung vor Gericht verklagen.

f) Ein kaufmännischer Angestellter ist mit der Höhe des von der AOK gewährten Kurkostenzuschusses nicht einverstanden.

g) Ein Arbeitnehmer verlangt von der Berufsgenossenschaft die Übernahme der Kosten für einen Wegeunfall (Fahrt vom Wohnort zum Arbeitsplatz).

20. Die Adolf Dassler Schuhfabrik AG in Herzogenaurach schließt mit dem Betriebsrat schriftlich eine neue Betriebsvereinbarung ab, die eine Vielzahl von Regelungen enthält. Welche der nachfolgenden Vereinbarungen dürfen nicht Bestandteil dieser Regelung sein?

a) Auflockerung des gesetzlichen Kündigungsschutzes für langjährige Mitarbeiter

b) Einführung der Vertrauensarbeitszeit für alle Arbeitnehmer

c) Höhe des Arbeitgeber-Zuschusses pro Mittagessen in der Kantine

d) Nutzung der Sportstätten auf dem Betriebsgelände

e) Regelungen über Betriebsurlaub

f) Die Adolf Dassler Schuhfabrik AG einigt sich mit dem Betriebsrat auf eine befristete Erhöhung der Wochenarbeitszeit um eine Stunde ohne Entgeltausgleich

2. Fallsituationen

2.1 Fall 1

Ihnen liegt die folgende Grafik vor:

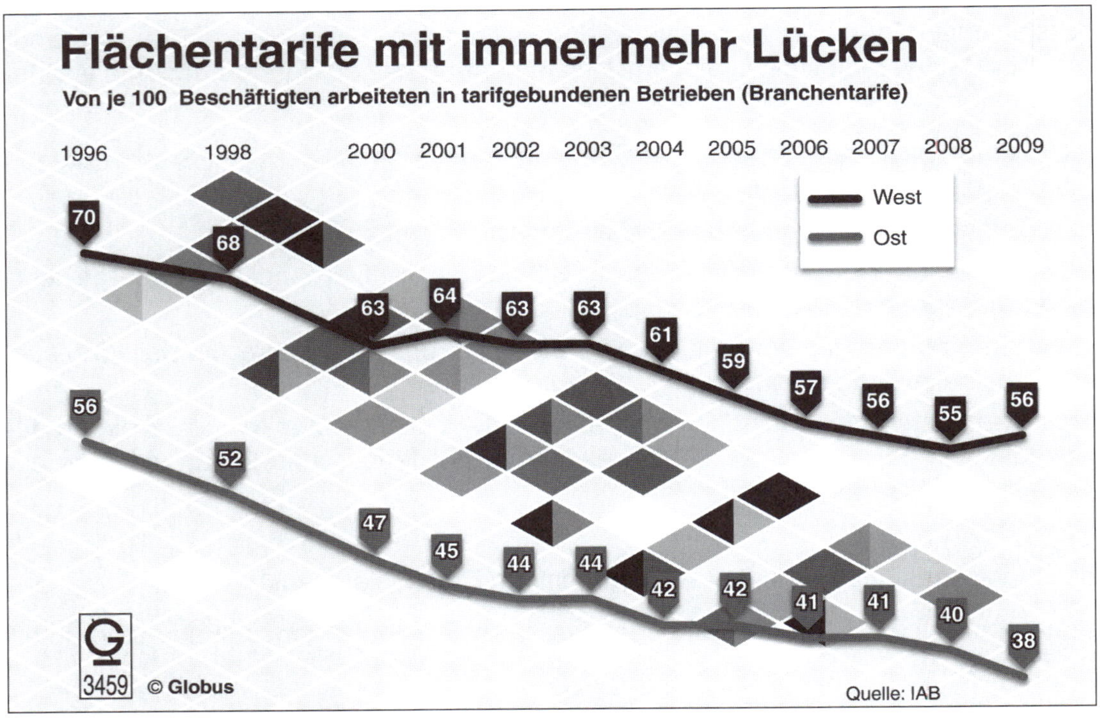

a) Wie viel Prozent der Beschäftigten in den neuen Bundesländern waren im Jahr 2001 tariflich gebunden?

b) Wie viel Prozent mehr der Beschäftigten waren in den alten Bundesländern im Jahr 1996 im Vergleich zum Jahr 2009 an einen Tarifvertrag gebunden?

c) Auszug aus einem Bericht des Statistischen Landesamt Baden-Württembergs:

...

... Seit Mitte der 90er-Jahre verliert der Flächentarifvertrag als ehemals dominante Form der Vereinbarung über Entgelt und Arbeitszeit zunehmend an Bedeutung. Dies lässt sich an verschiedenen Entwicklungen aufzeigen. Die Bindung der Arbeitgeber an Branchentarifverträge ist in vielen Branchen rückläufig. Zudem steigt die Zahl der auf Betriebs- oder Unternehmensebene abgeschlossenen Haus- oder Firmentarifverträge an. Daneben stehen Forderungen vor allem vonseiten der Arbeitgeber aber auch aus Teilen der Politik nach einer zunehmenden Dezentralisierung der zentral verhandelten Tarifverträge im Raum. Als Reaktion auf diese Forderungen wurden in zahlreichen Tarifverträgen Öffnungs- oder Härtefallklauseln verankert, die den Betrieben unter bestimmten Voraussetzungen ein Abweichen von den Standards des Flächentarifvertrags erlauben. In welchen wichtigen Branchentarifverträgen Öffnungs- oder Härtefallklauseln vereinbart wurden, wird vom Tarifarchiv des Wirtschafts- und Sozialwissenschaftlichen Instituts (WSI) regelmäßig berichtet. Darüber hinaus zeigt die Entwicklung am aktuellen Rand, dass es in Betrieben, die einem Flächentarifvertrag unterliegen, vermehrt zur Anwendung von Öffnungs- und Härtefallklauseln kommt ...

Welche zwei Gründe werden in dem Artikel für den Rückgang von Flächentarifverträgen genannt?

d) Viele Arbeitgeber sind in der Vergangenheit aus ihren Arbeitgeberverbänden ausgetreten. Können Sie sich diesen Trend erklären?

e) Recherchieren Sie im Internet, wie viele Arbeitnehmer in Deutschland ungefähr im Jahr 2010 unter dem Dachverband des DGB gewerkschaftlich organisiert waren!

2.2 Fall 2

Sie arbeiten in der Personalabteilung der Rattenfänger Werkzeugbau KG in Hameln. Sie schreiben eine neu zu besetzende Stelle als Schlosser intern und extern aus.

a) Nach Beendigung des Bewerbungsverfahrens planen Sie den externen Bewerber, Herrn Fritz Walter, einzustellen. Dieser Einstellung widerspricht der Betriebsrat, da er die Stelle intern besetzen möchte. Es soll gerichtlich geklärt werden, ob Herr Fritz Walter dennoch eingestellt wird.

   Welches Gericht ist dafür zuständig?

   aa) Das Amtsgericht Hameln
   ab) Das Bundesarbeitsgericht in Erfurt
   ac) Das Sozialgericht in Hameln
   ad) Das Landesarbeitsgericht in Hannover
   ae) Das Arbeitsgericht in Hameln
   af) Das Verwaltungsgericht Hannover

b) Es wurde gerichtlich entschieden, dass Herr Fritz Walter eingestellt werden kann. Die Rattenfänger Werkzeugbau KG schließt mit Herrn Fritz Walter einen Arbeitsvertrag ab.

   Welche Aussage zu diesem Arbeitsvertrag ist falsch?

   ba) Es liegt eine Form des Individualarbeitsrechts vor.
   bb) Mit der Unterzeichnung des Arbeitsvertrages verpflichtet sich Fritz Walter über Betriebsgeheimnisse zu schweigen.
   bc) Herr Fritz Walter ist zukünftig an Weisungen seiner Vorgesetzten gebunden.
   bd) Durch den Vertragsabschluss besitzt die Rattenfänger Werkzeugbau KG eine Entgeltpflicht gegenüber dem Arbeitnehmer.
   be) Es liegt eine Form des Kollektivarbeitsrechts vor.

c) Welche Klausel dürfen Sie aufgrund gesetzlicher Bestimmungen nicht in den Arbeitsvertrag aufnehmen?

   ca) Herr Fritz Walter wird auf die geltende Gleitzeitregelung hingewiesen.
   cb) Es werden entsprechend dem Tarifvertrag 30 Tage Urlaub vereinbart.
   cc) Es wird eine Probezeit von 12 Monaten vereinbart.
   cd) Für Herrn Fritz Walter wird eine Kündigungsfrist von 3 Monaten und für die Rattenfänger Werkzeugbau KG von einem Monat vereinbart.
   ce) Herr Fritz Walter verpflichtet sich auf Wunsch des Arbeitgebers, an notwendigen Weiterbildungsmaßnahmen (auch am Wochenende) teilzunehmen.

d) Mit der Unterzeichnung des Arbeitsvertrages hat Herr Fritz Walter anerkannt, dass die im Rahmen einer Betriebsvereinbarung festgelegten Regelungen auch für den Arbeitsvertrag gelten.

   Welche beiden Parteien legen Betriebsvereinbarungen fest?

e) Was versteht man im Arbeitsrecht unter dem so genannten „Günstigkeitsprinzip“ im Vergleich von Arbeitsvertrag und Tarifvertrag?

f) Die Rattenfänger Werkzeugbau KG ist aus ihrem Arbeitgeberverband ausgetreten und somit nicht mehr an den Flächentarif gebunden. In Zukunft wollen sie bei Neueinstellungen aufgrund der angespannten Konjunkturlage bei einer 5-Tage-Arbeitswoche den Arbeitnehmern nur noch 22 Arbeitstage Urlaub gewähren.

Nehmen Sie unter Berücksichtigung der Vorschriften des Bundesurlaubsgesetzes zu diesem Vorhaben Stellung!

Auszug aus dem Bundesurlaubsgesetz:

§ 1 Urlaubsanspruch
Jeder Arbeitnehmer hat in jedem Kalenderjahr Anspruch auf bezahlten Erholungsurlaub.

§ 2 Geltungsbereich
Arbeitnehmer im Sinne des Gesetzes sind Arbeiter und Angestellte sowie die zu ihrer Berufsausbildung Beschäftigten. Als Arbeitnehmer gelten auch Personen, die wegen ihrer wirtschaftlichen Unselbständigkeit als arbeitnehmerähnliche Personen anzusehen sind; für den Bereich der Heimarbeit gilt § 12.

§ 3 Dauer des Urlaubs
(1) Der Urlaub beträgt jährlich mindestens 24 Werktage.
(2) Als Werktage gelten alle Kalendertage, die nicht Sonn- oder gesetzliche Feiertage sind.

Lösungen

1. Wissensfragen

1.1 Lernfragen

C, D

1. Aussagen **c** und **g** sind richtig.

E

2. Aussage **c** ist richtig.

C

3. Aussage **d** ist richtig.

4. Aussage **a** ist richtig.

D

5. b) Fristgemäße Kündigung des alten Entgelttarifvertrages.
d) Aufnahme der Verhandlungen zwischen den beiden Tarifparteien.
e) Die Gewerkschaft erklärt die Tarifverhandlungen für gescheitert.
i) Beide Vertragspartner stimmen dem Schlichtungsverfahren zu.
g) Der Arbeitgeberverband lehnt den Schlichtungsvorschlag ab.
a) Erste Urabstimmung: 90 % der gewerkschaftlich organisierten Arbeitnehmer stimmen einem befristeten Streik zu.
j) Schwerpunktstreiks und Aussperrung.
c) Neue Verhandlungen während des Streiks.
f) Zweite Urabstimmung: 50 % der gewerkschaftlich organisierten Arbeitnehmer nehmen den ausgehandelten Kompromissvorschlag an.
h) Der neue Entgelttarifvertrag tritt in Kraft.

C

6. Recht der beiden Tarifvertragsparteien (z. B. einzelne Arbeitgeber bzw. Arbeitergeberverbände und Gewerkschaften), Tarifverträge unabhängig von staatlichen Einflüssen auszuhandeln.

C

7. Friedenspflicht: Verbot von Streik und Aussperrung während der Laufzeit eines Tarifvertrages und während des Schlichtungsverfahrens.

C

8. Haus- bzw. Firmentarifvertrag: Vertragspartner sind ein einzelner Arbeitgeber bzw. ein einzelnes Unternehmen und die für den Betrieb zuständige Gewerkschaft.

D

9.
- persönliche Daten des Arbeitgebers und Arbeitnehmers
- Tätigkeitsbezeichnung und Verantwortungsbereich
- Arbeitsort sowie andere Arbeitsorte (z. B. Ausland)
- Beginn des Arbeitsverhältnisses
- Dauer der Probezeit
- Wöchentliche Arbeitszeit
- Urlaubstage
- Gesetzliche oder frei vereinbarte Kündigungsfrist
- Monatliches Entgelt bzw. Entgeltgruppe
- Tarifvertragliche Regelungen und Betriebsvereinbarungen
- Rechte und Pflichten des Arbeitnehmers

C

10.
- IG Bauen-Agrar-Umwelt
- IG Bergbau-Chemie-Energie
- Gewerkschaft Erziehung und Bildung
- IG Metall
- Gewerkschaft Nahrung-Genuss-Gaststätten
- Gewerkschaft der Polizei
- Transnet
- Vereinte Dienstleistungsgewerkschaft

B

11. Eine Betriebsvereinbarung ist ein Vertrag zwischen dem Arbeitgeber und der Belegschaft, vertreten durch den Betriebsrat.

- Betriebsvereinbarung über die Regelung der Unterweisung nach Arbeitsschutzgesetz, Betriebssicherheitsverordnung, Bildschirmarbeitsverordnung sowie über die Beteiligung der Beschäftigten an Maßnahmen des Gesundheitsschutzes
- Betriebsvereinbarung über die Zeiterfassung und Arbeitszeitkonten/gleitende Arbeitszeit
- Betriebsvereinbarung zur Förderung der Vereinbarkeit von Familie und Beruf
- Betriebsvereinbarung über die Führung einer Kantine sowie Automatenstationen

B

12. Die Aussage **d** ist richtig.

D

13. Die Aussage **c** ist richtig.

14. Die Aussage **e** ist richtig.

D

15. Wesentliches Ziel der ERA-Tarifverträge ist es, die Unterscheidung zwischen Arbeitern und Angestellten zu beseitigen, deren Entgelt zu vereinheitlichen und damit eine größere Entgeltgerechtigkeit auch zwischen den Gruppen zu erreichen. So werden die Begriffe Arbeiter und Angestellter durch den Begriff Beschäftigte ersetzt. Statt Lohn und Gehalt wird der Oberbegriff Entgelt verwendet.

Diese Tarifverträge definieren die Gruppenmerkmale und treffen die Regelungen zur Leistungsentlohnung. In einzelnen Fällen kommt es vor, dass der Entgeltrahmentarifvertrag selbst die Lohn- und Gehaltsgruppeneinteilung festlegt. Die Entgeltrahmentarifverträge haben in der Regel eine Laufzeit von mehreren Jahren.

16. Aussage **e** ist richtig. **A**

17. Aussage **c** ist richtig. **C**

18. Aussage **e** ist richtig. **C**

19. Aussage **d** ist richtig. **E**

20. Aussage **a** ist richtig. **B**

2. Fallsituationen

2.1 Fall 1

C, D

a) 100 Beschäftigte = 100 %
45 Beschäftigte = X   X = 45 %   **Ergebnis: 45 %**

b) 56 Beschäftigte = 100 %
70 Beschäftigte = X   X = 125 %   **Ergebnis: 25 %**

c)
- Abschluss von Haus- bzw. Firmentarifverträgen
- Vereinbarung von Öffnungs- oder Härtefallklauseln in den Tarifverträgen ermöglichen den Betrieben unter bestimmten Voraussetzungen ein Abweichen von den Standards des Flächentarifvertrags.

d) Durch den Austritt aus dem Arbeitgeberverband sind die Unternehmen nicht mehr an den Flächen- bzw. Branchentarifvertrag zwischen ihrem Arbeitgeberverband und der entsprechenden Gewerkschaft vertraglich gebunden.

Somit können die Unternehmen ihre Entgelt- bzw. Tarifpolitik individueller und auch unternehmensspezifischer gestalten, beispielsweise durch den Abschluss

- von Haus- bzw. Firmentarifverträgen oder
- Betriebsvereinbarungen.

Spezielle betriebliche Rahmenbedingungen (z. B. Umsatzentwicklung, Mitarbeiterzahl, Produktprogramm, Auftragseingang usw.) können dadurch berücksichtigt werden.

e) Je nach Quelle unterscheiden sich die Zahlen ein wenig. Zwischen 6,2 und 6,4 Mio. Mitglieder sind bei Drucklegung unter dem Dachverband des DGB gewerkschaftlich organisiert.

2.2 Fall 2

A, B, D, E

a) Die Aussage **ae** ist richtig.

b) Die Aussage **be** ist falsch.

c) Die Aussage **cd** ist anzukreuzen.

d) Eine Betriebsvereinbarung ist ein Vertrag zwischen der Rattenfänger Werkzeugbau KG und der Belegschaft, vertreten durch den Betriebsrat.

e) Das Günstigkeitsprinzip gilt im Verhältnis zwischen Tarifvertrag und Einzelvertrag. Dieser Grundsatz ist im Tarifvertragsgesetz ausdrücklich festgeschrieben.

Beispiel:
Sieht der Tarifvertrag beispielsweise ein Entgelt von 17,50 € vor, dann kann im Arbeitsvertrag auch ein Entgelt von 19,00 € vereinbart werden. Nicht zulässig ist, weniger als tarifvertraglich festgelegt zu zahlen (z. B. ein Entgelt von nur 16,00 €).

Die Anwendung des Günstigkeitsprinzips ist aber umstritten und im Einzelfall schwierig. Ob eine Regelung günstiger ist oder nicht, kann durchaus unterschiedlich bewertet werden – je nachdem, in welchem Umfang und wie der Vergleich vorgenommen wird.

f) Das Bundesurlaubsgesetz schreibt für jeden Arbeitnehmer einen bezahlten Mindesturlaub von 24 Werktagen pro Jahr vor. „Werktage“ sind die sechs Tage von Montag bis Samstag.

Jeder Arbeitnehmer hat daher unabhängig von der Anzahl seiner individuellen wöchentlichen Arbeitstage einen gesetzlichen Mindesturlaub von vier Wochen pro Jahr.

Legt man die heutzutage übliche 5-Tage-Woche zugrunde, ergibt sich ein Mindesturlaubsanspruch von 20 Arbeitstagen.

Fazit: Die Rattenfänger Werkzeugbau KG kann bei einer 5-Tage-Woche also 22 Urlaubstage im Arbeitsvertrag vereinbaren, da der Mindesturlaubsanspruch nur 20 Arbeitstage beträgt.

III. Rechtliche Bestimmungen zum Schutz des Arbeitnehmers

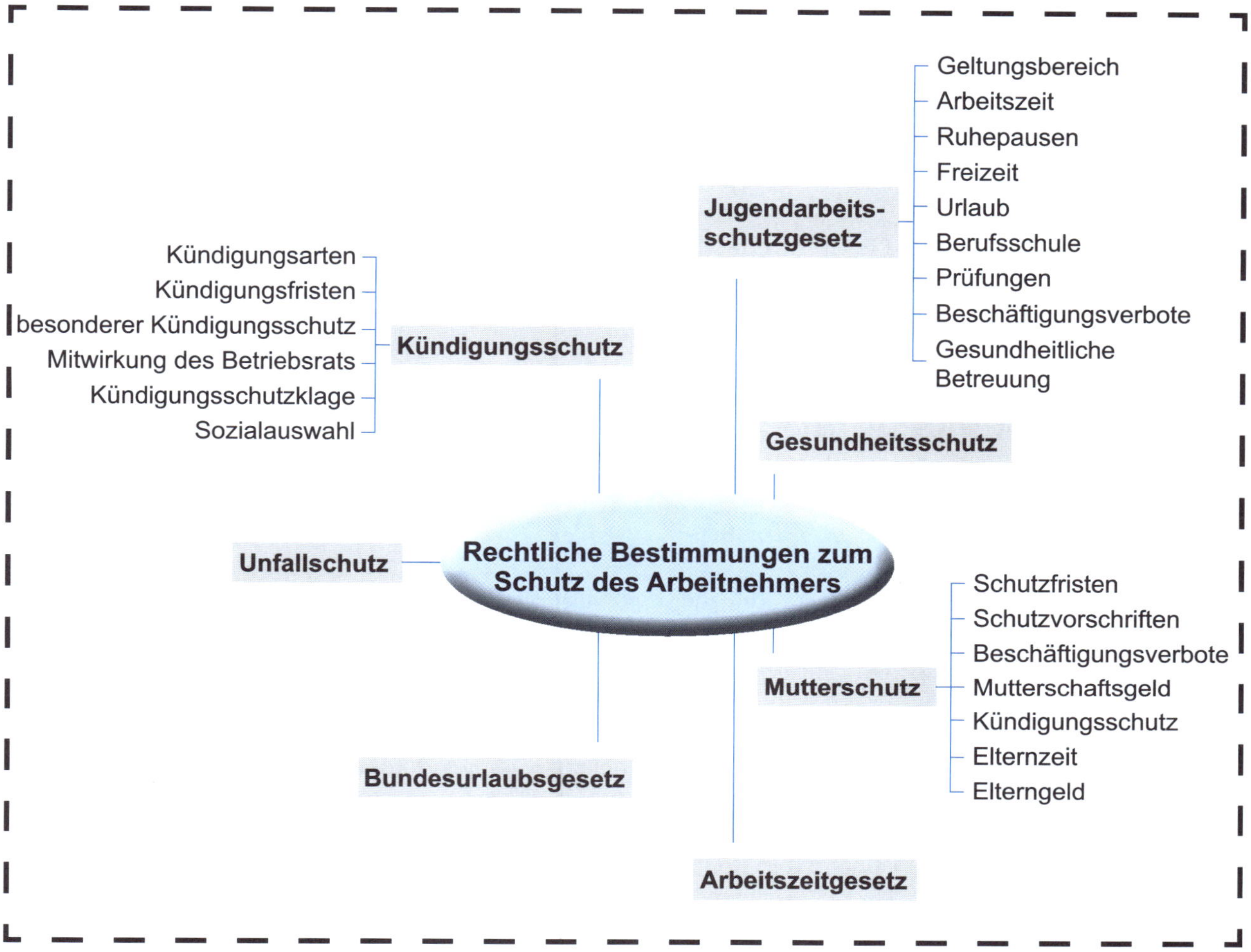

Was muss ich für die Prüfung wissen?

1. Gesundheits- und Unfallschutz am Arbeitsplatz

Ziel ist es, Arbeitnehmern einen besseren Gesundheits- und Gefahrenschutz bei der Arbeit durch Maßnahmen zur Verhütung von Arbeitsunfällen und Krankheiten zu gewährleisten.

Dafür gibt es eine Vielzahl von deutschen Gesetzen und Verordnungen sowie EU-Richtlinien.

Das Arbeitsschutzgesetz setzt EU-Richtlinien um und ist Ermächtigungsgrundlage für viele Verordnungen, wie zum Beispiel die Arbeitsstättenverordnung, die Bildschirmarbeitsverordnung, die Verordnung zur arbeitsmedizinischen Vorsorge, die Lastenhandhabungsverordnung usw.

Die vollständige Bezeichnung des Arbeitsschutzgesetzes (ArbSchG) lautet Gesetz über die Durchführung von Maßnahmen des Arbeitsschutzes zur Verbesserung der Sicherheit und des Gesundheitsschutzes der Beschäftigten bei der Arbeit.

Das ArbSchG verpflichtet den Arbeitgeber, die Sicherheit und den Gesundheitsschutz der Beschäftigten bei der Arbeit durch erforderliche Maßnahmen des Arbeitsschutzes zu sichern und zu verbessern, ohne dass dem Arbeitnehmer dadurch Kosten entstehen.

Die Maßnahmen umfassen die Unfallverhütung bei der Arbeit, die Verhütung arbeitsbedingter Gesundheitsgefahren und die menschengerechte Gestaltung der Arbeit. Hierzu muss der Arbeitgeber für eine geeignete Organisation sorgen und die erforderlichen Mittel bereitstellen.

Der Arbeitgeber muss die Gefährdungsbeurteilung, die von ihm festgelegten Maßnahmen des Arbeitsschutzes und das Ergebnis ihrer Überprüfung dokumentieren. Zudem hat er eine Liste der Arbeitsunfälle zu führen und Arbeitsunfallberichte auszuarbeiten.

2. Jugendarbeitsschutz

Das **Jugendarbeitsschutzgesetz** legt Arbeitsbedingungen fest, die bei der Beschäftigung von Jugendlichen eingehalten werden müssen.

Geltungsbereich (§ 1 JArbSchG)	• Auszubildende oder Arbeitnehmer, die noch nicht 18 Jahre alt sind.
Definition Jugendlicher, Kind (§ 2 JArbSchG)	• Jugendlicher ist, wer 15, aber noch nicht 18 Jahre alt ist. • Kind ist, wer noch nicht 15 Jahre alt ist. • Für Vollzeitschulpflichtige gelten die Vorschriften für Kinder.
Zweck des Gesetzes	• Schutz der Jugendlichen vor Überforderung, Überbeanspruchung und Gefährdung am Arbeitsplatz
Arbeitszeit von Jugendlichen (§§ 4, 8, 15 JArbSchG)	• Arbeitszeit = tägliche Arbeitszeit vom Beginn bis zum Ende der täglichen Beschäftigung ohne Ruhepausen • Tägliche Arbeitszeit: nicht mehr als 8 Stunden • Wöchentliche Arbeitszeit: nicht mehr als 40 Stunden • Fünf-Tage-Woche • Freistellungszeiten (für Prüfungen, Berufsschule usw.) werden auf die Arbeitszeit angerechnet.
Ruhepausen (§ 11 JArbSchG)	• Ruhepause = Arbeitsunterbrechung von mindestens 15 Minuten • Lage: nach maximal viereinhalb Stunden, frühestens eine Stunde nach Beginn und spätestens 1 Stunde vor Ende der Arbeitszeit • Dauer der Gesamtpausenzeit: - bei mehr als viereinhalb Stunden: 30 Minuten - bei mehr als sechs Stunden: 60 Minuten
Freizeit (§ 13 JArbSchG)	• Mindestens 12 Stunden ununterbrochene Freizeit nach Beendigung der täglichen Arbeitszeit bis zum nächsten Arbeitsbeginn
Nachtruhe (§ 14 JArbSchG)	• Grundsätzlich zwischen 20 und 6 Uhr. • Beschäftigung nur in der Zeit von 6 bis 20 Uhr möglich. • Ausnahmen für bestimmte Branchen.
Urlaubsanspruch (§ 19 JArbSchG)	• Höhe ist abhängig vom Alter zu Kalenderjahresbeginn • 15 Jahre: mindestens 30 Werktage (Jugendlicher ist zu Beginn des Kalenderjahres noch nicht 16 Jahre alt)

	• 16 Jahre: mindestens 27 Werktage (Jugendlicher ist zu Beginn des Kalenderjahres noch nicht 17 Jahre alt) • 17 Jahre: mindestens 25 Werktage (Jugendlicher ist zu Beginn des Kalenderjahres noch nicht 18 Jahre alt)
Berufsschulbesuch (§ 9 JArbSchG)	• Pflicht des Arbeitgebers zur Freistellung der Jugendlichen für die Teilnahme am Berufsschulunterricht • Kein Entgeltausfall oder Urlaubstag durch den Berufsschulbesuch • Keine Beschäftigung: - vor einem vor 9 Uhr beginnenden Unterricht; (gilt auch für Berufsschulpflichtige über 18 Jahre) - einmal in der Woche an einem Berufsschultag mit mehr als fünf Unterrichtsstunden von mindestens 45 Minuten - bei planmäßigem Blockunterricht von mindestens 25 Zeitstunden an mindestens 5 Tagen; bis zu zwei Stunden wöchentliche betriebliche Ausbildungsveranstaltungen sind hier zulässig.
Prüfungen (§ 10 JArbSchG)	• Freistellung der Jugendlichen (ohne Entgeltausfall) - für die Teilnahme an Prüfungen und Ausbildungsmaßnahmen - am Arbeitstag, der der schriftlichen Abschlussprüfung unmittelbar vorangeht.
Samstags-, Sonn- und Feiertagsruhe (§§ 16 ff. JArbSchG)	• Beschäftigungsverbot an Samstagen, Sonn- und Feiertagen • Ausnahmen für bestimmte Branchen, aber - mindestens zwei Samstage im Monat sollen beschäftigungsfrei bleiben, - jeder 2. Sonntag soll, mindestens 2 Sonntage im Monat müssen beschäftigungsfrei bleiben. - Fünf-Tage-Woche muss durch Freistellung an einem anderen berufsschulfreien Tag sichergestellt werden. • Keine Beschäftigung an bestimmten Feiertagen.
Beschäftigungsverbote und -beschränkungen (§§ 22 ff. JArbSchG)	• Jugendliche dürfen grundsätzlich nicht beschäftigt werden - mit gefährlichen Arbeiten, - mit Akkordarbeit, - mit Arbeiten unter Tage, - von Personen, die wegen bestimmter Delikte rechtskräftig verurteilt worden sind. • Die Beschäftigung von Kindern ist grundsätzlich verboten.
Gesundheitliche Betreuung (§§ 32 ff. JArbSchG)	• Erstuntersuchung: - Untersuchung innerhalb der letzten 14 Monate vor Ausbildungsbeginn - Vorlage der ausgestellten Bescheinigung beim Arbeitgeber • Erste Nachuntersuchung - Pflicht ein Jahr nach Aufnahme der Beschäftigung - Hinweis auf die Nachuntersuchung und Aufforderung dazu durch den Arbeitgeber neun Monate nach Ausbildungsbeginn - ohne Bescheinigung: Beschäftigungsverbot nach Ablauf von 14 Monaten nach Ausbildungsbeginn • Weitere Nachuntersuchungen sind freiwillig. • Freistellung für die Durchführung aller Untersuchungen ohne Entgeltausfall • Kosten der Untersuchungen trägt das Bundesland.
Unterweisung über Unfall- und Gesundheitsgefahren	• Vor Beginn der Beschäftigung und bei wesentlichen Änderungen der Arbeitsbedingungen • Wiederholung in angemessenen Zeiträumen, mindestens halbjährlich

3. Kündigungsschutz

Das kleine ABC des Kündigungsschutzes

Abfindung

Der Arbeitgeber muss nach einer Kündigungsschutzklage eine Abfindung bezahlen, wenn das Arbeitsgericht feststellt, dass die Kündigung des Arbeitgebers sozial ungerechtfertigt ist, die Fortsetzung des Arbeitsverhältnisses aber für den Arbeitgeber unzumutbar ist. Die Höhe der Abfindung ist abhängig von der Höhe des Entgelts, vom Lebensalter und der Betriebszugehörigkeit.

Ein Anspruch auf eine Abfindung besteht, wenn der Arbeitnehmer bei einer betriebsbedingten Kündigung auf eine Kündigungsschutzklage verzichtet. Der Arbeitgeber muss ihm dies aber in der Kündigung angeboten haben.

Abmahnung

Eine Abmahnung wird (aus Beweisgründen schriftlich) durch den Arbeitgeber ausgesprochen und rügt ein Fehlverhalten eines Arbeitnehmers. Sie ist in der Regel erforderlich, wenn einem Arbeitnehmer aus Gründen gekündigt werden soll, die im Verhalten des Arbeitnehmers liegen.

Sie bezeichnet das Fehlverhalten des Arbeitnehmers, stellt das vom Arbeitnehmer erwartete Verhalten klar und enthält die Konsequenzen, wenn das Verhalten sich nicht verändert (Androhung der Kündigung des Arbeitsverhältnisses). Der Betriebsrat muss vor einer Abmahnung nicht beteiligt werden.

Änderungskündigung

Kündigung mit Angebot einer Fortsetzung des Arbeitsverhältnisses zu geänderten Bedingungen. Ziel ist nicht die Beendigung des Arbeitsverhältnisses, sondern die Änderung der Arbeitsbedingungen, z. B. der wöchentlichen Arbeitszeit.

Allgemeiner Kündigungsschutz

Er wird durch das Kündigungsschutzgesetz gewährleistet und bestimmt zum Beispiel, dass der Arbeitgeber nur ordentlich kündigen kann, wenn die Kündigung sozial gerechtfertigt ist.

Das Kündigungsschutzgesetz gilt,

1. für Unternehmen, die ohne Auszubildende mehr als zehn Arbeitnehmer (bei Einstellungen nach dem 31.12.2003) beschäftigen.
2. für Arbeitnehmer über 18 Jahre, die länger als sechs Monate ohne Unterbrechung in demselben Unternehmen beschäftigt sind.

Außerordentliche Kündigung (§ 626 BGB)

Kündigung aus einem wichtigen Grund ohne Einhaltung von Kündigungsfristen (fristlose Kündigung). Sowohl Arbeitgeber als auch Arbeitnehmer können aus wichtigem Grund außerordentlich kündigen.

Sie ist nur innerhalb von zwei Wochen nach Kenntnis des wichtigen Grundes möglich.

Der Kündigende muss dem Gekündigten auf Verlangen den Kündigungsgrund unverzüglich schriftlich mitteilen.

Beendigung eines Arbeitsverhältnisses

Ein Arbeitsverhältnis kann durch ordentliche oder außerordentliche Kündigung sowohl durch den Arbeitnehmer als auch durch den Arbeitgeber beendet werden. Das Arbeitsverhältnis kann aber auch durch Vertragsablauf (befristeter Arbeitsvertrag), durch Erreichen der Altersgrenze, durch Berufs- oder Erwerbsunfähigkeit, durch Tod des Arbeitnehmers, durch Anfechtung oder durch einen Auflösungsvertrag (gegenseitiges Einvernehmen zwischen Arbeitgeber und Arbeitnehmer über die Beendigung zu einem vereinbarten Zeitpunkt) beendet werden.

Besonderer Kündigungsschutz

Eine ordentliche Kündigung durch den Arbeitgeber ist entweder überhaupt nicht oder nur unter erschwerten Bedingungen möglich.

Besonderen Kündigungsschutz genießen u. a. Auszubildende nach der Probezeit, Mitglieder des Betriebsrates oder der Jugend- und Auszubildendenvertretung, Schwerbehinderte, Arbeitnehmer ab Zustellung des Einberufungsbescheides, werdende Mütter und Eltern in Elternzeit.

Betriebsbedingte Kündigung

Dringende bzw. zwingende betriebliche Erfordernisse wie z. B. Geschäftsrückgang oder betriebsorganisatorische Maßnahmen begründen die Kündigung. Es muss die Möglichkeit einer anderweitigen Beschäftigung, von Weiterbildungsmaßnahmen oder Änderungen der Arbeitsbedingungen vorab geprüft werden. Die Auswahl der Arbeitnehmer hat nach sozialen Gesichtspunkten zu erfolgen.

Fristlose Kündigung

Kündigung ohne Einhaltung einer Kündigungsfrist. Siehe außerordentliche Kündigung.

Kündigung

Einseitige, empfangsbedürftige (erst mit Zugang beim Vertragspartner wirksame) Willenserklärung, die auf die Beendigung eines Dauerschuldverhältnisses gerichtet ist. Sie muss immer schriftlich erfolgen.

Kündigungsfristen

Sie sind bei der ordentlichen Kündigung eines Arbeitsverhältnisses einzuhalten. Gesetzliche Kündigungsfristen ergeben sich für die Kündigung von Arbeitsverhältnissen aus § 622 BGB. Die Grundkündigungsfrist beträgt vier Wochen zum Fünfzehnten oder zum Ende eines Kalendermonats.

Für die Kündigung durch den Arbeitgeber gibt es verlängerte Kündigungsfristen, wenn das Arbeitsverhältnis mindestens zwei Jahre bestanden hat.

! Die Kündigungsfristen und Kündigungsmöglichkeiten bei Ausbildungsverträgen sind im Berufsbildungsgesetz geregelt! (siehe Kapitel I.2)

Kündigungsschutzklage

Möglichkeit des Arbeitnehmers, sich gegen eine Kündigung zu wehren, wenn er diese für sozial ungerechtfertigt hält. Innerhalb von drei Wochen nach Zugang der Kündigung muss er die Klage beim zuständigen Arbeitsgereicht einreichen (§ 4 KSchG).

Mitwirkung des Betriebsrates

Nach dem Betriebsverfassungsgesetz muss der Betriebsrat vor jeder Kündigung angehört werden. Er kann schriftlich unter Angabe der Gründe einer ordentlichen Kündigung innerhalb einer Woche widersprechen bzw. bei einer außerordentlichen Kündigung unverzüglich, spätestens innerhalb von drei Tagen Bedenken äußern.

Eine Kündigung ohne Anhörung des Betriebsrates ist unwirksam.

Ordentliche Kündigung

Kündigung unter Einhaltung von (gesetzlich, tarifvertraglich oder einzelvertraglich vereinbarten) Kündigungsfristen.

Der Arbeitnehmer kann das Arbeitsverhältnis fristgemäß aus jedem beliebigen Grund beenden. Die ordentliche Kündigung durch den Arbeitgeber muss sozial gerechtfertigt sein, wenn der Arbeitnehmer durch das Kündigungsschutzgesetz geschützt ist (siehe auch allgemeiner Kündigungsschutz).

Personenbedingte Kündigung

Die Kündigung durch den Arbeitgeber ist sozial gerechtfertigt, wenn der Kündigungsgrund in der Person des Arbeitnehmers liegt (z. B. fehlende körperliche und geistige Eignung für die vereinbarte Tätigkeit, fehlende Arbeitserlaubnis für ausländische Arbeitnehmer usw.).

Sozialauswahl

Bei einer betriebsbedingten Kündigung durch den Arbeitgeber müssen die Dauer der Betriebszugehörigkeit, das Lebensalter, die bestehenden Unterhaltsverpflichtungen und eine eventuelle Schwerbehinderung berücksichtigt werden. Der Arbeitgeber kann „Leistungsträger“ von dieser Auswahl ausnehmen.

Sozial gerechtfertigte Kündigung

Ein Arbeitgeber kann einem Arbeitnehmer, für den das Kündigungsschutzgesetz gilt, nur kündigen, wenn die Kündigung sozial gerechtfertigt ist. Eine Kündigung ist sozial gerechtfertigt, wenn der Grund für die Kündigung entweder in der Person (personenbedingte Kündigung) oder im Verhalten des Arbeitnehmers (verhaltensbedingte Kündigung) liegt oder wenn dringende betriebliche Erfordernisse vorliegen, die eine Kündigung begründen (betriebsbedingte Kündigung).

Verhaltensbedingte Kündigung

Eine Kündigung durch den Arbeitgeber ist bei vertragswidrigem Verhalten des Arbeitnehmers (z. B. wiederholte selbstverschuldete Unpünktlichkeit, wiederholtes unentschuldigtes Fehlen) sozial gerechtfertigt. Eine verhaltensbedingte Kündigung ist grundsätzlich erst nach einer Abmahnung möglich.

Wichtiger Grund

Beispiele für einen wichtigen Grund des Arbeitgebers: beharrliche Arbeitsverweigerung, grobe Beleidigung, Tätlichkeiten, sexuelle Belästigung, Spesenbetrug, Verrat von Geschäftsgeheimnissen, Annahme von Schmiergeldern, grober Verstoß gegen das Wettbewerbsverbot, Ausübung einer unzulässigen Nebenbeschäftigung, Straftaten im Betrieb usw.

Beispiele für einen wichtigen Grund des Arbeitnehmers: Verweigerung der Entgeltzahlung über einen längeren Zeitraum, grobe Beleidigung, sexuelle Belästigung oder Körperverletzung durch den Arbeitgeber, grobe Verletzung der Fürsorgepflicht usw.

4. Mutterschutz und Elternzeit

Das Mutterschutzgesetz und das Bundeselterngeld- und Elternzeitgesetz enthalten gesetzliche Bestimmungen zum Schutz der werdenden und stillenden Mütter bzw. zur Absicherung der Eltern in der Elternzeit.

a) Mutterschutzgesetz (MuSchG)

Geltungsbereich	• Es gilt für alle werdenden und stillenden Mütter, die in einem Arbeitsverhältnis stehen.
Mitteilungen	• Die werdende Mutter soll dem Arbeitgeber die Schwangerschaft und den voraussichtlichen Entbindungstermin mitteilen, sobald der Zustand bekannt ist. • Arbeitgeber muss die Aufsichtsbehörde (Gewerbeaufsichtsamt) unverzüglich über die Schwangerschaft benachrichtigen.
Schutzfristen	• Freistellung von der Arbeit - in den letzten 6 Wochen vor der Entbindung; die werdende Mutter kann aber nach ausdrücklicher Erklärung gegenüber dem Arbeitgeber freiwillig weiter arbeiten. - 8 Wochen (12 Wochen bei Früh- oder Mehrlingsgeburten) nach der Entbindung; in dieser Zeit ist keine freiwillige Beschäftigung möglich.
Beschäftigungsverbote, Gefahrenschutz	• bei ärztlichem Verbot • während der Schutzfristen • generelles Verbot für schwere körperliche Arbeiten und Arbeiten, bei denen die werdende Mutter schädlichen Einwirkungen ausgesetzt ist • Keine Beschäftigung unter anderem - mit Arbeiten, bei denen regelmäßig Lasten von mehr als 5 kg gehoben werden müssen, - mit Arbeiten, bei denen man sich häufig strecken, beugen oder bücken muss, - mit Arbeiten, bei denen man erhöhter Unfallgefahr ausgesetzt ist, - mit Akkord- oder Fließbandarbeit, - mit Mehrarbeit, in der Nachtzeit (zwischen 20 und 6 Uhr) und an Sonn- und Feiertagen
Untersuchungen	• Freistellung (ohne Entgeltausfall) für die Zeit der Untersuchung im Rahmen der Leistungen der gesetzlichen Krankenversicherung, unabhängig davon, ob die Frau gesetzlich oder privat krankenversichert ist.
Mutterschaftsgeld	• Für gesetzlich versicherte Frauen für die Zeit der Schutzfristen und den Entbindungstag • Maximal 13 Euro je Kalendertag von der gesetzlichen Krankenkasse • Arbeitgeber zahlt Zuschuss in Höhe des Unterschiedsbetrags zwischen 13 Euro und ihrem durchschnittlichen kalendertäglichen Netto-Arbeitsentgelt.
Mutterschaftslohn	• Durch den Arbeitgeber zu zahlen, wenn werdende Mütter wegen Beschäftigungsverbot oder Arbeitszeitbeschränkung ganz oder teilweise mit der Arbeit aussetzen • Mindestens der Durchschnittsverdienst der letzten 3 Monate vor Schwangerschaftsbeginn
Kündigungsschutz	• Während der Schwangerschaft und bis zum Ablauf von vier Monaten nach der Entbindung • Voraussetzung: - dem Arbeitgeber war zur Zeit der Kündigung die Schwangerschaft bekannt oder - dem Arbeitgeber wurde innerhalb von 2 Wochen nach Zugang der Kündigung die Schwangerschaft mitgeteilt.
Kündigung auf eigenen Wunsch	• Während der Schwangerschaft und der Schutzfrist nach der Entbindung ist die Kündigung durch die Frau ohne Einhaltung einer Frist zum Ende der Schutzfrist möglich.
Schutzvorschriften am Arbeitsplatz	• Arbeitgeber muss Vorkehrungen und Maßnahmen zum Schutz von Leben und Gesundheit der werdenden oder stillenden Mutter treffen.

b) Bundeselterngeld- und Elternzeitgesetz (BEEG)

Anspruch auf Elterngeld	• Für Mütter und Väter, wenn sie - ihr Kind selbst betreuen und erziehen, - höchstens 30 Wochenstunden erwerbstätig sind, - mit ihrem Kind in einem Haushalt leben, - in Deutschland einen Wohnsitz oder den gewöhnlichen Aufenthalt haben.
Höhe des Elterngeldes	• 67 % des in den zwölf Kalendermonaten vor der Geburt durchschnittlich erzielten monatlichen Nettoeinkommens des Elternteils, der zuhause bleibt. • Höchstbetrag 1.800,00 € • Mindestbetrag 300,00 € (auch für vor der Geburt nicht Erwerbstätige) • Erhöhung des Elterngeldes - um je 300 Euro pro weiterem Kind bei Mehrlingsgeburten, - um 10 %, mindestens 75 Euro, wenn ein weiteres Kind unter drei oder zwei weitere Kinder unter sechs Jahren in der Familie sind, - wenn das durchschnittliche Einkommen unter 1.000,00 Euro lag.
Dauer der Elterngeldzahlungen	• Anspruchszeitraum: in den ersten 14 Lebensmonaten des Kindes • Ein Elternteil kann mindestens für zwei und höchstens für zwölf Monate Elterngeld beantragen. • Anspruch auf zwei weitere Monate besteht, wenn auch der andere Elternteil in dieser Zeit nicht mehr als 30 Stunden in der Woche erwerbstätig ist. • Alleinerziehende können für 14 Monate Elterngeld beziehen.
Anspruch auf Elternzeit	• besteht für beide Elternteile abwechselnd oder gleichzeitig bis zur Vollendung des dritten Lebensjahres (3. Geburtstag) eines Kindes • besteht nur, wenn nicht mehr als 30 Wochenstunden gearbeitet wird • kann mit Zustimmung des Arbeitgebers auf die Zeit bis zum 8. Geburtstag des Kindes übertragen werden (maximal ein Jahr der Elternzeit)
Geltendmachung der Elternzeit	• Elternzeit muss spätestens 7 Wochen vor Beginn vom Arbeitgeber schriftlich verlangt werden.
Kündigungsschutz	• während der Elternzeit • Kündigungsschutz besteht ab dem Zeitpunkt der Beantragung der Elternzeit, höchstens 8 Wochen vor Beginn der Elternzeit
Kündigung auf eigenen Wunsch	• unter Einhaltung einer Kündigungsfrist von drei Monaten zum Ende der Elternzeit

5. Sonstige Bestimmungen

a) Bundesurlaubsgesetz

Der vollständige Titel des Bundesurlaubsgesetzes lautet Mindesturlaubsgesetz für Arbeitnehmer. Es regelt den Anspruch jedes Arbeitnehmers auf den jährlichen bezahlten Erholungsurlaub.

Wesentliche Aspekte des Bundesurlaubsgesetzes:

Geltungsbereich	• Arbeitnehmer (Arbeiter, Angestellte und Auszubildende) über 18 Jahre
Urlaubsanspruch	• Anspruch auf bezahlten Erholungsurlaub pro Kalenderjahr • Erstmaliger voller Urlaubsanspruch nach sechsmonatigem Bestehen des Arbeitsverhältnisses (Wartezeit) • Teilurlaubsanspruch auf ein Zwölftel des Jahresurlaubs für jeden vollen Monat des bestehenden Arbeitsverhältnisses - in den ersten sechs Monaten des Beschäftigungsverhältnisses - nach erfüllter Wartezeit bei Ausscheiden in der ersten Kalenderjahreshälfte - Bruchteile, die mindestens einen halben Arbeitstag ergeben, sind aufzurunden.

Dauer des Urlaubs	• mindestens 24 Werktage jährlich • Werktage sind Kalendertage, die nicht Sonn- oder gesetzliche Feiertage sind.
Urlaubsanspruch bei Arbeitsplatzwechsel	• Es besteht kein Urlaubsanspruch für das laufende Kalenderjahr, wenn der frühere Arbeitgeber bereits den Urlaub gewährt hat. • Der frühere Arbeitgeber muss eine Bescheinigung über den gewährten Urlaub aushändigen.
Zeitpunkt des Urlaubs	• Berücksichtigung der Urlaubswünsche des Arbeitnehmers, wenn keine dringenden betrieblichen Belange oder Wünsche anderer unter sozialen Gesichtspunkten vorrangiger Arbeitnehmer entgegenstehen. • Gewährung von mindestens 12 aufeinander folgenden Werktagen • Urlaub muss im laufenden Kalenderjahr genommen werden. • Bei Übertragung muss er in den ersten drei Monaten des folgenden Kalenderjahres genommen werden.
Abgeltung des Urlaubs	• Nur wenn der Urlaub wegen Beendigung des Arbeitsverhältnisses nicht genommen werden kann, darf er ausbezahlt werden.
Erwerbstätigkeit während des Urlaubs	• Verbot der Ausübung einer dem Urlaubszweck widersprechenden Erwerbstätigkeit
Erkrankung während des Urlaubs	• Anrechnung der durch ärztliches Zeugnis nachgewiesenen Krankheitstage
Urlaubsentgelt	• Berechnet nach dem durchschnittlichen Arbeitsverdienst der letzten dreizehn Wochen vor Urlaubsbeginn (ohne Überstundenvergütung) • Keine Berücksichtigung von Verdienstkürzungen

b) Arbeitszeitgesetz

Zweck des Gesetzes (§ 1 ArbZG)	• Gewährleistung der Sicherheit und des Gesundheitsschutzes der Arbeitnehmer bei der Arbeitszeitgestaltung • Verbesserung der Rahmenbedingungen für flexible Arbeitszeit • Schutz des Sonntages und der Feiertage
Geltungsbereich (§ 2 ArbZG)	• Arbeitnehmer (Arbeiter, Angestellte und Auszubildende) über 18 Jahre • Gilt nicht für Jugendliche oder leitende Angestellte
Arbeitszeit (§ 3 ArbZG)	• Maximal 8 Stunden werktäglich • Verlängerung auf bis zu zehn Stunden möglich, wenn die Arbeitszeit innerhalb von sechs Kalendermonaten (24 Wochen) im Durchschnitt werktäglich nicht mehr als acht Stunden beträgt.
Ruhepausen (§ 4 ArbZG)	• Dauer einer einzelnen Ruhepause: mindestens 15 Minuten • Gesamtpausenzeit: - weniger als sechs Stunde Arbeitszeit: keine Ruhepause vorgeschrieben - mehr als sechs und bis zu neun Stunden Arbeitszeit: mindestens 30 Minuten - mehr als 9 Stunden Arbeitszeit: mindestens 45 Minuten
Ruhezeit (§ 5 ArbZG)	• Grundsätzlich ist eine ununterbrochene Ruhezeit von mindestens 11 Stunden nach Beendigung der täglichen Arbeitszeit notwendig
Sonn- und Feiertagsruhe bzw. -beschäftigung (§§ 9 ff. ArbZG)	• Grundsätzlich Beschäftigungsverbot • Ausnahmen für manche Branchen, aber - mindestens 15 beschäftigungsfreie Sonntage im Jahr - Gewährung eines Ersatzruhetags für Sonn- und Feiertagsarbeit
Nachtzeit, Nachtarbeit, Nachtarbeitnehmer (§ 2 ArbZG)	• Nachtzeit: zwischen 23 und 6 Uhr • Nachtarbeit: mehr als zwei Stunden der Nachtzeit • Nachtarbeitnehmer: Nachtarbeit an mindestens 48 Tagen im Jahr

Was erwartet mich in der Prüfung?

1. Das Lernlabyrinth

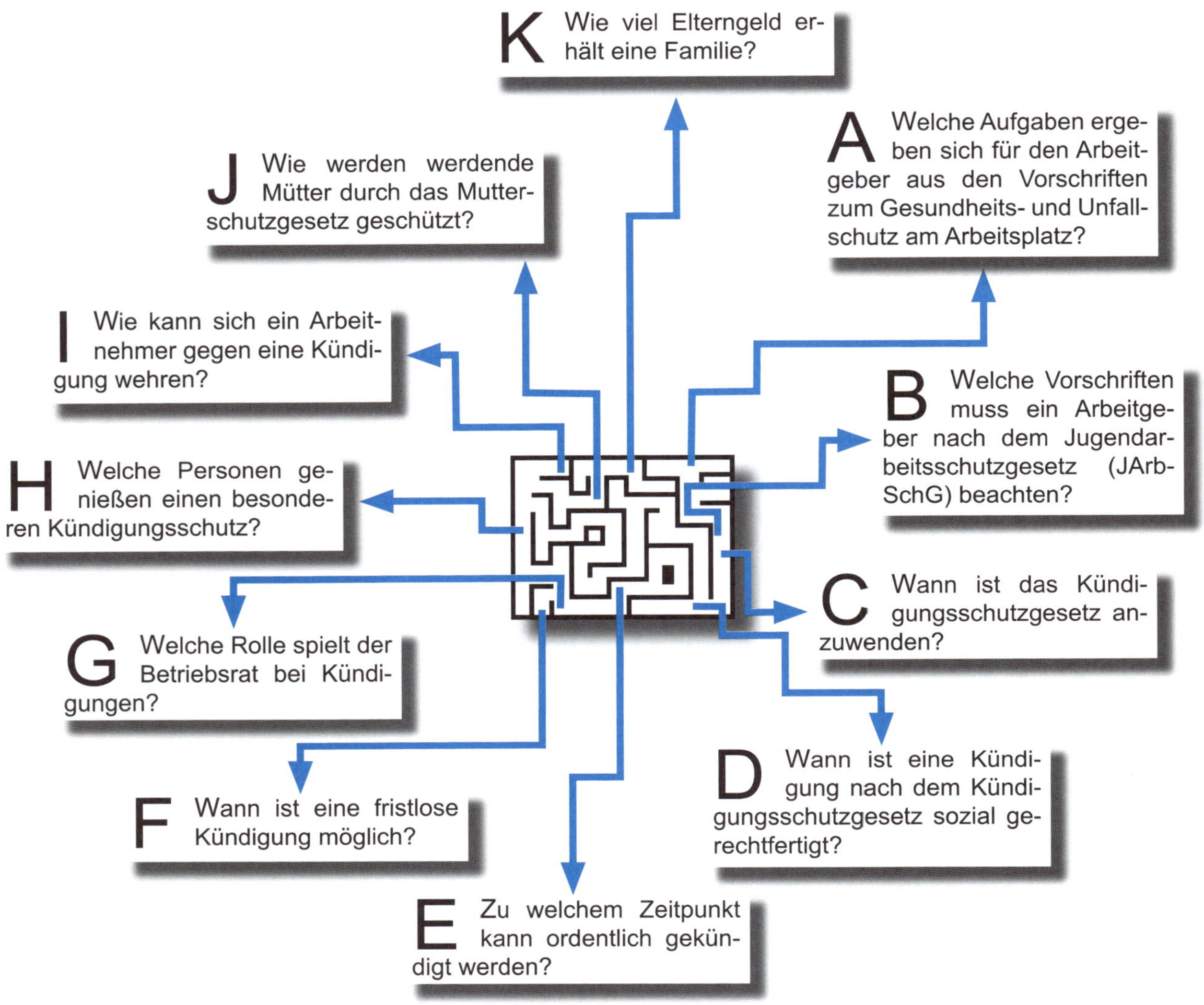

2. Wege aus dem Lernlabyrinth

A Welche Aufgaben ergeben sich für den Arbeitgeber aus den Vorschriften zum Gesundheits- und Unfallschutz am Arbeitsplatz?

Der Arbeitgeber muss

1. die Arbeit so gestalten, dass eine Gefährdung für Leben und Gesundheit möglichst vermieden und die verbleibende Gefährdung möglichst gering gehalten wird;
2. Gefahren an ihrer Quelle bekämpfen;

3. bei Arbeitsschutzmaßnahmen den Stand von Technik, Arbeitsmedizin und Hygiene sowie spezielle Gefahren für besonders schutzbedürftige Beschäftigtengruppen berücksichtigen;
4. seinen Beschäftigten hierfür geeignete Anweisungen erteilen;
5. beurteilen, welche Gefährdung für die Beschäftigten mit der Arbeit verbunden ist und ermitteln, welche Maßnahmen des Arbeitsschutzes erforderlich sind.
6. die Beschäftigten über Sicherheit und Gesundheitsschutz bei der Arbeit während ihrer Arbeitszeit ausreichend und angemessen unterweisen. Die Unterweisung muss bei der Einstellung, bei Veränderungen im Aufgabenbereich, der Einführung neuer Arbeitsmittel oder einer neuen Technologie vor Aufnahme der Tätigkeit der Beschäftigten erfolgen. Gegebenenfalls ist sie regelmäßig zu wiederholen, wenn die Gefährdung sich verändert.
7. Beauftragte für Erste Hilfe, Brandbekämpfung und Evakuierung benennen.

Eine Gefährdung kann sich beispielsweise ergeben durch

- die Gestaltung und die Einrichtung des Arbeitsplatzes,
- physikalische, chemische und biologische Einwirkungen,
- die Gestaltung, die Auswahl und den Einsatz von Arbeitsmitteln, insbesondere von Arbeitsstoffen, Maschinen, Geräten und Anlagen sowie den Umgang damit,
- die Gestaltung von Arbeits- und Fertigungsverfahren, Arbeitsabläufen und Arbeitszeit und deren Zusammenwirken,
- unzureichende Qualifikation und Unterweisung der Beschäftigten.

B Welche Vorschriften muss ein Arbeitgeber nach dem Jugendarbeitsschutzgesetz (JArbSchG) beachten?

Nur Auszubildende, die zwischen 15 und unter 18 Jahre alt sind, gelten als jugendliche Arbeitnehmer. Für sie gelten die Vorschriften des JArbSchG.

Beispiel:

Ein Ausbildender beschäftigt zwei Auszubildende (16 und 18). Der Berufsschulunterricht findet an zwei Vormittagen mit jeweils 6 Unterrichtsstunden statt.

- Der jugendliche Auszubildende darf nur zwischen 6 und 20 Uhr beschäftigt werden.
- Er muss spätestens nach 4 ½ Stunden die erste Ruhepause und insgesamt 60 Minuten Ruhepause einlegen, wenn er mehr als sechs Stunden am Tag arbeitet.
- Er darf täglich nicht länger als 8 Stunden arbeiten.
- Der Urlaubsanspruch des jugendlichen Auszubildenden ist abhängig von seinem Alter zu Kalenderjahresbeginn. Wenn der Auszubildende zu **Kalenderjahresbeginn** bereits 16 Jahre alt war, hat er Anspruch auf 27 Werktage Urlaub. Der Urlaub soll Berufsschülern in der Zeit der Berufsschulferien gegeben werden. Besucht der Auszubildende während seines Urlaubs die Berufsschule, so zählt dieser Tag nicht als Urlaubstag.

! Der Urlaubsanspruch des Auszubildenden über 18 bemisst sich nach dem Bundesurlaubsgesetz!

- Am Tag der Prüfung und am Arbeitstag, der der schriftlichen Abschlussprüfung unmittelbar vorangeht, muss der jugendliche Auszubildende freigestellt werden.

! Der Auszubildende ist nicht für den Tag vor der Zwischenprüfung oder der mündlichen Abschlussprüfung freizustellen! Der Auszubildende über 18 Jahre hat kein Recht auf Freistellung am Tag vor der schriftlichen Abschlussprüfung.

- Beide Auszubildende sind für die Berufsschule freizustellen. Der jugendliche Auszubildende ist für einen Nachmittag nach dem Berufsschulunterricht freizustellen. Am anderen Nachmittag kann er dazu verpflichtet werden, zu arbeiten. Der Auszubildende über 18 muss an beiden Nachmittagen arbeiten, wenn der Ausbildende das will.
- Beide Auszubildende dürfen vor einem vor 9 Uhr beginnenden Berufsschulunterricht nicht beschäftigt werden.

! Zusätzliche betriebliche Ausbildungsveranstaltungen bis zu 2 Stunden wöchentlich sind nur bei Blockunterricht (mindestens 25 Stunden an mindestens 5 Tagen) zulässig.

- **Nur** der jugendliche Auszubildende muss innerhalb der letzten 14 Monate von einem Arzt untersucht worden sein und eine entsprechende Bescheinigung vorlegen (Erstuntersuchung). Ist der Auszubildende ein Jahr nach Ausbildungsbeginn immer noch Jugendlicher, dann muss er eine Bescheinigung über die erste Nachuntersuchung vorlegen.

! Der Arbeitgeber soll ihn neun Monate nach Ausbildungsbeginn auf die notwendige erste Nachuntersuchung hinweisen. Legt der Jugendliche die Bescheinigung über die erste Nachuntersuchung nicht vor, darf er nach Ablauf von 14 Monaten nach Ausbildungsbeginn nicht mehr weiterbeschäftigt werden.

C Wann ist das Kündigungsschutzgesetz anzuwenden?

Das KSchG ist nur anzuwenden,

- wenn im Unternehmen mehr als zehn Arbeitnehmer (ohne Auszubildende) beschäftigt sind (Einstellungen nach dem 31.12.2003) **und**
- wenn der Arbeitnehmer länger als 6 Monate ununterbrochen in demselben Unternehmen beschäftigt ist.

Beispiel 1:

Die Schreinerei Weber OHG (gegründet 2004) hat folgende Beschäftigtenstruktur:

- 6 Arbeitnehmer mit unbefristetem Arbeitsvertrag
- 3 Arbeitnehmer mit befristetem Arbeitsvertrag
- 3 Auszubildende

- 2 Teilzeitbeschäftigte mit jeweils 15 Wochenstunden, eine Teilzeitbeschäftigte mit 25 Wochenstunden
- Herrn Mayer (beschäftigt seit 6 Jahren) und Herrn Hildebrandt (beschäftigt seit 5 Monaten) soll ordentlich gekündigt werden.

Es ist unerheblich, ob die Arbeitsverhältnisse befristet oder unbefristet sind. Teilzeitbeschäftigte werden bei der Berechnung der Mitarbeiterzahl nur mit einem Faktor 0,5 (bis einschließlich 20 Wochenstunden) bzw. 0,75 (bis einschließlich 30 Wochenstunden) berücksichtigt.

Auszubildende werden für die Berechnung nicht berücksichtigt.

Die Schreinerei Weber OHG hat somit 10,75 Arbeitnehmer (Einstellungen nach dem 31.12.2003) beschäftigt, sodass das Kündigungsschutzgesetz gilt.

Da Herr Mayer länger als sechs Monate im Unternehmen beschäftigt ist, kann ihm nur gekündigt werden, wenn die Kündigung sozial gerechtfertigt ist.

Für Herrn Hildebrandt gilt das Kündigungsschutzgesetz nicht, da er noch keine sechs Monate im Unternehmen beschäftigt ist. Daher kann ihm aus jedem beliebigen Grund ordentlich gekündigt werden.

Hat das Arbeitsverhältnis bereits vor dem 31.12.2003 bestanden, findet das Kündigungsschutzgesetz Anwendung, wenn in dem Betrieb am 31.12.2003 in der Regel mehr als fünf Arbeitnehmer (ausschließlich Auszubildende) beschäftigt waren, die zum Zeitpunkt der Kündigung noch im Betrieb beschäftigt sind.

D Wann ist eine Kündigung nach dem Kündigungsschutzgesetz sozial gerechtfertigt?

Kündigt der Arbeitgeber einem Arbeitnehmer, der durch das Kündigungsschutzgesetz geschützt ist, ordentlich, dann muss diese sozial gerechtfertigt sein.

Der Arbeitnehmer kann seinen Arbeitsvertrag aus allen erdenklichen Gründen kündigen.

Kündigungen des Arbeitgebers sind nur dann sozial gerechtfertigt, wenn sie entweder in der Person des Arbeitnehmers, im Verhalten des Arbeitnehmers oder durch dringende betriebliche Erfordernisse begründet sind (§ 1 Abs. 2 KSchG).

Personenbedingte Kündigung

Hier liegt der Grund für die Kündigung in der Person des Arbeitnehmers.

Voraussetzungen für eine personenbedingte Kündigung:

- Negative Prognose, d. h. am Zustand des Arbeitnehmers ändert sich langfristig nichts.

- Erhebliche Beeinträchtigung der betrieblichen und wirtschaftlichen Interessen des Arbeitgebers (z. B. erhebliche Störung des Betriebsablaufs, keine Überbrückungsmöglichkeit durch Personalreserve).
- Eine mildere Art der Konfliktlösung ist nicht möglich (z. B. besteht keine Möglichkeit, den Arbeitnehmer auf einem anderen freien Arbeitsplatz im Betrieb weiterzubeschäftigen).
- Eine Interessenabwägung muss ergeben, dass eine Weiterbeschäftigung des Arbeitnehmers für den Arbeitgeber unzumutbar ist.

Gründe für eine personenbedingte Kündigung

Fehlende körperliche und geistige Eignung für die vereinbarte Tätigkeit, verminderte Leistungsfähigkeit, mangelnde Leistung, dauerhafte und für den Betrieb unzumutbare Erkrankung, dauernde Arbeitsunfähigkeit durch Verlust des Führerscheins, fehlende Arbeitserlaubnis für ausländische Arbeitnehmer usw. Wegen der fehlenden negativen Prognose rechtfertigt eine einmalige Erkrankung mit Aussicht auf vollständige Wiederherstellung noch keine Kündigung, selbst wenn der Heilungsprozess länger andauert.

Verhaltensbedingte Kündigung

Der Kündigungsgrund ist hier in einer arbeitsvertraglichen Pflichtverletzung des Arbeitnehmers begründet. Die Kündigung ist grundsätzlich erst nach einer vorherigen Abmahnung des vertragswidrigen Verhaltens möglich.

Nur wenn es sich um erhebliche Verstöße handelt (z. B. im Vertrauensbereich), ist eine Abmahnung entbehrlich. Bei besonders schweren Pflichtverletzungen kann unter Umständen sogar eine fristlose Kündigung gerechtfertigt sein.

Es ist die Belastung des Arbeitgebers durch das Fehlverhalten des Arbeitnehmers zu berücksichtigen. Dieses muss so schwerwiegend sein, dass eine Weiterbeschäftigung für den Arbeitgeber unzumutbar ist.

Gründe für eine verhaltensbedingte Kündigung:

Wiederholte schuldhafte Unpünktlichkeit, wiederholtes unentschuldigtes Fehlen, fehlerhaftes Arbeiten (keine angemessene Ausschöpfung der persönlichen Leistungsfähigkeit), Missachtung von Arbeitsanweisungen, Selbstbeurlaubung, Nichteinhaltung betrieblicher Rauch- und Alkoholverbote, Kritik an Arbeitgeber und Vorgesetzten usw.

Beispiel:

Frau Schneider, 30 Jahre, verheiratet, ein Kind, ist seit vier Jahren bei der Fensterbau AG mit monatlich 25 Stunden im Vertrieb beschäftigt. Aufgrund ihrer wiederholten Unpünktlichkeit wurden mit ihr bereits zwei Mitarbeitergespräche geführt.

Die Fensterbau AG kann Frau Schneider nicht sofort kündigen, wenn sie wieder zu spät kommt. Sie muss sie erst abmahnen und ihr etwas Zeit geben, damit sie ihr Verhalten ändern kann.

Eine Kündigung kann die Fensterbau AG später nur dann aussprechen, wenn sich das abgemahnte Fehlverhalten wiederholt, also wenn Frau Schneider erneut zu spät kommt.

Auch die Dauer der Betriebszugehörigkeit des Arbeitnehmers spielt eine Rolle. Die Anforderungen an die verhaltensbedingte Kündigung sind umso strenger, je länger das Arbeitsverhältnis bisher störungsfrei war.

Betriebsbedingte Kündigung

Es müssen dringende bzw. zwingende betriebliche Erfordernisse vorliegen, die eine Kündigung begründen.

Gründe für eine betriebsbedingte Kündigung

Geschäftsrückgang, Produktionseinschränkungen wegen Auftrags- oder Absatzrückgang, betriebsorganisatorische Maßnahmen wie Änderung der Produktionsmethoden, Rationalisierung, Betriebsverlagerung oder Betriebsstilllegung.

Vor der betriebsbedingten Kündigung muss der Arbeitgeber prüfen, ob der Arbeitnehmer an einem anderen Arbeitsplatz, nach einer zumutbaren Umschulungs- oder Fortbildungsmaßnahme oder unter geänderten Vertragsbedingungen (z. B. kürzere Arbeitszeit, Entgeltverzicht usw.) weiterbeschäftigt werden kann.

Der Arbeitgeber muss bei der Auswahl des Arbeitnehmers die Dauer der Betriebszugehörigkeit, das Lebensalter, die bestehenden Unterhaltspflichten und eine eventuelle Schwerbehinderung berücksichtigen.

Die Auswahl des zu kündigenden Arbeitnehmers muss also nach sozialen Gesichtspunkten (Sozialauswahl) erfolgen. Der Arbeitgeber hat jedoch die Möglichkeit, „Leistungsträger“ von dieser Auswahl auszunehmen.

Beispiel:

Der Arbeitgeber muss einen Mitarbeiter aus Rationalisierungsgründen entlassen. Zur Auswahl stehen ihm die folgenden vier Mitarbeiter:

- Herr Weller, verheiratet, 55 Jahre, seit 25 Jahren im Unternehmen beschäftigt,
- Frau Wegener, 24 Jahre, alleinerziehend, fünfjährige Tochter, seit einem Jahr im Unternehmen beschäftigt,
- Frau Popp, ledig, 25 Jahre, seit 4 Jahren im Unternehmen beschäftigt,
- Herr Schmitt, 35 Jahre, schwerbehindert, seit 3 Jahren im Unternehmen beschäftigt

Der Arbeitgeber muss nach der Berücksichtigung sozialer Gesichtspunkte Frau Popp auswählen.

Das Kündigungsschutzgesetz bestimmt, dass sozial ungerechtfertigte Kündigungen durch den Arbeitgeber unwirksam sind.

E Zu welchem Zeitpunkt kann ordentlich gekündigt werden?

Die gesetzlichen Kündigungsfristen nach § 622 BGB können durch Tarif- oder Arbeitsvertrag abgeändert werden.

Im Tarifvertrag können längere oder kürzere Kündigungsfristen vereinbart werden. Ein Arbeitsvertrag darf im Vergleich zum Gesetz und zum Tarifvertrag jedoch grundsätzlich nur längere Kündigungsfristen vorsehen.

In den folgenden Beispielen wird immer davon ausgegangen, dass die gesetzliche Kündigungsfrist gilt:

Auszug aus dem BGB § 622:

(1) Das Arbeitsverhältnis eines Arbeiters oder eines Angestellten (Arbeitnehmers) kann mit einer Frist von vier Wochen zum Fünfzehnten oder zum Ende eines Kalendermonats gekündigt werden.

(2) Für eine Kündigung durch den Arbeitgeber beträgt die Kündigungsfrist, wenn das Arbeitsverhältnis in dem Betrieb oder Unternehmen

1. *zwei Jahre bestanden hat, einen Monat zum Ende eines Kalendermonats,*
2. *fünf Jahre bestanden hat, zwei Monate zum Ende eines Kalendermonats,*
3. *acht Jahre bestanden hat, drei Monate zum Ende eines Kalendermonats,*
4. *zehn Jahre bestanden hat, vier Monate zum Ende eines Kalendermonats,*
5. *zwölf Jahre bestanden hat, fünf Monate zum Ende eines Kalendermonats,*
6. *15 Jahre bestanden hat, sechs Monate zum Ende eines Kalendermonats,*
7. *20 Jahre bestanden hat, sieben Monate zum Ende eines Kalendermonats.*

[...]
(3) Während einer vereinbarten Probezeit, längstens für die Dauer von sechs Monaten, kann das Arbeitsverhältnis mit einer Frist von zwei Wochen gekündigt werden.

Beispiel 1:
Der Arbeitgeber kündigt einem Mitarbeiter (30 Jahre), der seit einem Jahr im Betrieb beschäftigt ist, am 26. April.

Es gilt die Grundkündigungsfrist von vier Wochen (=28 Tage) zum 15. oder zum Monatsende.

Der Arbeitgeber kann nicht zum 15. Mai kündigen, da es bis dahin weniger als vier Wochen sind. Daher endet das Arbeitsverhältnis frühestens am 31. Mai. Es würde ausreichen, wenn die Kündigung dem Arbeitnehmer am 03. Mai zugeht (3. Mai bis 31. Mai = 28 Tage).

Beispiel 2:
Am 26. März kündigt der Arbeitgeber das Arbeitsverhältnis einer Mitarbeiterin (27), die noch in der Probezeit ist.

Während der Probezeit beträgt die Grundkündigungsfrist zwei Wochen (=14 Tage) zu jedem Termin.

Das Arbeitsverhältnis endet am 09. April (5 Tage im März, 9 Tage im April).

Beispiel 3:

Der Arbeitgeber möchte aus betriebsbedingten Gründen einem Mitarbeiter (37), der seit 9 Jahren im Unternehmen beschäftigt ist, zum 30.09. kündigen. Die Sozialauswahl wurde berücksichtigt.

Für Mitarbeiter, die mindestens zwei Jahre im Unternehmen beschäftigt waren, gelten verlängerte Kündigungsfristen bei Kündigungen durch den Arbeitgeber.

Wenn das Arbeitsverhältnis acht oder neun Jahre bestanden hat, beträgt die Kündigungsfrist drei Monate zum Kalendermonatsende.

Der Arbeitgeber muss daher spätestens am 30.06. kündigen.

Gelten verlängerte Kündigungsfristen, so endet das Arbeitsverhältnis immer zum Monatsende.

Beispiel 4:

Ein Mitarbeiter (40), der 10 Jahre im Unternehmen beschäftigt ist, kündigt am 20. Juni.

Der Arbeitnehmer kann mit einer Frist von vier Wochen zum 15. oder zum Ende des Kalendermonats kündigen. Verlängerte Kündigungsfristen gelten nur für den Arbeitgeber.

Das Arbeitsverhältnis endet am 31. Juli, da zum 15. Juli noch keine vier Wochen Kündigungsfrist eingehalten wurden. Die Kündigung ist in diesem Fall nur zum Kalendermonatsende möglich.

Nach der bisherigen Regelung des § 622 BGB werden Zeiten vor dem 25. Lebensjahr des Arbeitnehmers bei der Berechnung der Beschäftigungsdauer nicht berücksichtigt. Der Europäische Gerichtshof hat im Januar 2010 diese Regelungen als unzulässige Altersdiskriminierung verworfen und die deutschen Arbeitsgerichte angewiesen, diese Vorschrift nicht mehr anzuwenden. Der deutsche Gesetzgeber ist aufgefordert, eine entsprechende Änderung des BGB vorzunehmen.

Entsprechende Aufgabenstellungen wurden daher bewusst vermieden.

F Wann ist eine fristlose Kündigung möglich?

Eine fristlose Kündigung kann nur aus „wichtigem Grund" erfolgen.

Das BGB (§ 626) nennt keine Kündigungsgründe, sodass im Einzelfall beurteilt werden muss, ob es unter Berücksichtigung aller Umstände und unter Abwägung der Interessen beider Vertragsteile dem Kündigenden nicht zugemutet werden kann, das Arbeitsverhältnis bis zum Ablauf der Kündigungsfrist fortzusetzen, weil die schwerwiegende Pflichtverletzung das Verhältnis zwischen Arbeitgeber und Arbeitnehmer nachhaltig gestört oder zerrüttet hat.

Gesichtspunkte, die zu bewerten sind:

- schwerwiegender Vertragsverstoß,
- das objektive Maß der Beschädigung des Vertrauensverhältnisses,
- das vom Arbeitnehmer in der Zeit seiner unbeanstandeten Beschäftigung erworbene „Vertrauenskapital". Je länger die Beschäftigung störungsfrei war, desto mehr Vertrauen wurde aufgebaut,
- die wirtschaftlichen Folgen des Vertragsverstoßes. Grundsätzlich kann eine fristlose Kündigung auch bei geringem wirtschaftlichen Schaden gerechtfertigt sein.

Die sofortige Auflösung des Arbeitsverhältnisses muss sich als angemessene Reaktion auf die eingetretene Vertragsstörung erweisen. Es ist abzuwägen, ob eine Abmahnung als milderes Mittel zur Wiederherstellung des für die Fortsetzung des Vertrags notwendigen Vertrauens ausreicht.

Beispiel 1:

Ein Arbeitnehmer, der seit 5 Jahren im Lager eines Getränkeherstellers arbeitet, nimmt unberechtigterweise immer wieder Getränkekästen mit, die er dann an Bekannte weiterverkauft. Sein erzielter Erlös liegt mittlerweile bei mehreren Tausend Euro. Als der Arbeitgeber davon erfährt, kündigt er ihm sofort fristlos.

Es liegt ein vorsätzlicher Verstoß des Arbeitnehmers gegen seine Vertragspflichten vor, der schwerwiegend ist. Das Vertrauensverhältnis ist objektiv erheblich belastet, da der Vertragsverstoß den Kernbereich der Arbeitsaufgaben eines Lageristen berührt. Es kann nicht von einer geringfügigen wirtschaftlichen Schädigung gesprochen werden und die Beschäftigungsdauer des Arbeitnehmers war noch nicht so lange. Daher ist eine fristlose Kündigung gerechtfertigt.

Die fristlose Kündigung ist nur innerhalb von zwei Wochen nach Bekanntwerden des wichtigen Grundes möglich. Auch die fristlose Kündigung muss schriftlich erfolgen. Der Kündigungsgrund ist auf Verlangen schriftlich mitzuteilen.

Im „Fall Emmely", der fristlosen Kündigung wegen des unrechtmäßigen Einlösens gefundener Leergutbons im Wert von 1,30 Euro hat das Bundesarbeitsgericht in seinem Urteil vom 10. Juni 2010 die fristlose Kündigung für unwirksam erklärt. Ausschlaggebend war neben der vergleichsweise geringfügigen wirtschaftlichen Schädigung vor allem die Beschäftigung über Jahrzehnte und das hohe Maß an Vertrauen, das in dieser Zeit aufgrund der störungsfreien Beschäftigung aufgebaut wurde.

G Welche Rolle spielt der Betriebsrat bei Kündigungen?

Der Betriebsrat ist vor jeder Kündigung zu hören. Der Arbeitgeber hat ihm die Gründe für die Kündigung mitzuteilen. Eine ohne Anhörung des Betriebsrats ausgesprochene Kündigung ist unwirksam (§ 102 BetrVG).

Beispiel 1:

Die Bike AG will folgenden Arbeitnehmern aus betriebsbedingten Gründen ordentlich kündigen:

- Frau Bleier, 58 Jahre, seit 30 Jahren im Betrieb beschäftigt,
- Frau Schmitt, 27 Jahre, gut qualifiziert und motiviert, seit 2 Jahren im Betrieb.

Der Betriebsrat kann innerhalb von einer Woche der ordentlichen Kündigung schriftlich unter Angabe der Gründe widersprechen. Äußert er sich innerhalb dieser Frist nicht, gilt seine Zustimmung zur Kündigung als erteilt (§ 102 Abs. 2 BetrVG).

Mögliche Gründe für einen Widerspruch sind:

- Die Bike AG hat bei der Auswahl von Frau Bleier soziale Gesichtspunkte nicht oder nicht ausreichend berücksichtigt.
- Frau Schmitt oder Frau Bleier können an einem anderen Arbeitsplatz im selben Betrieb oder in einem anderen Betrieb des Unternehmens weiterbeschäftigt werden.
- Frau Schmitt kann nach einer zumutbaren Umschulungs- oder Fortbildungsmaßnahme weiterbeschäftigt werden.
- Es ist möglich, Frau Schmitt und Frau Bleier unter geänderten Vertragsbedingungen (z. B. kürzere Arbeitszeit, Entgeltverzicht usw.) weiterzubeschäftigen und beide Arbeitnehmer sind damit einverstanden.

Wenn der Betriebsrat einer ordentlichen Kündigung frist- und ordnungsgemäß widersprochen hat, und der Arbeitnehmer eine Kündigungsschutzklage eingereicht hat, dann muss der Arbeitgeber den Arbeitnehmer nach Ablauf der Kündigungsfrist bis zum rechtskräftigen Abschluss des Rechtsstreits bei unveränderten Arbeitsbedingungen weiterbeschäftigen, wenn der Arbeitnehmer dies verlangt.

Beispiel 2:

Der Arbeitgeber will Herrn Kreuzer, Betriebsratsmitglied, und Herrn Gruber, Mitarbeiter im Einkauf, aus wichtigem Grund außerordentlich kündigen.

Der Betriebsrat hat das Recht, gegen die außerordentliche Kündigung des Herrn Gruber unverzüglich, spätestens innerhalb von 3 Tagen schriftlich und unter Angabe der Gründe Bedenken zu äußern.

Da Herr Kreuzer Betriebsratsmitglied ist, muss der Betriebsrat einer außerordentlichen Kündigung zustimmen (§ 103 BetrVG). Wenn er die Zustimmung verweigert, kann das Arbeitsgericht auf Antrag des Arbeitgebers die Zustimmung ersetzen.

Sowohl das Äußern von Bedenken als auch der Widerspruch des Betriebsrates gegen eine Kündigung ändern nichts an der Wirksamkeit der Kündigung. Wenn der Arbeitgeber ordentlich kündigt, obwohl der Betriebsrat widersprochen hat, dann muss er dem Arbeitnehmer zusammen mit der Kündigung eine Kopie der Stellungnahme des Betriebsrats aushändigen (§ 102 Abs. 4 BetrVG).

H Welche Personen genießen einen besonderen Kündigungsschutz?

Für folgende Personen gilt ein besonderer Kündigungsschutz:

- **Auszubildende nach Ablauf der Probezeit:**
  Das Berufsbildungsgesetz zielt darauf ab, dass jeder Auszubildende seine Ausbildung beenden kann.
- **Schwangere Arbeitnehmerinnen und Eltern in Elternzeit:**
  Während der Schwangerschaft und bis zum Ablauf von vier Monaten nach der Entbindung sowie während der Elternzeit (maximal 3 Jahre nach der Geburt) ist keine ordentliche Kündigung durch den Arbeitgeber möglich, um zum einen die Gesundheit der Frau und des Ungeborenen und zum anderen die Existenz von Eltern und Kind zu sichern. Der besondere Kündigungsschutz während der Elternzeit gilt für den Elternteil, der die Elternzeit in Anspruch nimmt.
- **Arbeitnehmer, die einen Einberufungsbescheid für den Grundwehrdienst erhalten haben:**
  Ab Zustellung des Einberufungsbescheides bis zum Ende des Wehr- bzw. Zivildienstes kann keine ordentliche Kündigung erfolgen, da durch die Wehrpflicht kein Nachteil entstehen soll. (Arbeitsplatzschutzgesetz)
- **Schwerbehinderter Arbeitnehmer:**
  Da ein Arbeitsplatzwechsel für Schwerbehinderte (Behinderungsgrad über 50 %) nicht so einfach ist, kann eine ordentliche Kündigung nur mit Zustimmung des Integrationsamtes erfolgen. Der besondere Kündigungsschutz gilt für Arbeitsverhältnisse, die bereits sechs Monate bestehen. (Sozialgesetzbuch Nummer 9)
- **Betriebsratsmitglieder, Mitglieder der Jugend- und Auszubildendenvertretung:**
  Während der Amtszeit der Arbeitnehmer und auch im darauffolgenden Kalenderjahr ist eine ordentliche Kündigung nicht möglich, damit die Mitglieder ungestraft für die Belange der Belegschaft eintreten können. (Betriebsverfassungsgesetz)

! Eine außerordentliche Kündigung ist auch bei diesen Arbeitnehmergruppen möglich, da hierfür ein wichtiger Grund vorliegen muss. Teilweise wird sie aber erschwert, da die Zustimmung des Integrationsamtes (bei Schwerbehinderten), des Betriebsrates (bei Betriebsrats- und Jugend- und Auszubildendenvertretern) oder der obersten Landesbehörde (bei Schwangeren und Müttern in Elternzeit) erforderlich ist.

I Wie kann sich ein Arbeitnehmer gegen eine Kündigung wehren?

Der gekündigte Arbeitnehmer kann gegen jede Art der Kündigung, ordentlich oder außerordentlich, innerhalb von drei Wochen nach Zugang der Kündigung Klage beim zuständigen Arbeitsgericht erheben. Nach Ablauf dieser Frist ist die Kündigung wirksam.

Ein Arbeitnehmer kann innerhalb von einer Woche Einspruch beim Betriebsrat einlegen, wenn er seine Kündigung für sozial ungerechtfertigt hält. Falls der Betriebsrat den Einspruch für begründet erachtet, muss er versuchen, eine

Verständigung mit dem Arbeitgeber herbeizuführen. Seine Stellungnahme zu dem Einspruch muss er dem Arbeitnehmer und dem Arbeitgeber auf Verlangen schriftlich mitteilen. Diese Stellungnahme soll der Arbeitnehmer der Klage beifügen.

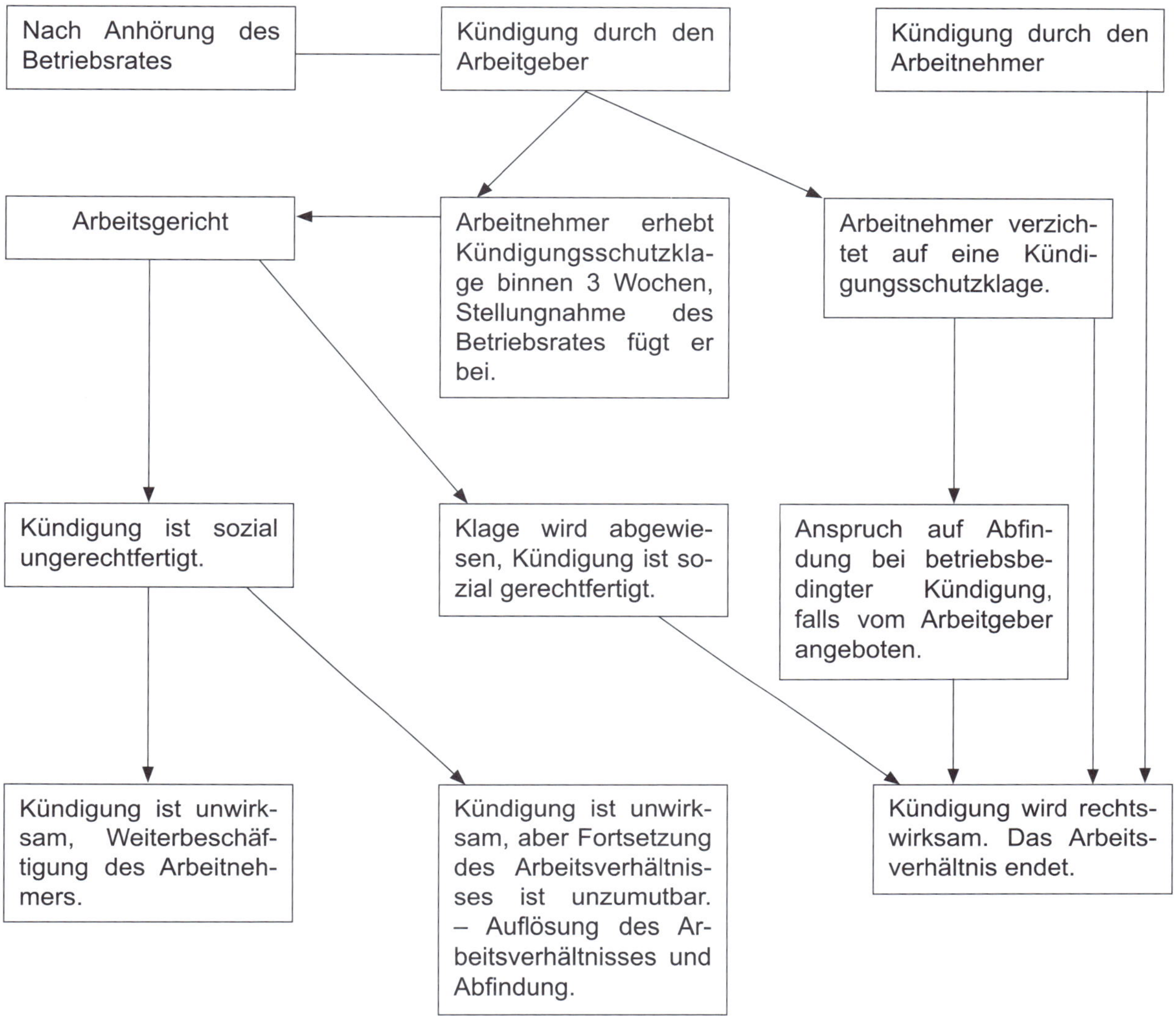

Hat der Arbeitnehmer bis zum Urteilsspruch durch das Arbeitsgericht Anspruch auf Weiterbeschäftigung?

Beispiel 1:

Ein Arbeitnehmer erhebt Klage gegen eine Kündigung, der auch der Betriebsrat widersprochen hat. Die Stellungnahme hat er der Klage beigefügt.

Der Arbeitgeber muss den Arbeitnehmer auf dessen Verlangen hin nach Ablauf der Kündigungsfrist bei unveränderten Arbeitsbedingungen im Unternehmen weiter beschäftigen, bis ein Urteil durch das Gericht gesprochen wird.

Wenn die Klage allerdings keine hinreichende Aussicht auf Erfolg hat, der Widerspruch des Betriebsrats offensichtlich unbegründet war oder die Weiterbeschäftigung den Arbeitgeber unzumutbar wirtschaftlich belastet, dann kann der Arbeitgeber beantragen, dass ihn das Gericht von der Verpflichtung zur Weiterbeschäftigung entbinden.

Beispiel 2:

Einem Arbeitnehmer wurde außerordentlich gekündigt. Allerdings wurde der Betriebsrat nicht angehört, sodass die Kündigung offensichtlich unwirksam ist. Der Arbeitnehmer hat dann bis zum Urteilsspruch in der 1. Instanz einen Beschäftigungsanspruch.

Diese Regelung gilt auch, wenn ein besonderes Beschäftigungsinteresse des Arbeitnehmers besteht, weil z. B. seine berufliche Qualifikation unter der Pause schwer leiden würde.

Beispiel 3:

Einem Arbeitnehmer wurde außerordentlich gekündigt. Die Unwirksamkeit dieser Kündigung ist aber nicht offensichtlich.

Der Arbeitnehmer hat dann bis zum Urteilsspruch in Erster Instanz keinen Anspruch auf Weiterbeschäftigung. Wenn er aber als Sieger aus der Ersten Instanz hervorgeht, hat er bis zum endgültigen Urteilsspruch einen Anspruch auf eine Weiterbeschäftigung, wenn diese für den Arbeitgeber nicht unzumutbar ist. Unzumutbar wäre sie z. B. wegen des Verdachts des Verrats von Betriebsgeheimnissen.

J **Wie werden werdende Mütter durch das Mutterschutzgesetz geschützt?**

Das Mutterschutzgesetz gilt für alle Frauen, die von einem Arbeitgeber beschäftigt werden.

Das Mutterschutzgesetz gilt auch für schwangere Auszubildende, aber nicht für schwangere Frauen, die selbstständig tätig, arbeitslos gemeldet oder Studentinnen sind.

Beispiel:

Eine Arbeitnehmerin aus dem Einkauf informiert die Personalabteilung am 05. Februar darüber, dass sie schwanger und der voraussichtliche Entbindungstermin der 13. August ist.

- Das Mutterschutzgesetz sieht vor, dass die werdende Mutter dem Arbeitgeber die Schwangerschaft und den voraussichtlichen Entbindungstermin mitteilen soll, sobald sie von der Schwangerschaft weiß. Wenn der Arbeitgeber es verlangt, soll sie ein Attest des Arztes oder der Hebamme vorlegen.

  Eine Benachrichtigungspflicht kann sich für die werdende Mutter eventuell aus der Treuepflicht ergeben, wenn ein erhebliches Interesse des Arbeitgebers besteht. Das ist beispielsweise der Fall, wenn es für den Arbeitgeber schwierig ist, einen Ersatz zu finden und die Einarbeitungszeiten sehr lange sind.

- Sie genießt vom Bekanntwerden bis 4 Monate nach der Entbindung besonderen Kündigungsschutz nach dem Mutterschutzgesetz.

  Hätte der Arbeitgeber der Arbeitnehmerin am 02. Februar gekündigt, dann hätte sie die Möglichkeit gehabt, ihm bis zum 16. Februar (innerhalb von zwei Wochen nach Zugang der Kündigung) mitzuteilen, dass sie schwanger ist. Die ausgesprochene Kündigung ist dann unwirksam.

- Als Sachbearbeiterin im Einkauf übt die Arbeitnehmerin eine sitzende Tätigkeit aus. Daher muss der Arbeitgeber ihr Gelegenheit zu kurzen Arbeitsunterbrechungen geben. Außerdem darf er sie nicht mit schweren körperlichen Arbeiten, Akkordarbeit oder Mehrarbeit beschäftigen.

- Wenn die notwendigen Vorsorgeuntersuchungen während der Arbeitszeit durchgeführt werden, muss der Arbeitgeber die werdende Mutter für diese Zeit ohne Entgeltausfall freistellen. Die Zeit braucht sie auch nicht vor- oder nacharbeiten. Allerdings muss die werdende Mutter bei der Terminvereinbarung auf die betrieblichen Belange Rücksicht nehmen.

- Während der Schutzfristen (6 Wochen vor und 8 Wochen nach der Entbindung) darf sie nicht beschäftigt werden.

  Vom 02. Juli (42 Tage vor dem 13. August) bis zum 08. Oktober (56 Tage nach dem 13. August) darf sie nicht beschäftigt werden.

  Bei Vorlage eines ärztlichen Attests darf sie bereits vorher nicht beschäftigt werden.

  Auf ihren Wunsch darf sie bis zur Entbindung beschäftigt werden. In den ersten acht Wochen nach der Entbindung darf sie aber nicht beschäftigt werden.

- Während der Schutzfristen und für den Entbindungstag erhält die gesetzlich versicherte Arbeitnehmerin von der Krankenkasse 13,00 Euro Mutterschaftsgeld pro Kalendertag. Der Arbeitgeber zahlt für diese Zeit den Differenzbetrag zum durchschnittlichen Nettoentgelt (gerechnet aus den letzten drei Kalendermonaten vor Beginn der Schutzfrist).

  Mutterschaftslohn zahlt der Arbeitgeber außerhalb der Schutzfristen, wenn die werdende Mutter aufgrund eines Beschäftigungsverbotes nicht arbeiten darf.

K Wie viel Elterngeld erhält eine Familie?

Die Höhe des Elterngeldes ist abhängig vom Nettogehalt und der Anzahl der Kinder, die im Haushalt leben.

Beispiel 1:

Die Mutter beantragt das Elterngeld für zwölf Monate. Sie war vor der Geburt teilzeitbeschäftigt und hat in den zwölf Kalendermonaten vor der Geburt des Kindes pro Monat durchschnittlich 880,00 € netto verdient.

Wenn das durchschnittlich erzielte monatliche Einkommen vor der Geburt geringer als 1.000 Euro war, erhöht sich der Prozentsatz von 67 Prozent um 0,1 Prozentpunkte für je 2 Euro, um die das maßgebliche Einkommen den Betrag von 1.000 Euro unterschreitet (§ 2 Abs. 2 BEEG).

Das Nettoeinkommen der Mutter lag um 120,00 € unter dem Betrag von 1.000,00 Euro.

Daher erhöht sich das Elterngeld um 6 Prozentpunkte (120,00 € / 2 € = 60; 60 · 0,1 Prozentpunkte = 6 Prozentpunkte). Sie hat Anspruch auf 73 % von 880,00 Euro.

Beispiel 2:

Die Mutter beantragt das Elterngeld für zwölf Monate. Sie hat vor der Geburt der Drillinge durchschnittlich ein Nettoeinkommen von 2.800,00 Euro pro Monat erzielt.

Das Elterngeld beträgt höchstens 1.800,00 €. Für Mehrlingsgeburten erhöht sich das Elterngeld um 300,00 € für weitere Kinder.

Das Elterngeld beträgt 67 % des durchschnittlichen Nettoeinkommens. Diese Mutter liegt aber über der Höchstgrenze, sodass sie 1.800,00 Euro erhält. Da es sich um eine Mehrlingsgeburt handelt, erhöht sich das Elterngeld aber um je 300,00 Euro für das zweite und dritte Kind. Insgesamt erhält sie daher 2.400,00 Euro für zwölf Monate.

Da die Mutter mit den Drillingen länger als zwölf Monate nicht erwerbstätig sein kann, möchte sie das Elterngeld über einen längeren Zeitraum ausbezahlt bekommen.

Es ist möglich, den Auszahlungszeitraum zu verdoppeln, wenn beantragt wird, dass nur der halbe Monatsbeitrag ausbezahlt wird (§ 6 BEEG).

Sie kann Elterngeld für 24 Monate beziehen, wenn sie beantragt, dass ihr monatlich nur die Hälfte des Elterngeldes, also 1.200,00 Euro, ausbezahlt werden.

Das Elterngeld wird immer zusätzlich zum Kindergeld gezahlt. Dieses beträgt 184 Euro für das erste und zweite Kind, 190 Euro für ein drittes und 215 Euro für jedes weitere Kind (Stand Juni 2010).

Beispiel 3:

In einer Familie leben bereits zwei Kinder (4 und 7 Jahre). Daher war die Ehefrau vor der Geburt des dritten Kindes nicht erwerbstätig. Sie möchte trotzdem Elterngeld für zwölf Monate und zusätzlich den „Geschwisterbonus" beantragen.

Elterngeld wird auch dann mindestens in Höhe von 300 Euro gezahlt, wenn in den zwölf Kalendermonaten vor der Geburt des Kindes kein Einkommen aus Erwerbstätigkeit erzielt worden ist.

Die Mutter erhält monatlich 300,00 Euro Elterngeld für zwölf Monate.

Leben in einem Haushalt zwei Kinder, die das dritte Lebensjahr noch nicht vollendet haben, oder drei oder mehr Kinder, die das sechste Lebensjahr noch nicht vollendet haben, so erhöht sich das zustehende Elterngeld um 10 Prozent, mindestens um 75 Euro (§ 2 Abs. 4 BEEG).

Der Geschwisterbonus kann nicht mehr beantragt werden, da nicht alle drei Kinder unter sechs Jahre alt sind.

Im Anschluss an das Elterngeld können Mütter oder Väter unter bestimmten Voraussetzungen das einkommensabhängige Landeserziehungsgeld beantragen.

Beispiel 4:

Frau Heil hat als Industriekauffrau vor der Geburt des Sohnes im Durchschnitt monatlich 1.800,00 € netto verdient. Herr Heil erzielte als Ingenieur im Durchschnitt 2.900,00 € netto.

Beide Elternteile möchten während der ersten beiden Monate nach der Geburt zuhause bleiben und Elterngeld beziehen. Danach kümmert sich Frau Heil um die Erziehung des Kindes.

Die Eltern haben insgesamt Anspruch auf zwölf Monatsbeträge. Sie haben Anspruch auf zwei weitere Monatsbeträge, wenn für zwei Monate eine Minderung des Einkommens aus Erwerbstätigkeit erfolgt. Die Eltern können die jeweiligen Monatsbeträge abwechselnd oder gleichzeitig beziehen (§ 4 Abs. 2 BEEG).

Das Ehepaar Heil kann während der ersten beiden Lebensmonate des Kindes gleichzeitig Elterngeld beantragen. Herr Heil erhält für zwei Monate Elterngeld (jeweils Höchstbetrag von 1.800,00 Euro), Frau Heil erhält für zwölf Monate Elterngeld (jeweils 1.206,00 €). Insgesamt erhalten sie zusammen 14 Monatsbeträge Elterngeld.

Auch Auszubildende oder Studenten haben Anspruch auf Elterngeld.

So trainiere ich für die Prüfung

Aufgaben

1. Wissensfragen

1.1 Lernfragen

1. Wer ist jugendlicher Arbeitnehmer nach dem Jugendarbeitsschutzgesetz?

2. Wie muss die Arbeitszeit eines jugendlichen Arbeitnehmers gestaltet sein? Gehen Sie bei Ihrer Antwort auf Beginn und Ende sowie tägliche und wöchentliche Arbeitszeit ein.

3. Nennen Sie drei Beschäftigungsverbote laut Jugendarbeitsschutzgesetz (JArbSchG).

4. Vergleichen Sie die Vorschriften zu den Ruhepausen für einen jugendlichen Auszubildenden mit den Vorschriften für einen Auszubildenden, der bereits 18 Jahre alt ist.

5. Worin unterscheiden sich ordentliche und außerordentliche Kündigung?

6. Wann gilt der allgemeine Kündigungsschutz?

7. Wann ist eine Kündigung sozial gerechtfertigt?

8. Nennen Sie vier Mitarbeitergruppen im Betrieb, die einen besonderen Kündigungsschutz genießen.

9. Welche Zeit hat der Betriebsrat, um sich bei Kündigungen zu äußern?

10. Welche Frist muss der Arbeitnehmer beachten, wenn er gegen eine Kündigung klagen möchte?

11. Wie viele Wochen Erholungsurlaub stehen einem Auszubildenden über 18 Jahre nach dem Gesetz mindestens zu?

12. Welchen Schutz genießen Frauen während der Schwangerschaft?

13. Welche Pflichten zur Entgeltfortzahlung ergeben sich für den Arbeitgeber nach dem Mutterschutzgesetz?

1.2 Mehrfachauswahl

1. Ein Arbeitgeber hat folgenden Dienstplan für die Auszubildenden erstellt. Prüfen Sie, bei welchen 2 Auszubildenden er gegen Arbeitsschutzgesetze verstoßen hat.

Nr.	Auszubildender	Alter	Beginn und Ende der Arbeitszeit	Beginn der 1. Pause (60 Minuten)
a)	Anton	16 Jahre	07:30 bis 16:30 Uhr	12:00 Uhr
b)	Bert	17 Jahre	09:00 bis 17:00 Uhr	13:30 Uhr
c)	Carlos	16 Jahre	08:00 bis 16:30 Uhr	13:00 Uhr
d)	David	19 Jahre	07:30 bis 18:00 Uhr	14:30 Uhr
e)	Ernst	18 Jahre	09:00 bis 17:30 Uhr	14:00 Uhr
f)	Fritz	20 Jahre	08:00 bis 17:15 Uhr	13:00 Uhr

2. Prüfen Sie, in welcher Zeit Jugendliche nach dem Jugendarbeitsschutzgesetz normalerweise beschäftigt werden dürfen.

a) Von 6 bis 20 Uhr
b) Von 6 bis 22 Uhr
c) Von 6 bis 23 Uhr
d) Von 5 bis 21 Uhr
e) Von 20 bis 6 Uhr

3. Bestimmen Sie den Mindesturlaub, der einer Auszubildenden für das laufende Jahr nach dem Jugendarbeitschutzgesetz mindestens zusteht, wenn sie am 01. Juni 17 Jahre alt wird.

a) 25 Arbeitstage
b) 27 Arbeitstage
c) 30 Arbeitstage
d) 24 Werktage
e) 25 Werktage
f) 27 Werktage
g) 30 Werktage

4. Der 16-jährige Heiko Felsheim hat am 01. August seine Ausbildung zum Industriekaufmann bei der Büromöbel AG begonnen. Der Berufsschulunterricht findet wöchentlich an zwei Werktagen mit je 6 Unterrichtsstunden von jeweils 45 Minuten statt. Welche Aussage über die Freistellung durch den Ausbildungsbetrieb an Berufsschultagen ist richtig?

a) Nach einem Berufsschultag mit mehr als 4 Unterrichtsstunden von mindestens 45 Minuten kann Heiko Felsheim von der Büromöbel AG nachmittags nicht weiterbeschäftigt werden.
b) Die Büromöbel AG darf Heiko Felsheim an einem Berufsschultag nicht beschäftigen.
c) Heiko Felsheim ist verpflichtet, bis zu 2 Stunden wöchentlich nach dem Berufsschulunterricht an Ausbildungsmaßnahmen der Büromöbel AG teilzunehmen.
d) Die Büromöbel AG kann Heiko Felsheim für die Teilnahme am Berufsschulunterricht freistellen.
e) Die Büromöbel AG darf Heiko Felsheim an Berufsschultagen nachmittags nicht mehr weiterbeschäftigt.

5. Das Jugendarbeitsschutzgesetz ist eines der rechtlichen Bestimmungen zum Schutz der Arbeitnehmer. Prüfen Sie, welche der folgenden Tatbestände in diesem Gesetz geregelt sind.

a) Jugendliche im Sinne dieses Gesetzes sind alle Personen, die das 7. Lebensjahr vollendet haben, aber noch nicht 18 Jahre alt sind.
b) Das Jugendarbeitsschutzgesetz gilt für Personen, die sich in der Berufsausbildung befinden, sofern sie das 25. Lebensjahr noch nicht vollendet haben.
c) Jugendliche dürfen nicht mehr als 8 Stunden täglich und nicht mehr als 40 Stunden wöchentlich beschäftigt werden.
d) Bei einer Arbeitszeit von mehr als 6 Stunden müssen die Ruhepausen mindestens 30 Minuten betragen.
e) Der Arbeitgeber muss den Jugendlichen an dem Arbeitstag, der der schriftlichen Abschlussprüfung unmittelbar vorangeht, freistellen.
f) Bei mehr als 5 beschäftigten Personen, die das 18. Lebensjahr noch nicht vollendet haben, ist eine Jugend- und Auszubildendenvertretung zu wählen.

6. Auszubildende werden durch verschiedene Gesetze geschützt. Geben Sie an, welche der nachstehenden Rechtsvorschriften im Jugendarbeitsschutzgesetz geregelt sind.

a) Die regelmäßigen Wahlen der Jugend- und Auszubildendenvertretung finden alle zwei Jahre in der Zeit vom 1. Oktober bis 30. November statt.
b) Der Erholungsurlaub wird für das laufende Kalenderjahr gewährt. Er beträgt für alle Auszubildenden 30 Arbeitstage.
c) Acht Wochen nach der Entbindung darf eine jugendliche Auszubildende nicht ausgebildet werden.
d) Der Urlaub soll den Berufsschülern in der Zeit der Berufsschulferien gegeben werden.
e) Der Ausbildende darf dem Auszubildenden nach Ablauf der Probezeit nicht mehr ordentlich kündigen.
f) Jugendliche dürfen nicht mit Akkordarbeit beschäftigt werden oder andere tempoabhängige Arbeiten ausführen, mit denen ein höheres Entgelt erzielt werden kann.

7. Die 21-jährige Carmen erhält nach einjähriger Beschäftigungsdauer am 10. Juni die Kündigung. Geben Sie an, wann Carmen ihren letzten Arbeitstag hat.

a) 24. Juni
b) 30. Juni
c) 10. Juli
d) 15. Juli
e) 31. Juli

8. Der Arbeitgeber will der Sachbearbeiterin Tina Schramm zum 31. Juli 2010 kündigen. Frau Schramm ist 32 Jahre alt und seit 01. Januar 2006 im Unternehmen beschäftigt. Stellen Sie fest, an welchem Tag das Unternehmen Frau Schramm die Kündigung spätestens aushändigen muss.

a) 15. Juni 2010
b) 30. Juni 2010
c) 03. Juli 2010
d) 15. Juli 2010
e) 17. Juli 2010

9. Eine Mitarbeiterin hat mit 18 Jahren als Auszubildende bei der Büromöbel AG begonnen und ist mittlerweile seit 13 Jahren im Unternehmen. Da sie aus privaten Gründen in eine andere Stadt ziehen muss, fragt sie am 07. Dezember, zu welchem Termin sie ihren Arbeitsvertrag durch fristgerechte Kündigung frühestens beenden kann. Laut Arbeitsvertrag gelten die gesetzlichen Kündigungsfristen. Geben Sie das Datum des letzten Arbeitstages an.

a) 31. Dezember dieses Jahres
b) 4. Januar des nächsten Jahres
c) 15. Januar des nächsten Jahres
d) 31. Januar des nächsten Jahres
e) 28. Februar des nächsten Jahres
f) 31. März des nächsten Jahres
g) 31. Mai des nächsten Jahres

10. Nach bestandener Abschlussprüfung schließt Knut Hildebrand einen unbefristeten Arbeitsvertrag mit sechsmonatiger Probezeit für eine Tätigkeit in seiner Lieblingsabteilung seines Ausbildungsbetriebes ab. Es wurde vereinbart, dass die gesetzlichen Regelungen gelten sollen. Stellen Sie fest, welche rechtliche Konsequenz die Vereinbarung der Probezeit für Herrn Hildebrand hat.

a) Während der Probezeit gilt die gesetzliche Kündigungsfrist von 4 Wochen zum Fünfzehnten oder zum Ende des Kalendermonats.
b) Während der Probezeit kann der Arbeitgeber sofort und der Arbeitnehmer innerhalb von 2 Wochen kündigen.
c) Während der Probezeit gilt die gesetzliche Kündigungsfrist von 2 Wochen.
d) Während der Probezeit kann ihm der Arbeitgeber nur kündigen, wenn er vorsätzlich gegen seine Vertragspflichten verstößt.
e) Sein Arbeitsverhältnis ist nach sechs Monaten automatisch beendet.

11. Die Industriewerke AG hat Volker Endres, 40 Jahre, wegen mehrerer Verstöße gegen die Arbeitszeitbestimmungen form- und fristgerecht ordentlich gekündigt, nachdem sie ihn vorher erfolglos abgemahnt hatte. Herr Endres erwägt, gegen die Kündigung vor dem zuständigen Arbeitsgericht zu klagen. Bestimmen Sie die nach dem Kündigungsschutzgesetz zutreffenden Aussagen.

a) Herr Endres kann innerhalb von drei Wochen nach Zugang der Kündigung Einspruch beim Betriebsrat einlegen.
b) Herr Endres kann nur dann eine Kündigungsschutzklage einreichen, wenn er vorab innerhalb von einer Woche Einspruch gegen die Kündigung beim Betriebsrat eingelegt hat.
c) Herr Endres hat binnen einer Woche Einspruch beim Betriebsrat eingelegt. Hält dieser den Einspruch gegen die Kündigung für begründet, so muss Herr Endres binnen drei Wochen vor dem zuständigen Arbeitsgericht Klage erheben.
d) Herr Endres kann innerhalb von drei Wochen nach Zugang der Kündigung vor dem zuständigen Arbeitsgericht Klage erheben und beantragen, dass das Arbeitsgericht feststellen soll, dass das Arbeitsverhältnis durch die Kündigung nicht aufgelöst ist.
e) Die Ausschlussfrist für die Klage vor dem Arbeitsgericht beträgt nach Zugang der Kündigung eine Woche.
f) Herr Endres hat die Möglichkeit, vor dem Arbeitsgericht Klage auf Feststellung zu erheben, auch wenn der Betriebsrat den Einspruch gegen die Kündigung für unbegründet hält.

12. Aufgrund von Rationalisierungsmaßnahmen ist die Jung AG (300 Mitarbeiter) gezwungen, Arbeitsplätze abzubauen. Prüfen Sie, welche Arbeitsverhältnisse von Mitarbeitern am frühesten durch Kündigung beendet werden können.

a) Thomas Vittinghof, 20 Jahre, Industriekaufmann, hat einen Einberufungsbescheid zur Ableistung des Grundwehrdienstes erhalten.

b) Simone Braun, 24 Jahre, seit 5 Jahren im Unternehmen, wurde vor einem Jahr in die Jugend- und Auszubildendenvertretung gewählt.

c) Simon Roth, 22 Jahre, wurde vor einem Jahr nach der Ausbildung in ein unbefristetes Arbeitsverhältnis übernommen.

d) Werner Helmschrott, 50 Jahre, Industriekaufmann, seit 25 Jahren im Unternehmen.

e) Andrea König, 38 Jahre, Industriekauffrau, alleinerziehende Mutter einer vierjährigen Tochter, seit 2 Jahren im Unternehmen.

f) Norbert Krön, 30 Jahre, Industriekaufmann, seit 4 Monaten im Unternehmen.

13. Stellen Sie fest, welche der folgenden Aussagen zum Kündigungsschutz richtig sind.

a) Wenn der Betriebsrat Kündigungen für sozial ungerechtfertigt hält, kann der Arbeitgeber innerhalb einer Frist von 3 Wochen Klage vor dem zuständigen Arbeitsgericht einreichen.

b) Durch Tarifverträge können die gesetzlichen Kündigungsfristen nur zu Gunsten der Arbeitnehmer verlängert werden.

c) Ordentliche Kündigungen von Mitgliedern des Betriebsrates sind nach dem Betriebsverfassungsgesetz ausgeschlossen.

d) Der Betrag der Abfindung darf nach dem Kündigungsschutzgesetz zwölf Monatsverdienste nicht übersteigen.

e) Eine Kündigung aus betrieblichen Gründen ist sozial ungerechtfertigt, wenn der zu kündigende Arbeitnehmer an einem anderen Arbeitsplatz weiterbeschäftigt werden könnte, der Arbeitgeber ihm dieses aber nicht angeboten hat.

14. Tobias Neundörfer, 31 Jahre, Vater von zwei Kindern, erhält aus betriebsbedingten Gründen die Kündigung. Da er diese für sozial ungerechtfertigt hält, wendet er sich an den Betriebsrat.

Prüfen Sie, welche der folgenden Aussagen zu den Kündigungsmodalitäten richtig sind.

a) Der Betriebsrat muss in Kündigungsfragen angehört werden. Der Arbeitnehmer kann innerhalb von drei Wochen nach Zugang der schriftlichen Kündigung Klage beim zuständigen Arbeitsgericht einreichen.

b) Der Betriebsrat muss in Kündigungsfragen angehört werden. Hält er die Kündigung für ungerechtfertigt, dann darf der Arbeitgeber nicht kündigen.

c) Der Betriebsrat muss in Kündigungsfragen angehört werden. Sofern er die Kündigung für sozial ungerechtfertigt hält, muss er innerhalb von drei Wochen Kündigungsschutzklage beim zuständigen Arbeitsgericht einreichen.

d) Der Betriebsrat kann der Kündigung mit dem Ziel widersprechen, eine Verständigung mit dem Arbeitgeber über eine Weiterbeschäftigung herbeizuführen.

e) Der Betriebsrat kann in Kündigungsfragen angehört werden. Auch ohne seine Zustimmung wird die Kündigung wirksam.

f) Der Betriebsrat muss in Kündigungsfragen nicht angehört werden. Auch ohne die Anhörung des Betriebsrats wird die Kündigung wirksam.

15. Kerstin Spörlein ist im siebten Schwangerschaftsmonat. Stellen Sie fest, welche der folgenden Aussagen nach dem Mutterschutzgesetz zutreffend sind.

a) Frau Spörlein darf innerhalb von acht Wochen nach der Entbindung auch dann nicht beschäftigt werden, wenn sie einer Beschäftigung während dieser Zeit ausdrücklich zustimmt.
b) Während der Schutzfrist dürfen weder der Arbeitgeber noch die werdende Mutter das Arbeitsverhältnis kündigen.
c) In den letzten sechs Wochen vor der Entbindung dürfen werdende Mütter nur mit ihrer ausdrücklichen Zustimmung beschäftigt werden.
d) Wenn Frau Spörlein aufgrund eines Beschäftigungsverbotes ganz oder teilweise mit der Arbeit aussetzen muss, so hat ihr der Arbeitgeber Mutterschaftsgeld zu bezahlen.
e) Der Arbeitgeber ist berechtigt, den Urlaubsanspruch während der Schutzfrist mit dem Jahresurlaub zu verrechnen.
f) Während der Schutzfristen vor und nach der Entbindung erhält Frau Spörlein Mutterschaftsgeld vom Arbeitgeber.

16. Bestimmen Sie, für welche Personen das Mutterschutzgesetz gilt.

a) Es gilt für schwangere Frauen ohne Arbeitsverhältnis mit mindestens einem Kind.
b) Es gilt für schwangere, arbeitslos gemeldete Frauen.
c) Es gilt für schwangere Frauen, die einer selbstständigen Arbeit nachgehen.
d) Es gilt für schwangere Frauen, die in einem Arbeitsverhältnis stehen.
e) Es gilt für schwangere Auszubildende in einem Unternehmen.
f) Es gilt für schwangere Studentinnen.

17. Geben Sie an, wann nach dem Bundesurlaubsgesetz der Urlaub ganz oder teilweise durch Geld abgegolten werden darf.

a) Wenn dem Arbeitnehmer der Urlaub aus betrieblichen Gründen nicht gewährt werden kann.
b) Wenn der Arbeitnehmer den Urlaub aus persönlichen Gründen nicht im laufenden Kalenderjahr nehmen kann.
c) Wenn wegen Beendigung des Arbeitsverhältnisses der Urlaub nicht mehr gewährt werden kann.
d) Wenn der Urlaub nicht ins nächste Kalenderjahr übertragen werden kann.
e) Wenn das Arbeitsverhältnis erst im zweiten Kalenderhalbjahr begonnen hat.

18. Thomas Gruber wird zum 01.10.2010 Mitarbeiter der Industriewerke AG. In seinem Arbeitsvertrag wurde Urlaub nach dem Bundesurlaubsgesetz vereinbart. Sein vorheriger Arbeitgeber hat bescheinigt, dass ihm für das laufende Kalenderjahr der gesetzliche Mindesturlaub gewährt wurde.

Prüfen Sie, wie viele Tage Urlaub die Industriewerke AG Herrn Gruber für das Jahr 2010 noch gewähren muss.

a) 3 Werktage
b) 4 Werktage
c) 5 Werktage
d) 6 Werktage
e) Für das laufende Jahr 2010 hat Herr Gruber keinen Urlaubsanspruch mehr.

19. Nach Ablauf der fünfmonatigen Probezeit scheidet ein Arbeitnehmer zum 31.12.2010 aus dem Betrieb aus. Im Arbeitsvertrag war ein Erholungsurlaub von 30 Werktagen vereinbart. Geben Sie an, ob der Arbeitnehmer nach dem Bundesurlaubsgesetz Anspruch auf Urlaub hat.

a) Nein, denn für die Probezeit besteht grundsätzlich kein Urlaubsanspruch.
b) Nein, denn erst nach sechsmonatigem Bestehen des Arbeitsverhältnisses entsteht ein Urlaubsanspruch.
c) Ja, er hat Anspruch auf die Hälfte des Jahresurlaubs, da er das Arbeitsverhältnis im zweiten Kalenderhalbjahr begonnen hat.
d) Ja, er hat Anspruch auf zwölf Werktage Urlaub.
e) Ja, er hat Anspruch auf dreizehn Werktage Urlaub.

1.3 Beurteilen Sie die Rechtslage

1. Die Bike GmbH beschäftigt aktuell zwei Auszubildende im zweiten Ausbildungsjahr, Bianca (20 Jahre) und Tina (17 Jahre). Max (17 Jahre) ist Auszubildender im ersten Ausbildungsjahr. Alle drei arbeiten täglich von 07:30 Uhr bis 16:15 Uhr.

Beurteilen Sie, ob der Ausbildende in den folgenden Fällen gegen Arbeitsschutzvorschriften verstößt.

a) Tina ist aktuell im Vertrieb eingesetzt. Wegen der guten Auftragslage soll sie täglich neun Stunden arbeiten.
b) Max wundert sich, dass ihn die Personalabteilung auffordert, sich einer Nachuntersuchung zu unterziehen. Sein Hausarzt hatte ihm seine gesundheitliche Eignung erst vor 9 Monaten zu Ausbildungsbeginn bestätigt und er fühlt sich vollkommen gesund.
c) An einem Tag hat Tina bis 20:00 Uhr gearbeitet. Am nächsten Tag muss sie wieder um 07:30 Uhr mit der Arbeit beginnen.
d) Beide Auszubildende im zweiten Ausbildungsjahr haben an zwei Tagen jeweils sechs Stunden Unterricht zu je 45 Minuten in der Berufsschule. Am Nachmittag müssen sie jeweils im Betrieb arbeiten.
e) An einem Tag beginnt der Berufsschulunterricht erst um 09:00 Uhr. Die Auszubildenden müssen an diesem Berufsschultag von 07:15 bis 8:30 Uhr arbeiten.
f) Allen Auszubildenden werden 24 Werktage Urlaub gewährt.
g) Als einzige Pause steht den Auszubildenden die Mittagspause von 12:30 bis 13:15 Uhr zu.
h) Um für die Zwischenprüfung zu lernen, erhielt Tina auf Wunsch den Arbeitstag vor der Zwischenprüfung frei. Dafür wurde ihr ein Urlaubstag verrechnet.
i) Tina musste bei der Inventur bis 23:00 Uhr arbeiten.
j) Der Ausbildungsplan sieht vor, dass die Auszubildenden auch für einen Monat in der Produktion arbeiten. Davor graust es den beiden Auszubildenden im zweiten Ausbildungsjahr schon heute, weil sie dann am Fließband alleine tempoabhängige Arbeiten (nicht in einer Arbeitsgruppe mit erwachsenen Arbeitnehmern) verrichten müssen.
k) Die Bike GmbH möchte die Ausbildungsvergütung um die Berufsschulzeit mit der Begründung kürzen, dass die Auszubildenden in dieser Zeit keine betriebliche Leistung erbringen.
l) Während ihres Skiurlaubs in Österreich wird Bianca krank. Sie verbringt zwei Tage mit einer Erkältung im Bett. Am dritten Tag geht sie im Skiort zum Arzt, der sie für weitere zwei Tage krank schreibt. Diese Bescheinigung legt sie der Personalabteilung nach ihrer Rückkehr vor. Sie bekommt zwei Tage Urlaub gutgeschrieben.

m) Bianca stellt für die Pfingstferien einen Urlaubsantrag, da sie ihre Schwester in Amerika besuchen will, weil diese heiratet. Weitere vier Mitarbeiter ihrer Abteilung haben Urlaub beantragt.

- Frau Braun ist alleinerziehende Mutter eines 6-jährigen Sohnes,
- Herr Goppert (Single) hat einen Urlaub in Norwegen geplant,
- Frau Weber (Halbtagskraft) hat zwei Kinder im Kindergartenalter und
- Herr Schneider (verheiratet, 1 Kind im Kindergartenalter) benötigt Urlaub, da seine Frau als Verkäuferin keinen Urlaub bekommt.

Da nur vier Mitarbeiter Urlaub bekommen können, informiert sie die Personalabteilung, dass ihr Urlaubsantrag nicht genehmigt werden kann.

2. Geben Sie an, wann folgende Arbeitsverhältnisse enden, wenn der Arbeitgeber am 09.11. kündigt.

a) Martina (42) ist seit 15 Jahren im Betrieb beschäftigt.

b) Marina (28) ist seit 2 Jahren im Betrieb beschäftigt.

c) Sandra (27) ist noch in der Probezeit.

d) Auszubildende Eva Dotterweich ist im 2. Ausbildungsjahr.

e) Steffi (29) ist seit zwei Jahren im Betrieb beschäftigt. Seit etwa zwei Monaten ist sie schwanger. Voraussichtlicher Geburtstermin ist der 3. März des nächsten Jahres. Den Erziehungsurlaub wird ihr Ehemann in Anspruch nehmen.

f) Anna Denzlein (33) ist seit vier Jahren im Betrieb und Mitglied im Betriebsrat. Die nächste Betriebsratswahl findet im Mai des nächsten Jahres statt.

2. Fallsituation

1. Der Möbelhersteller Möbeldesign AG beschäftigt insgesamt 510 Mitarbeiter. Jutta Dech ist als Verkäuferin im Werksverkauf beschäftigt und Christine Schütz als Sachbearbeiterin in der Personalabteilung. Beide sind schwanger. Der Geburtstermin von Frau Schütz ist voraussichtlich der 01.10.

a) Welche Anforderungen an die Gestaltung der beiden Arbeitsplätze bestehen für die Möbeldesign AG nach dem Mutterschutzgesetz?

b) In welcher Zeit dürfen die beiden nicht beschäftigt werden?

c) Die Möbeldesign AG möchte sich zweifelsfrei über das Bestehen der Schwangerschaft informieren lassen. Welche Möglichkeiten hat sie als Arbeitgeber?

d) An welchem Tag beginnt die Schutzfrist für Christine Schütz?

e) An welchem Tag endet die Schutzfrist, falls Frau Schütz am 04.10. Zwillinge zur Welt bringt?

f) In welchem Zeitraum genießt Frau Schütz Kündigungsschutz nach dem MuSchG?

g) Darf der Arbeitgeber den durch notwendige Untersuchungen entstandenen Arbeitsausfall vom Entgelt abziehen?

2. Die HSB Solar AG hat 80 Mitarbeiter und möchte der Industriekauffrau, Kerstin Spörlein, die seit einem Jahren im Betrieb tätig ist, kündigen.

a) Welche Voraussetzungen muss die HSB Solar AG für eine sozial gerechtfertigte Kündigung nachweisen?

b) Die Kündigung erfolgt am 08. März. Wann endet das Arbeitsverhältnis von Frau Spörlein?

c) Zeigen Sie Möglichkeiten auf, wie sich Frau Spörlein gegen die Kündigung wehren kann.

d) Am Tag des Zugangs der schriftlichen Kündigung legt Frau Spörlein ein ärztliches Attest über das Bestehen einer Schwangerschaft vor. Begründen Sie, ob Frau Spörlein gekündigt werden kann.

e) Der Angestellte Hollmann (40 Jahre) möchte sich zum 1. Juli selbstständig machen und daher die HSB Solar AG zum 30.06. verlassen. Herr Hollmann ist seit neun Jahren im Unternehmen beschäftigt. Wann muss Herr Hollmann spätestens kündigen?

f) Der Arbeitgeber akzeptiert die rechtzeitig eingegangene Kündigung nicht, da in dem Kündigungsschreiben kein Kündigungsgrund angegeben ist.

Lösungen

1. Wissensfragen

1.1 Lernfragen

1. Jugendliche Arbeitnehmer sind Auszubildende und Arbeitnehmer, die zwischen 15 und unter 18 Jahre alt sind.

B

2.
- tägliche Arbeitszeit = Zeit vom Beginn bis zum Ende der täglichen Beschäftigung ohne Ruhepausen
- Beginn der täglichen Arbeitszeit: frühestens 6:00 Uhr (Ausnahmen gelten für Bäckereien und Konditoreien sowie für die Landwirtschaft)
- Ende der täglichen Arbeitszeit: spätestens 20:00 Uhr (Ausnahmen gelten im Gaststätten- und Schaustellergewerbe sowie für mehrschichtige Betriebe)
- tägliche Arbeitszeit: maximal 8 Stunden
- wöchentliche Arbeitszeit: maximal 40 Stunden
- Beschäftigung an 5 Tagen in der Woche; die beiden wöchentlichen Ruhetage sollen nach Möglichkeit aufeinander folgen.

B

3.
- Beschäftigungsverbot für Samstage, Sonn- und Feiertage (Ausnahme für bestimmte Branchen, aber zwei Samstage sollen und zwei Sonntage müssen beschäftigungsfrei bleiben und die 5-Tage-Woche muss eingehalten werden.)
- Keine Beschäftigung mit gefährlichen Arbeiten,
  - die physische und psychische Leistungsfähigkeit übersteigen,
  - die mit Unfallgefahren verbunden sind,
  - bei denen Jugendliche schädlichen Einwirkungen von Lärm, Erschütterungen, Strahlen, gefährlichen Chemikalien oder Stoffen ausgesetzt sind.
- Keine Beschäftigung mit Akkordarbeit.
- Keine Beschäftigung mit Arbeiten unter Tage.

B

4. Auszubildende unter 18 Jahre:
- Länger als 4,5 Stunden dürfen Jugendliche nicht ohne Ruhepausen (= Arbeitsunterbrechung von mindestens 15 Minuten) beschäftigt werden,

- bei mehr als 4,5 Stunden Arbeitszeit: mindestens 30 Minuten Ruhepause,
- bei mehr als 6 Stunden Arbeitszeit: mindestens 60 Minuten Ruhepause.

Auszubildende über 18 Jahre:

- Länger als 6 Stunden dürfen Arbeitnehmer nicht ohne Ruhepausen beschäftigt werden,
- bei mehr als 6 bis zu 9 Stunden Arbeitszeit: mindestens 30 Minuten Ruhepause,
- bei mehr als 9 Stunden Arbeitszeit: mindestens 45 Minuten Ruhepause.

5.
- Ordentliche Kündigung: Kündigung unter Einhaltung von Kündigungsfristen, fristgemäße Kündigung.
- Außerordentliche Kündigung: Kündigung aus einem wichtigen Grund ohne Einhaltung von Kündigungsfristen, fristlose Kündigung.

E, F

6. Der allgemeine Kündigungsschutz und damit die Vorschriften des Kündigungsschutzgesetzes gelten

- für Unternehmen, die ohne Auszubildende mehr als zehn Arbeitnehmer (bei Einstellungen nach dem 31.12.2003) beschäftigen. Teilzeitbeschäftigte werden mit einem Faktor berücksichtigt.
- für Arbeitnehmer über 18 Jahre, die länger als sechs Monate ohne Unterbrechung in demselben Unternehmen beschäftigt sind.

C

Der allgemeine Kündigungsschutz bestimmt zum Beispiel, dass der Arbeitgeber nur ordentlich kündigen kann, wenn die Kündigung sozial gerechtfertigt ist.

7. Sozial gerechtfertigt ist die ordentliche Kündigung durch den Arbeitgeber nur, wenn sie durch Gründe, die in der Person oder in dem Verhalten des Arbeitnehmers liegen, oder durch dringende betriebliche Erfordernisse, die einer Weiterbeschäftigung des Arbeitnehmers in diesem Betrieb entgegenstehen, bedingt ist.

D

Eine Kündigung aus dringenden betrieblichen Erfordernissen ist nur sozial gerechtfertigt, wenn der Arbeitnehmer nicht an einem anderen Arbeitsplatz in demselben Unternehmen weiterbeschäftigt werden kann oder keine zumutbare Umschulungs- oder Fortbildungsmaßnahme oder eine Weiterbeschäftigung unter geänderten Arbeitsbedingungen möglich ist.

Bei der betriebsbedingten Kündigung muss der Arbeitgeber außerdem bei der Auswahl des Arbeitnehmers die Dauer der Betriebszugehörigkeit, das Lebensalter, die Unterhaltspflichten und die Schwerbehinderung des Arbeitnehmers berücksichtigen.

8.
1. Auszubildende nach Ablauf der Probezeit (§ 22 BBiG)
2. Wehr- und Zivildienstleistende (§ 2 Arbeitsplatzschutzgesetz)
3. Mitglieder des Betriebsrats, der Jugend- und Auszubildendenvertretung, des Wahlvorstandes, Wahlbewerber (§ 15 KSchG)
4. Schwerbehinderte (§ 85 SGB IX)
5. Frauen während einer Schwangerschaft und bis zum Ablauf von vier Monaten nach der Entbindung sowie Eltern während der Elternzeit (§ 9 MuSchG, § 18 BEEG)
6. Beschäftigte, die wegen häuslicher Pflege eines nahen Angehörigen kurzzeitig an der Arbeitsleistung verhindert sind oder Pflegezeit in Anspruch nehmen (§ 5 Pflegezeitgesetz)

H

G

9. Der Betriebsrat kann schriftlich unter Angabe der Gründe einer ordentlichen Kündigung innerhalb einer Woche widersprechen bzw. bei einer außerordentlichen Kündigung unverzüglich, spätestens innerhalb von drei Tagen Bedenken äußern.

I

10. Innerhalb von drei Wochen nach Zugang der Kündigung muss der Arbeitnehmer die Klage beim zuständigen Arbeitsgericht einreichen, wenn er die Kündigung für sozial ungerechtfertigt hält.

11. Nach dem Bundesurlaubsgesetz hat er Anspruch auf mindestens 24 Werktage. Eine Woche hat 6 Werktage. Daher hat er Anspruch auf 4 Wochen.

6 Werktage entsprechen 5 Arbeitstage. 5 Arbeitstage entsprechen einer Woche.
→ 24 Werktage entsprechen 20 Arbeitstage. Daher hat er Anspruch auf mindestens 4 Wochen.

J

12. Die werdende Mutter darf nicht beschäftigt werden,

- wenn nach ärztlichem Zeugnis ihre Gesundheit oder die des Kindes in Gefahr ist (§ 3 Abs. 1 MuSchG).
- während der Schutzfristen, d. h. sechs Wochen vor der Entbindung (freiwillig kann sie sich jedoch ausdrücklich bereit erklären; länger zu arbeiten) und acht Wochen nach der Entbindung (hier gilt ein absolutes Beschäftigungsverbot).
- mit schweren körperlichen Arbeiten, Akkordarbeit, Fließbandarbeit, mit Arbeiten, bei denen sie sich häufig strecken oder beugen muss, bei denen sie einer erhöhten Unfallgefahr ausgesetzt ist, bei denen sie schädlichen Einwirkungen von gesundheitsgefährdenden Stoffen ausgesetzt ist usw.
- mit Mehrarbeit, in der Nacht und an Sonn- u. Feiertagen.

Werdenden Müttern kann während der Schwangerschaft und vier Monate nach der Entbindung nicht gekündigt werden (§ 9 MuSchG).

Werdende Mütter müssen für Untersuchungen freigestellt werden und werden finanziell geschützt (siehe Aufgabe 13).

J

13. Für die Zeit der Mutterschutzfrist (6 Wochen vor und 8 Wochen nach der Entbindung bzw. 12 Wochen nach der Entbindung bei Mehrlingsgeburten) muss der Arbeitgeber den Differenzbetrag zwischen dem Mutterschutzgeld (max. 13,00 € pro Kalendertag), das von den gesetzlichen Krankenkassen gezahlt wird, und dem um die gesetzlichen Abzüge verminderten durchschnittlichen kalendertäglichen Arbeitsentgelt zahlen. Bei Beschäftigungsverboten außerhalb der Schutzfrist muss der Arbeitgeber Mutterschaftslohn zahlen.

1.2 Mehrfachauswahl

B

1. c, d

c) Ein jugendlicher Auszubildender muss nach dem Jugendarbeitsschutzgesetz spätestens nach 4 ½ Stunden die erste Ruhepause machen.

d) Ein Auszubildender über 18 Jahren muss nach dem Arbeitszeitgesetz spätestens nach sechs Stunden die erste Ruhepause machen.

2. a

Nachtruhe ist zwischen 20 Uhr und 6 Uhr, sodass Jugendliche nur zwischen 6 Uhr und 20 Uhr beschäftigt werden dürfen.

B

3. f

Wenn ein Jugendlicher zu Kalenderjahresbeginn noch nicht 17 Jahre alt ist, hat er Anspruch auf 27 Werktage.

B

! Die gesetzlichen Mindestvorschriften beziehen sich immer auf Werktage!

4. b

Der Arbeitgeber darf den Jugendlichen einmal in der Woche nach einem Berufsschultag mit mehr als 5 Unterrichtsstunden zu je 45 Minuten nicht mehr beschäftigen. Am zweiten Tag darf er ihn beschäftigen.

B

5. c, e

d) Gilt nach dem Arbeitszeitgesetz nur für Auszubildende über 18 Jahre, jugendliche Auszubildende müssen nach 4 ½ Stunden die erste Ruhepause machen.

B

! Aussage e) gilt nur für jugendliche Auszubildende!

6. d, f

a) steht im Betriebsverfassungsgesetz, b) steht evtl. in einem Tarifvertrag, c) steht im Mutterschutzgesetz, e) steht im Berufsbildungsgesetz.

B

7. d

Es gilt die Grundkündigungsfrist von vier Wochen (= 28 Tage) zum Fünfzehnten oder Monatsende. Zum 30. Juni ist die Kündigung nicht möglich, da noch keine 28 Tage vergangen sind.

E

8. b

Mitarbeiterin ist seit 3 Jahren im Unternehmen beschäftigt. Es gilt die verlängerte Kündigungsfrist von einem Monat zum Monatsende bei der Kündigung durch den Arbeitgeber.

E

! Bei verlängerten Kündigungsfristen ist die Kündigung nur zum Monatsende möglich!

9. c

Die verlängerten Kündigungsfristen gelten nur für den Arbeitgeber. Der Arbeitnehmer kann nach den gesetzlichen Kündigungsfristen mit einer Frist von vier Wochen zum Fünfzehnten oder zum Monatsende kündigen. Bis Ende Dezember sind noch keine vier Wochen verstrichen.

E

E

10. c

Die Probezeit darf längstens sechs Monaten dauern.

I

11. d, f

zu f) Bei dieser Klage ist die Aussicht auf Erfolg allerdings sehr gering.

zu b) Der Arbeitnehmer muss keinen Einspruch beim Betriebsrat einlegen. Allerdings erhöht die Stellungnahme des Betriebsrates die Aussicht auf Erfolg, wenn der Betriebsrat die Kündigung ebenfalls für sozial ungerechtfertigt hält.

H

12. c, f

zu a), b) Für diese Mitarbeiter gilt der besondere Kündigungsschutz.

zu d), e) Bei der Sozialauswahl sind Unterhaltsverpflichtungen, Alter und Dauer der Betriebszugehörigkeit zu berücksichtigen.

G, I

13. e

zu a) Der Arbeitnehmer kann Klage einreichen.

zu b) Die Kündigungsfristen können auch zu Ungunsten verkürzt werden.

zu c) Nach dem Kündigungsschutzgesetz ist die ordentliche Kündigung ausgeschlossen.

zu d) Die Abfindung kann höher sein, wenn die Arbeitnehmer älter als 50 Jahre sind.

G

14. a, d

Die Kündigung ist auch dann wirksam, wenn der Betriebsrat sie für sozial ungerechtfertigt hält. Die Kündigung ist unwirksam, wenn der Betriebsrat nicht angehört wurde.

J

15. a, c

zu b) Frau Spörlein könnte kündigen.

zu d) Der Arbeitgeber zahlt hier Mutterschaftslohn.

zu f) Mutterschaftsgeld zahlt die Krankenkasse. Der Arbeitgeber zahlt den Differenzbetrag zum durchschnittlichen Nettoentgelt.

J

16. d, e

17. c

18. e

Es wurde bereits der gesetzliche Mindesturlaub gewährt. Durch die Bescheinigung werden Doppelansprüche ausgeschlossen.

19. e

Es besteht Anspruch auf 1/12 des Jahresurlaubs für die Zeit der Beschäftigung (5 Monate), d. h. Anspruch auf 12,5 Tage (30 · 5 / 12). Da Bruchteile, die mindestens einen halben Tag ergeben, aufzurunden sind, hat er Anspruch auf 13 Tage.

1.3 Beurteilen Sie die Rechtslage

1. a) Die Arbeitszeit ist zu lang, da die tägliche Arbeitszeit 8 Stunden nicht überschreiten darf. Die Arbeitszeit darf auf 8,5 Stunden verlängert werden, wenn sie dafür an einzelnen Werktagen derselben Woche auf weniger als 8 Stunden verkürzt wird.

B

b) Die Aufforderung ist nach dem Jugendarbeitsschutzgesetz korrekt. Da Max noch nicht 18 Jahre alt ist, muss der Ausbildende ihn spätestens neun Monate nach Beginn der Ausbildung auf die Nachuntersuchung hinweisen. Ein Jahr nach Ausbildungsbeginn muss der Auszubildende dem Ausbildenden eine Bescheinigung über die Nachuntersuchung vorlegen. Wenn er die Untersuchungsbescheinigung nicht 14 Monate nach Beginn der Ausbildung vorlegt, darf der Ausbildende den Auszubildenden bis zur Vorlage der Bescheinigung nicht weiterbeschäftigen.

c) Nach Beendigung der täglichen Arbeitszeit muss dem Jugendlichen bis zum nächsten Arbeitsbeginn eine ununterbrochene Freizeit von mindestens 12 Stunden gewährt werden. Daher darf Tina frühestens um 8 Uhr mit der Arbeit am nächsten Tag beginnen.

d) Da Bianca bereits älter als 18 Jahre ist, gilt für sie das Jugendarbeitsschutzgesetz nicht mehr. Daher muss sie arbeiten. Tina darf an einem Nachmittag nicht beschäftigt werden. Am zweiten muss sie arbeiten.

e) Alle Auszubildende (diese Vorschrift gilt auch für Auszubildende, die älter als 18 Jahre sind) müssen vor einem vor 9 Uhr beginnenden Unterricht freigestellt werden.

f) Für Bianca gelten die Vorschriften des Bundesurlaubsgesetzes. Danach stehen ihr 24 Werktage Mindesturlaub zu. Aber da Tina und Max zu Kalenderjahresbeginn noch nicht 18 Jahre alt sind, haben sie nach dem Jugendarbeitsschutzgesetz Anspruch auf mindestens 25 Werktage Urlaub.

g) Nach dem Arbeitszeitgesetz muss Bianca spätestens nach 6 Stunden Pause machen. Da sie insgesamt 8 Stunden arbeitet, muss sie mindestens 30 Minuten Pause machen. Daher ist die Regelung für sie korrekt.

Tina und Max müssen spätestens nach 4 ½ Stunden Pause machen und insgesamt mindestens 60 Minuten, da sie mehr als 6 Stunden arbeiten. Daher ist die Regelung für die beiden nicht korrekt.

h) Der Arbeitgeber muss den jugendlichen Auszubildenden nur an dem Arbeitstag, der der schriftlichen Abschlussprüfung unmittelbar vorausgeht, freistellen. Daher kann er ihr den Urlaubstag berechnen.

i) Jugendliche dürfen nur in der Zeit von 6 Uhr bis 20 Uhr beschäftigt werden.

j) Jugendliche dürfen nicht mit Akkordarbeit beschäftigt werden. Da Bianca keine Jugendliche mehr ist, könnte sie mit Akkordarbeit beschäftigt werden.

k) Auszubildende sind für die Berufsschule freizustellen. Ihnen darf dadurch kein Entgeltausfall entstehen.

l) Nach dem Bundesurlaubsgesetz werden durch ärztliches Zeugnis nachgewiesene Krankheitstage auf den Jahresurlaub angerechnet. Daher ist es korrekt, dass ihr zwei Tage gutgeschrieben werden.

m) Urlaubswünsche des Arbeitnehmers sind nach dem Bundesurlaubsgesetz zu berücksichtigen, wenn nicht dringende betriebliche Belange oder Urlaubswünsche anderer Arbeitnehmer, die unter sozialen Gesichtspunkten den Vorrang verdienen, entgegenstehen. Da Herr Goppert als Single, der seinen Urlaub in Norwegen erst geplant hat, unter sozialen Gesichtspunkten keinen Vorrang hat und die Hochzeit eine einmalige Angelegenheit ist, muss nach dem Bundesurlaubsgesetz der Urlaubsantrag genehmigt werden.

E, H

2. a) 31. Mai des nächsten Jahres
verlängerte Kündigungsfrist: 6 Monate zum Monatsende

b) 31.12. dieses Jahres
verlängerte Kündigungsfrist: 1 Monat zum Monatsende

c) 23.11. dieses Jahres
zwei Wochen Kündigungsfrist: 9.11. + 14 Tage = 23.11.

d) keine ordentliche Kündigung möglich, besonderer Kündigungsschutz
Das Ausbildungsverhältnis endet frühestens mit Bestehen der Abschlussprüfung.

e) 31.08. nächsten Jahres
Während der Schwangerschaft und vier Monate nach der Entbindung darf nicht gekündigt werden.
Verlängerte Kündigungsfrist: 1 Monat zum Kalendermonatsende (Würde sie die Elternzeit beantragen, dann werden ihr weitere 3 Jahre Beschäftigungsdauer angerechnet.)

f) 31.07. des übernächsten Jahres
Voraussetzung: Sie wird nicht mehr in den Betriebsrat gewählt.
Besonderer Kündigungsschutz während der Amtszeit und ein Jahr nach Beendigung der Betriebsratstätigkeit → verlängerte Kündigungsfrist zu diesem Zeitpunkt: zwei Monate zum Monatsende

2. Fallsituation

E, H

1. a) • Frau Dech, Verkäuferin: Bei einer stehenden Tätigkeit muss eine Sitzgelegenheit zum Ausruhen bereit gestellt werden.

• Frau Schütz, Sachbearbeiterin: Bei sitzender Tätigkeit muss Gelegenheit zu kurzer Arbeitsunterbrechung gegeben werden.

b) • 6 Wochen vor der Entbindung (auf ausdrücklichen Wunsch der werdenden Mütter können diese bis zur Entbindung weiterbeschäftigt werden).

- 8 Wochen nach der Entbindung (während dieser Zeit besteht ein absolutes Beschäftigungsverbot).

c) Die werdende Mutter soll dem Arbeitgeber ihre Schwangerschaft und den mutmaßlichen Tag der Entbindung mitteilen, sobald ihr dies bekannt ist. Auf Verlangen des Arbeitgebers soll sie das Zeugnis eines Arztes oder einer Hebamme vorlegen (§ 5 MuSchG).

d) 6 Wochen vor dem 01.10. → am 20.08. beginnt die Schutzfrist. Der letzte Arbeitstag ist der 19.08.

e) 12 Wochen nach der Geburt

→ 12 Wochen nach dem 04.10. → am 27.12. endet die Schutzfrist.

f) Vom Bekanntwerden der Schwangerschaft und vier Monate nach der Entbindung.
Die Schwangerschaft kann dem Arbeitgeber noch innerhalb von zwei Wochen nach Zugang der Kündigung mitgeteilt werden.

g) Nein. Der Arbeitgeber muss die Frauen für die Zeit freistellen, die zur Durchführung der Untersuchungen im Rahmen der Leistungen der gesetzlichen Krankenversicherung (egal, ob die Frau gesetzlich oder privat versichert ist) bei Schwangerschaft und Mutterschaft erforderlich ist. Ein Entgeltausfall darf den Frauen hierfür nicht entstehen (§ 16 MuSchG).

2. a) 1. Sozial ungerechtfertigt ist die Kündigung nach § 1 Abs. 2 Kündigungsschutzgesetz, wenn sie nicht durch Gründe, die in der Person oder in dem Verhalten des Arbeitnehmers liegen, oder durch dringende betriebliche Erfordernisse, die einer Weiterbeschäftigung des Arbeitnehmers in diesem Betrieb entgegenstehen, bedingt ist.

C, D, E

2. Eine Weiterbeschäftigung von Frau Spörlein darf nach zumutbaren Umschulungs- oder Fortbildungsmaßnahmen oder unter geänderten Arbeitsbedingungen nicht möglich sein (§ 1 KSchG).

3. Eine Auswahl nach sozialen Gesichtspunkten muss durch den Arbeitgeber vorgenommen werden.

b) Da Frau Spörlein erst seit einem Jahr bei der HSB Solar AG beschäftigt ist, ist laut § 622 BGB eine Kündigungsfrist von 4 Wochen zum 15. bzw. zum Ende eines Kalendermonats einzuhalten. Das bedeutet für Frau Spörlein, dass ihr Arbeitsverhältnis am 15. April endet (8. März + 28 Tage).

c) Frau Spörlein kann innerhalb einer Woche Einspruch beim Betriebsrat einlegen und innerhalb von 3 Wochen Kündigungsschutzklage beim zuständigen Arbeitsgericht erheben.

d) Laut § 9 MuSchG ist eine Kündigung von Schwangeren nicht möglich. Frau Spörlein hat die Möglichkeit, innerhalb von zwei Wochen nach Zugang der Kündigung den Arbeitgeber über die Schwangerschaft zu informieren. Daher kann eine Kündigung von Frau Spörlein nicht durchgesetzt werden.

e) Gemäß § 622 Abs. 1 BGB beträgt die Kündigungsfrist vier Wochen zum Fünfzehnten oder zum Ende des Kalendermonats, d. h. die Kündigung muss spätestens am 02.06. erfolgen

f) Bei einer ordentlichen Kündigung durch den Arbeitnehmer muss kein Kündigungsgrund genannt werden.

Bei einer außerordentlichen Kündigung müsste er dem Arbeitgeber auf Verlangen den Kündigungsgrund unverzüglich schriftlich mitteilen.

IV. Sozialversicherungen und Sozialgerichtsbarkeit

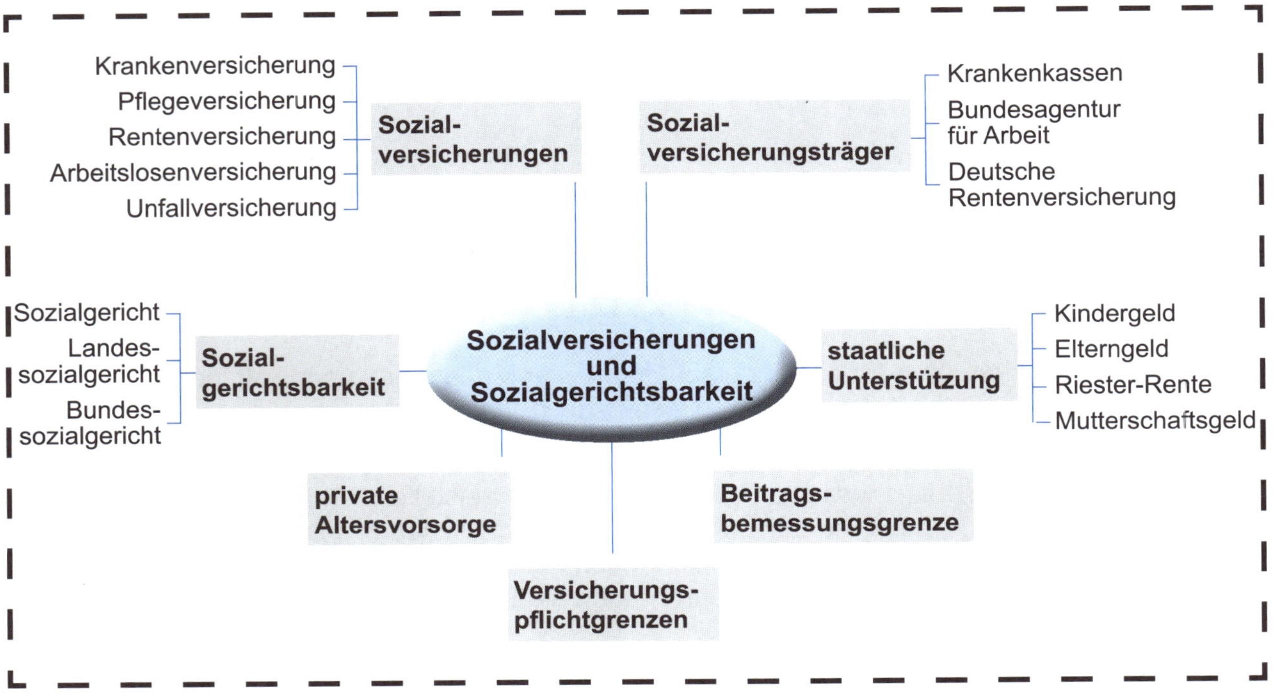

Was muss ich für die Prüfung wissen?

1. Die Sozialversicherung im Rahmen der IHK-Prüfung

Grundsätzlich können in allen drei Prüfungsbereichen (Geschäftsprozesse, Kaufmännische Steuerung und Kontrolle und Wirtschafts- und Sozialkunde) Fragen zum Thema Sozialversicherungen „auftauchen“.

Im Bereich Kaufmännische Steuerung und Kontrolle sind die Sozialversicherungszweige insbesondere im Zusammenhang mit den Personalbuchungen von Bedeutung.

Im Prüfungsteil Wirtschafts- und Sozialkunde müssen Sie vor allem mit Multiplechoice-Fragen zu den Trägern der Sozialversicherungszweige rechnen und welche Leistungen die jeweilige Sozialversicherung erbringt. Zudem sollten Sie „fit“ sein im Bereich der Sozialgerichtsbarkeit.

2. Das kleine ABC der sozialen Sicherung

Äquivalenzprinzip
Das Äquivalenzprinzip der Rentenversicherung stellt sicher, dass sich die Rentenhöhe an der Summe der zu entrichteten Versicherungsbeiträge orientiert. Der Grundsatz lautet: „Wer mehr Beiträge bezahlt hat, erhält auch eine höhere Rente!“

Arbeitslosengeld I
Arbeitslosengeld (ALG) ist eine Leistung der deutschen Arbeitslosenversicherung, die bei Eintritt der Arbeitslosigkeit abhängig von weiteren Voraussetzungen gezahlt wird. Zu unterscheiden ist

das Arbeitslosengeld von dem Arbeitslosengeld II. Umgangssprachlich wird das Arbeitslosengeld deshalb zur Abgrenzung vom Arbeitslosengeld II auch als Arbeitslosengeld I bezeichnet.

Wie lange ein Arbeitsloser Arbeitslosengeld I erhalten kann, hängt von seinem Lebensalter und der Dauer der Versicherungspflichtverhältnisse innerhalb der letzten Jahre ab. Wer keine 50 Jahre alt ist oder weniger als 30 Monate sozialversicherungspflichtig beschäftigt war, erhält maximal ein Jahr lang Arbeitslosengeld I:

nach Versicherungspflicht-Verhältnis von mindestens … Monaten	maximale Bezugsdauer in Monaten
12	6
16	8
20	10
24	12

Wer mehr als 24 Monate in einem Versicherungspflichtverhältnis gestanden hat und älter als 50 Jahre ist, erhält unter gewissen Voraussetzungen länger Arbeitslosengeld I.

Die Höhe des Arbeitslosengeldes I richtet sich nach dem Bemessungsentgelt. Das Bemessungsentgelt ist das durchschnittlich auf den Tag entfallende beitragspflichtige Arbeitsentgelt, das der Arbeitslose im Bemessungszeitraum erzielt hat.

Das Nettoentgelt/Leistungsentgelt errechnet sich aus dem Bruttoentgelt abzüglich

- Beiträge zur Sozialversicherung (pauschal 21 %),
- Lohnsteuer,
- Solidaritätszuschlag.

Arbeitslosengeld I = Nettoleistungsentgelt · Leistungssatz

Der Leistungssatz beträgt für Arbeitslose mit Kindern 67 %, für alle anderen 60 % des Leistungsentgelts. Das monatlich auszuzahlende Arbeitslosengeld I beträgt das 30-fache des täglichen Arbeitslosengeldes.

Arbeitslosengeld II

Das Arbeitslosengeld II (ALG II) wird umgangssprachlich auch „Hartz IV“ genannt und ist in Deutschland die Grundsicherungsleistung für erwerbsfähige Hilfsbedürftige. Es wurde zum 1. Januar 2005 durch das Vierte Gesetz für moderne Dienstleistungen am Arbeitsmarkt eingeführt. Es fasst die frühere Arbeitslosenhilfe mit der Sozialhilfe (für Erwerbsfähige) auf Leistungsniveau des soziokulturellen Existenzminimums zusammen. Für den Bezug ist trotz der Bezeichnung die Arbeitslosigkeit keine Voraussetzung; es kann auch ergänzend zu einem anderem Einkommen und dem Arbeitslosengeld I bezogen werden. Kinder, die in Bedarfsgemeinschaft mit ALG II-Beziehern leben, bekommen Sozialgeld, welches sich vielfach nach denselben Regeln richtet.

Beitragsbemessungsgrenzen

Der Gesetzgeber legt zur Berechnung der Beiträge zur Sozialversicherung jährlich neue Grenzen für Löhne und Gehälter fest. Oberhalb dieser Grenzen werden Löhne und Gehälter nicht mehr mit Beiträgen belastet. Die Anpassung erfolgt entsprechend der allgemeinen Entwicklung der Löhne und Gehälter. Diese Grenzen werden als Beitragsbemessungsgrenzen bezeichnet. Gleiche Grenzen gelten jeweils für die Rentenversicherung und die Arbeitslosenversicherung sowie für die Krankenversicherung und die Pflegeversicherung. Bei der Rentenversicherung und der Arbeitslosenversicherung werden außerdem unterschiedliche Grenzen für alte und neue Bundesländer festgelegt.

Bundesagentur für Arbeit

Die Bundesagentur für Arbeit (BA) mit Hauptsitz in Nürnberg ist die Trägerin der Arbeitslosenversicherung. Sie bietet im Auftrag des Bundes Dienstleistungen rund um den Arbeits- und Ausbildungsmarkt an. Zu ihren Aufgaben zählen die Vermittlung von Arbeits- und Ausbildungsstellen, die Förderung der beruflichen Aus- und Weiterbildung, die Berufsberatung, die Arbeitgeberberatung sowie die Auszahlung von Arbeitslosen- und Kindergeld.

Deutsche Rentenversicherung

Die Deutsche Rentenversicherung ist der Träger der Rentenversicherung. Mit der Versicherung soll der Lebensunterhalt nach Eintritt in den Ruhestand zum größten Teil abgedeckt werden. Für Arbeitnehmer gibt es eine gesetzliche Pflicht zur Versicherung in der gesetzlichen Rentenversicherung.

Elterngeld bzw. Elterzeit

Mütter oder Väter, die ihr Kind nach der Geburt selbst betreuen, bekommen Elterngeld. Es beträgt 67 % des wegfallenden Einkommens, höchstens jedoch 1.800,00 € und mindestens 300,00 € monatlich. Es wird maximal 14 Monate gezahlt, die sich die Eltern untereinander aufteilen können.

Generationenvertrag

Durch diese Sonderform des Solidaritätsprinzips finanzieren Arbeitgeber und Arbeitnehmer die monatlichen Einkommen der Rentnergeneration.

Kapitaldeckungsverfahren

Bei diesem Verfahren wird ein Vermögen bei Banken, Fondsgesellschaften oder privaten Versicherungen angespart. Aus dem verzinsten Vermögen erhalten die Einzahler später Auszahlungen, beispielsweise eine private Rentenzahlung.

Kindergeld

Das Kindergeld wird unabhängig vom Einkommen der Eltern gezahlt. Es ist nach der Zahl der Kinder gestaffelt und beträgt für die ersten beiden Kinder monatlich jeweils 164,00 €, für das dritte Kind 170,00 € und ab dem vierten Kind 195,00 €. Es erhalten grundsätzlich alle Kinder bis zum 18., arbeitslose Kinder bis zum 21. Lebensjahr. Für Kinder in der Berufsausbildung, im Studium oder einem freiwilligen sozialen oder ökologischen Jahr, verlängert sich der Bezug bis zum 25. Lebensjahr.

Krankenkassen

Die gesetzlichen Krankenkassen sind Träger der gesetzlichen Kranken- und der gesetzlichen Pflegeversicherung. Sie ist eine verpflichtende Versicherung für einen Großteil aller Arbeitnehmer, deren Einkommen in den letzten 3 Jahren nicht dauerhaft über der Versicherungspflichtgrenze lag. Im Jahr 2010 gab es in Deutschland 169 gesetzliche Krankenkassen.

Lohnfortzahlung

Wird ein Arbeitnehmer krank, muss ihm der Arbeitgeber nach dem Entgeltfortzahlungsgesetz bis zu sechs Wochen lang den vollen Lohn weiterzahlen. Man spricht in diesem Zusammenhang auch von Lohnfortzahlung im Krankheitsfall.

Minijobs

Minijobs sind geringfügige Beschäftigungen, bei denen die monatliche Verdienstgrenze bis zu 400 € beträgt. Die geringfügigen Beschäftigungsverhältnisse sind für Arbeitnehmer steuer- und abgabenfrei. Der Arbeitgeber ist verpflichtet, das Beschäftigungsverhältnis ordnungsgemäß bei der Minijob-Zentrale der Knappschaft-Bahn-See anzumelden. Dort zahlt er auch einen Pauschalbetrag für die Renten- und Krankenversicherung ein.

Mutterschaftsgeld

Schwangere Frauen erhalten während der gesetzlichen Mutterschutzfristen von der gesetzlichen Krankenkasse, sofern sie dort Mitglied sind und Anspruch auf die Zahlung von Krankengeld haben, das Mutterschaftsgeld. Es wird sechs Wochen vor und acht Wochen nach der Entbindung gezahlt und beträgt 13,00 € pro Tag.

Organisationsformen der sozialen Sicherung

Hierzu zählen die Vorsorge (z. B. Gesundheitsvorsorge oder Altersrente), die Versorgung (z. B. Kindergeld oder Wohngeld) und die Fürsorge (z. B. soziale Grundsicherung oder Jugendhilfe). Die Finanzierung dieser Leistungen erfolgt durch Versicherungsbeiträge oder durch Steuern.

„Riester-Rente“ (Zusätzliche Altersvorsorge)

Sie ist eine freiwillige, vom Staat bezuschusste private Altersvorsorge. Sie wird in Anlehnung an den früheren Bundesarbeitsminister Walter Riester auch als „Riester-Rente“ bezeichnet. Sie wurde eingeführt, um vor allem Menschen mit niedrigen und mittleren Einkommen den Aufbau einer zusätzlichen betrieblichen oder privaten kapitalgedeckten Altersvorsorge zu ermöglichen und die gesetzliche Rente somit zu ergänzen.

Die staatliche Altersvorsorgezulage setzt sich aus der Grundzulage und der Kinderzulage zusammen:

Jahr	jährliche Grundzulage pro Person	jährliche Kinderzulage pro Kind
2002/ 2003	38 Euro	46 Euro
2004/ 2005	76 Euro	92 Euro
2006/ 2007	114 Euro	138 Euro
ab 2008	154 Euro	185 Euro (300 Euro)

Bei einem Ehepaar muss jeder Ehegatte einen eigenen Vertrag abschließen, um die Grundzulage zu erhalten. Die Zulagen werden dem Altersvorsorgevertrag gutgeschrieben; sie fließen, anders als eine Steuerersparnis durch den Sonderausgabenabzug, dem Sparer also nicht „direkt“ zu.

Anspruch auf die Kinderzulage besteht für jedes Kind, für das im Kalenderjahr mindestens einen Monat lang Kindergeld bezogen wurde. Ab dem 01.01.2008 geborene Kinder erhalten eine Zulage in Höhe von 300,00 €.

Nur wer den Mindesteigenbeitrag in den Riestervertrag leistet, erhält die volle Zulage. Der Mindesteigenbeitrag ist ein Prozentsatz des sozialversicherungspflichtigen Vorjahreseinkommens, vermindert um die Zulage des laufenden Jahres. Er ist jedoch mindestens so hoch wie der Sockelbetrag:

Jahr	erforderlicher Mindestbeitrag	höchstens jedoch pro Jahr
2002/2003	1 %	525 Euro
ab 2004	2 %	1.050 Euro
ab 2006	3 %	1.575 Euro
ab 2008	4 %	2.100 Euro

Sockelbetrag pro Arbeitnehmer	ohne Kind	ein Kind	zwei Kinder
2002 bis 2004	45 Euro pro Jahr	38 Euro pro Jahr	30 Euro pro Jahr
seit 2005	60 Euro pro Jahr		

Wer weniger als den Mindesteigenbeitrag einzahlt, dem werden die Zulagen anteilig gekürzt.

Sozialgerichte

Sie befassen sich mit spezifischen Streitfällen rund um das „Sozialrecht". Man unterscheidet Sozialgerichte, Landessozialgerichte und das Bundessozialgericht.

Solidaritätsprinzip

Das Prinzip besagt, dass mit den Beiträgen aller Versicherten die notwendigen Leistungen jedes Einzelnen finanziert werden. Der Grundsatz lautet: „Einer für alle, alle für einen!"

Sozialpartner

Die organisatorischen Vertreter der Arbeitnehmer (Gewerkschaften) und Arbeitgeber (Arbeitgeberverbände) werden als Sozialpartner bezeichnet. Sie handeln beispielsweise die tariflichen Löhne bzw. Gehälter und Arbeitsbedingungen aus.

Sozialhilfe

Sozialhilfe bekommt, wer zu alt oder zu krank zum Arbeiten ist, kein Vermögen besitzt und keine unterhaltspflichtigen Angehörigen hat. Sie besteht aus Geld- und Sachleistungen sowie persönlicher Hilfe. Sozialhilfe soll dem Empfänger ein menschenwürdiges Leben ermöglichen. Sie wird nur dann gezahlt, wenn kein Anspruch auf andere Sozialleistungen (z. B. Arbeitslosengeld II) besteht. Sozialhilfe leisten die Kommunen, wobei die Regelsätze in den Bundesländern unterschiedlich sind.

Sozialstaat

Nach Artikel 20 im Grundgesetz ist die Bundesrepublik Deutschland ein demokratischer und sozialer Bundesstaat. Damit wird gesetzlich bestimmt, dass jeder Bürger Anspruch auf einen angemessenen Lebensstandard und ein menschenwürdiges Leben hat. Soziale Unterschiede werden bis zu einem gewissen Grad ausgeglichen, damit die Bürger an gesellschaftlichen und politischen Entwicklungen teilnehmen können.

Sozialversicherungsbeiträge

Alle Beschäftigten sind in der Sozialversicherung pflichtversichert. Die Beitragssätze sind nicht dauerhaft festgelegt, sondern können aus marktpolitischen Erwägungen auch während eines Jahres durch die Bundesregierung geändert werden.

Der Arbeitgeber übernimmt grundsätzlich (Ausnahmen: Gesetzliche Krankenversicherung und ggf. Pflegeversicherung) die Hälfte der Abgaben zur Renten- und Arbeitslosenversicherung sowie die Hälfte des paritätischen Beitragssatzes zur Kranken- und Pflegeversicherung. Den Beitrag zur gesetzlichen Unfallversicherung übernimmt er vollständig.

Die Arbeitnehmer bezahlen die Hälfte der Abgaben zur Renten- und Arbeitslosenversicherung sowie die Hälfte der paritätischen Sätze zur Pflegeversicherung[1)] und zur Krankenversicherung. Wenn Arbeitnehmer älter als 23 Jahre sind und nach dem 31.12.1939 geboren sind und keine

[1)] Die Regelung im Bundesland Sachsen weicht geringfügig von den Bestimmungen der anderen Bundesländer ab. Diese Sonderregelung bleibt in unseren Beispielen aus Gründen der Übersichtlichkeit unberücksichtigt.

Kinder haben, müssen sie zusätzlich 0,25 % zur Pflegeversicherung bezahlen. Generell bezahlen Arbeitnehmer einen Zuschlag zur Krankenversicherung von 0,9 %. Dieser Zuschlag stellt einen Beitrag zur Finanzierung von Zahnersatz und Krankengeld dar.

Der Arbeitgeber vermindert das Bruttoentgelt um die Beiträge der Arbeitnehmer. Er muss jedoch seinen Anteil und die voraussichtlichen Sozialabgaben der Arbeitnehmer bereits vorher an die jeweilige Krankenkasse überweisen und zwar spätestens bis zum drittletzten Bankarbeitstag des laufenden Monats. Die Überweisung erfolgt per Lastschriftverfahren, die Daten muss er vorab elektronisch an die Krankenkasse übermitteln.

Sozialversicherung	Beitragssätze	Beitragsbemessungsgrenze
Krankenversicherung	14,9 %[1)] Arbeitgeber: 7,0 % Arbeitnehmer: 7,9 %	3.750,00 €
Pflegeversicherung	1,95 % Arbeitgeber: 0,975 % Arbeitnehmer: 0,975 % und ggf. 0,25 % Kinderlosenzuschlag	3.750,00 €
Rentenversicherung	19,9 % Arbeitgeber und Arbeitnehmer je zur Hälfte	5.500,00 € (West)/ 4.650,00 € (Ost)
Arbeitslosenversicherung	2,8 % Arbeitgeber und Arbeitnehmer je zur Hälfte	5.500,00 € (West)/ 4.650,00 € (Ost)
Unfallversicherung	Arbeitgeber allein Die Höhe der Beiträge richtet sich nach der Entgeltsumme und der jeweiligen Gefahrenklasse des Arbeitsplatzes.	keine

Subsidiarität

Subsidiarität bedeuted, dass die nächsthöhere Instanz erst dann aktiv wird, wenn die untere Ebene mit der Erfüllung der Aufgabe überfordert ist. Eine pflegebedürftige Person wird beispielsweise zunächst von Familienangehörigen versorgt. Sollten diese damit irgendwann überfordert sein, übernimmt ein professioneller häuslicher Pflegedienst bzw. ein Pflegeheim diese Aufgabe.

Umlageverfahren

Die gesetzliche Rente beruht auf dem so genannten Umlageverfahren. Das heißt, die Arbeitnehmer und Arbeitgeber finanzieren durch ihre Beiträge, die sie heute in die Rentenkasse einzahlen, die Renten der derzeitigen Ruheständler.

Versicherungspflichtgrenze

Die Versicherungspflichtgrenze ist der regelmäßige Entgeltbetrag, bis zu dem Beschäftigte in der gesetzlichen Krankenkasse pflichtversichert sind. Auch diese Grenze wird jährlich neu festgesetzt. Übersteigt ihr jährliches Bruttoentgelt diese Grenze, können sie freiwillig in der gesetzlichen Krankenkasse bleiben oder in eine private Krankenversicherung wechseln. Zum Bruttoentgelt zählen auch Urlaubsgeld, Weihnachtsgeld sowie regelmäßige Leistungs- oder Bonuszahlungen.

Mit Beginn der Gesundheitsreform wurden diese Möglichkeiten verschärft. Es gilt seit dem 01.01.2009 eine allgemeine Versicherungspflicht für sozialversicherungspflichtige Arbeitnehmer/innen, um einen Gesundheitsschutz zu garantieren. Sie müssen mit ihrem Entgelt in drei aufein-

---

1) Soll zum 01.01.2011 auf 15,5 % angehoben werden.

anderfolgenden Kalenderjahren diese Grenze überschritten haben und auch im vierten Jahr voraussichtlich überschreiten. Alle Arbeitnehmer/innen, die nach den aktuellen Grenzen der gesetzlichen Krankenkasse zuzuordnen sind, müssen rückwirkend zum 01.07.2007 in der gesetzlichen Krankenkasse versichert werden. Etwaige Risikozuschläge für vorhandene Krankheiten entfallen.

Es gibt daher drei Möglichkeiten der Krankenversicherung:

pflichtversichert in der gesetzlichen KV	**freiwillig versichert in der gesetzlichen KV**	**privat versichert in einer privaten KV**
monatliches Entgelt bis 4.162,50 €	monatliches Entgelt über 4.162,50 €	monatliches Entgelt über 4.162.50 €
Entgelt pro Jahr bis 49.950,00 €	Entgelt pro Jahr über 49.950,00 €	Entgelt pro Jahr über 49.950,00 €
Der Arbeitnehmer zahlt 7,9 % des Bruttoentgelts.	Der Arbeitnehmer zahlt 7,9 % des Bruttoentgelts.	Der Arbeitnehmer zahlt seinen privaten Beitrag selbst.
Der Arbeitgeber zahlt 7,0 % des Bruttoentgelts.	Der Arbeitgeber zahlt 7,0 % des Bruttoentgelts.	Der Arbeitgeber muss einen Zuschuss zahlen.
Beitragsbemessungsgrenze bildet die Obergrenze für die Beiträge.	Beitragsbemessungsgrenze bildet die Obergrenze für die Beiträge.	Beitragsbemessungsgrenze hat keine Bedeutung.

Wechselt ein Arbeitnehmer/eine Arbeitnehmerin in eine private Krankenversicherung, muss der Arbeitgeber einen Zuschuss zu den Beiträgen bezahlen. Er beträgt die Hälfte des paritätischen Satzes zur Krankenversicherung von der aktuellen Beitragsbemessungsgrenze.

Versicherungsträger
Hierzu zählen die Krankenkassen (Kranken- und Pflegeversicherung), die deutsche Rentenversicherung (Rentenversicherung), die Bundesagentur für Arbeit (Arbeitslosenversicherung) sowie die Berufsgenossenschaften (Gesetzliche Unfallversicherung).

3. Sozialgerichtsbarkeit

Die Sozialgerichtsbarkeit befasst sich mit Streitfällen rund um das „Sozialrecht“, ist dreistufig aufgebaut und besteht aus den Sozialgerichten, den Landessozialgerichten und dem Bundessozialgericht. Die Rechtsprechung in der ersten Instanz wird durch die Sozialgerichte und in der zweiten Instanz von den Landessozialgerichten ausgeübt. Die dritte Instanz ist das Bundessozialgericht, welches seit dem 11.09.1954 seinen Sitz in Kassel hat.

Was erwartet mich in der Prüfung?

1. Das Lernlabyrinth

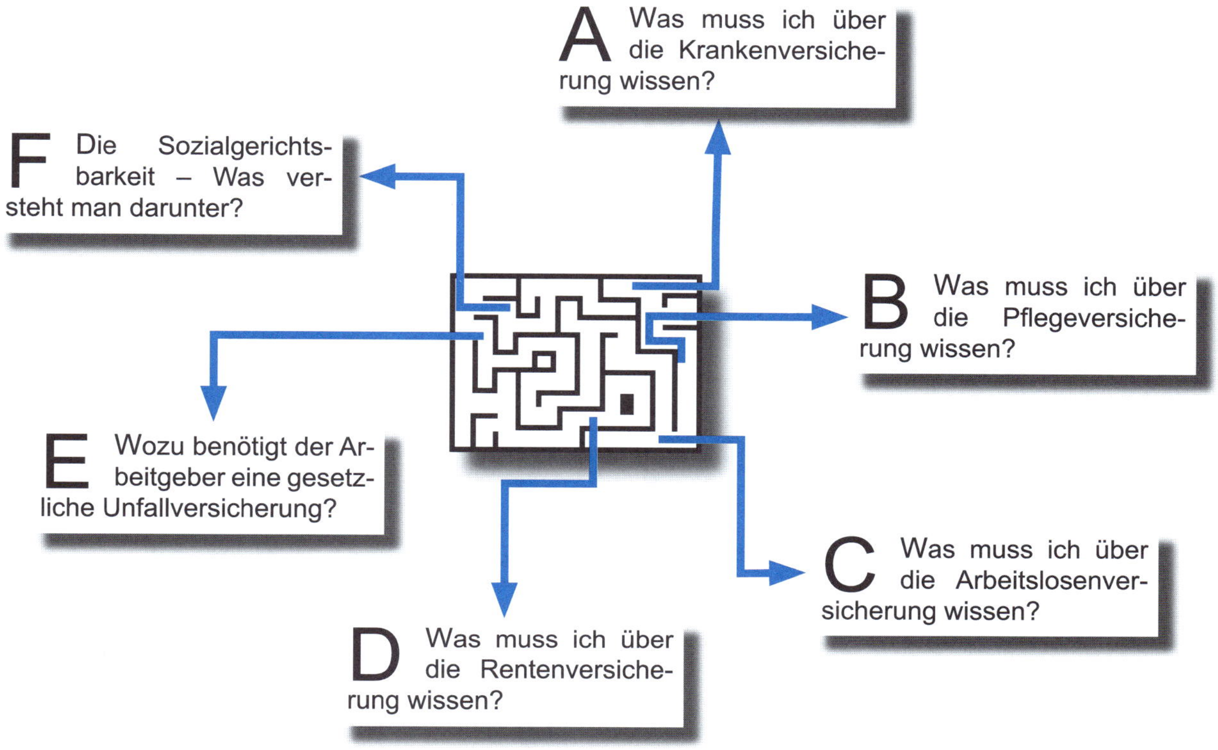

2. Wege aus dem Lernlabyrinth

A Was muss ich über die Krankenversicherung wissen?

In Deutschland gibt es zwei Arten von Krankenversicherungen, die

- gesetzliche Krankenversicherung und die
- private Krankenversicherung.

In Deutschland wurde die gesetzliche Krankenversicherung als erster Zweig der Sozialgesetzgebung 1883 vom damaligen Kaiser Wilhelm I. und Reichskanzler Bismarck eingeführt.

Bei der gesetzlichen Krankenversicherung ist der Beitragssatz staatlich vorgegeben. Aktuell beträgt der Beitragssatz 14,9 %[1)], wobei der Arbeitnehmer 0,9 % mehr zahlt als der Arbeitgeber. Die privaten Krankenkassen legen ihre Beiträge dagegen individuell fest.

[1)] Soll zum 01.01.2011 auf 15,5 % angehoben werden.

Mit verschiedenen Maßnahmen versucht der Gesetzgeber, den Anstieg der Gesundheitskosten und der Versicherungsbeiträge in die gesetzliche Krankenkasse umzukehren:

- Praxisgebühr von 10,00 € pro Quartal und pro Arzt für alle über 18-Jährige. Die Gebühr entfällt bei Überweisung durch den Hausarzt, bei Impfungen und Vorsorgeuntersuchungen.
- Zuzahlungen von 10 % des Medikamentenpreises, mindestens 5,00 €, höchstens 10,00 €.

In der privaten Krankenversicherung versichern sich vor allem Personen, die nicht in der gesetzlichen Krankenversicherung pflichtversichert sind.
87 % der Krankenversicherten sind Mitglied einer gesetzlichen Krankenkasse und 13 % sind privat krankenversichert (Stand 2010).

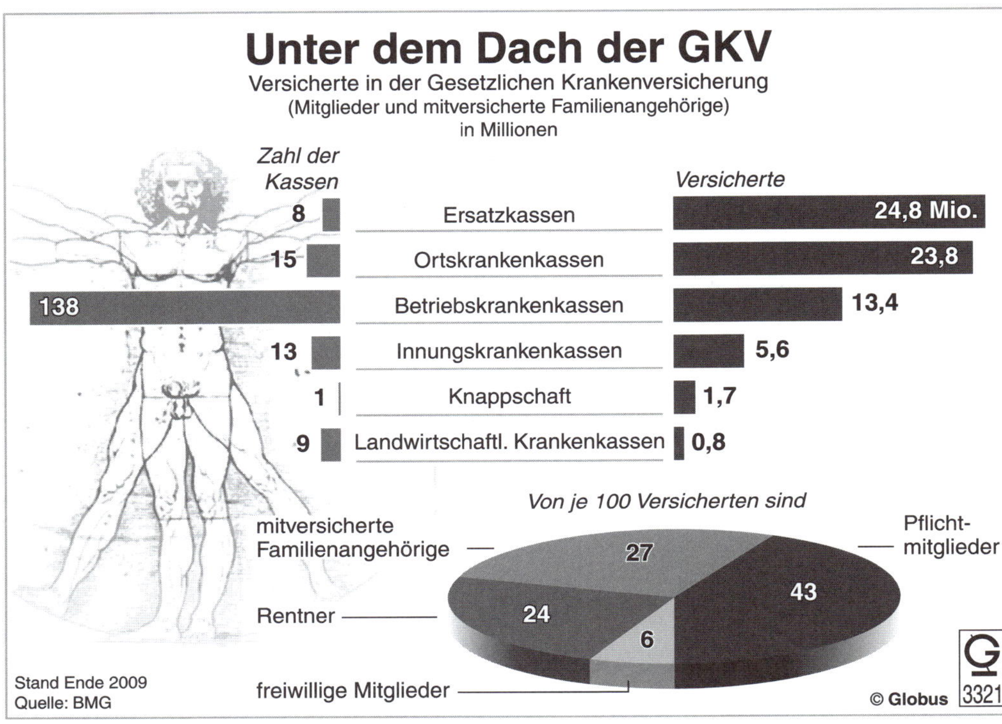

Versicherungszweig	Gesetzliche Krankenversicherung
Versicherungsträger	• Allgemeine Ortskrankenkassen (AOK) • Betriebskrankenkassen (BKK) • Innungskrankenkassen (IKK) • Techniker Krankenkasse, Deutsche Angestelltenkrankenkasse, Barmer Ersatzkasse
Versicherungspflicht	• abhängig Beschäftigte mit einem monatlichen Bruttoeinkommen unter 4.162,50 € bzw. Bruttojahreseinkommen unter 49.950,00 € • Bezieher von Erwerbsersatzeinkünften (z. B. Rente, Arbeitslosengeld II) • Studierende • Wehr- und Zivildienstleistende • bestimmte Familienangehörige von Pflichtversicherten

Beitragssatz	14,9 %[1] vom Bruttoentgelt Arbeitgeber: 7,0 % Arbeitnehmer: 7,0 % zuzüglich 0,9 % für Zahnersatz und Krankengeld Für den Arbeitnehmer sind Monatsverdienste bis zu 400,00 € krankenversicherungsfrei → Minijob Der Arbeitnehmer hat einen Pauschbetrag für geringfügige Beschäftigung in Höhe von 13 % zu zahlen.
Beitragsbemessungs-grenze	monatliches Bruttoentgelt: 3.750,00 €
Leistungen	• Leistungen im Zusammenhang mit Krankheiten: - Ärztliche und zahnärztliche Behandlungen - Medikamente, der Versicherte hat eine anteilige Rezeptgebühr zu zahlen. - Zuschuss zum Zahnersatz - Krankenhauskosten - Häusliche Krankenpflege - Haushaltshilfe - Krankengeld, 6 Wochen nach Beendigung der Entgeltfortzahlung durch den Arbeitgeber - Vorsorgeuntersuchungen zur Früherkennung von Krankheiten • Leistungen im Rahmen der Mutterschaft - ärztliche Betreuung - Entbindungskosten - Mutterschaftsgeld, 6 Wochen vor bis 8 Wochen nach der Geburt • Familienhilfe (nicht selbst versicherte Familienangehörige sind mitversichert).

B Was muss ich über die Pflegeversicherung wissen?

Die medizinische Versorgung wird kontinuierlich verbessert, die Menschen werden dadurch immer älter und somit wächst die Zahl der pflegebedürftigen Personen an. Mit Einführung der Pflegeversicherung im Jahr 1995 ist jeder Bürger durch die gesetzliche oder durch eine private Pflegeversicherung gesichert, welche der jeweiligen Krankenkasse angegliedert ist.

Laut Pflegeversicherungsgesetz ist derjenige pflegebedürftig, der wegen einer Krankheit oder Behinderung auf Dauer oder voraussichtlich für mindestens 6 Monate auf erhebliche Hilfe angewiesen ist.

Im Jahr 2010 wurden in Deutschland 2,4 Mio. Menschen ambulant bzw. stationär gepflegt. Die Kosten hierfür belaufen sich auf über 10 Milliarden €.

Die erforderliche Pflegestufe und die damit verbundenen Pflegeleistungen werden auf der Grundlage einer Begutachtung durch den „Medizinischen Dienst" der Krankenkasse festgesetzt. Er wird nach dem Grad und der Häufigkeit der täglich erforderlichen Hilfe bei der Grundpflege (z. B. Körperpflege, Ernährung, Mobilität) und der hauswirtschaftlichen Versorgung (z. B. Einkäufe) unterschieden.

[1] Soll zum 01.01.2011 auf 15,5 % angehoben werden.

Die entsprechenden Vorgaben sind allerdings umstritten. Insbesondere bei geistigen Beeinträchtigungen (z. B. Altersdemenz) kommt es häufig zu Schwierigkeiten bei der Pflegebedürftigkeit.

Je nach Schwere der Beeinträchtigungen und Zeitaufwand in der Pflege müssen für die Eingliederung in eine Pflegestufe folgende Voraussetzungen erfüllt sein:

Pflegestufen	Pflegestufe I Erhebliche Pflegebedürftigkeit	Pflegestufe II Schwere Pflegebedürftigkeit	Pflegestufe III Schwerste Pflegebedürftigkeit	Härtefall
Häufigkeit der Pflege	Mindestens einmal pro Tag	Dreimal pro Tag	Ganztätig und auch nachts	Ganztägig, nachts mindestens 120 Minuten
Zeitaufwand pro Tag	Mehr als 90 Minuten, davon mindestens 45 Minuten Grundpflege.	Mehr als 180 Minuten, davon mindestens 120 Minuten Grundpflege.	Mehr als 300 Minuten, davon mindestens 240 Minuten Grundpflege.	Mehr als 420 Minuten, davon mindestens 120 Minuten in der Nacht.

Je nach Pflegestufe werden von den Pflegekassen unterschiedliche Geldleistungen gezahlt. Dabei ist von entscheidender Bedeutung, wer die Pflegeleistungen erbringt.

- Pflegegeld wird bezahlt, wenn der Pflegebedürftige von Angehörigen oder anderen privaten Personen zu Hause gepflegt wird.
- Sachleistungen werden bezahlt, wenn die Pflege durch berufsmäßige Pflegekräfte zu Hause durchgeführt wird, etwa durch einen Pflegedienst.
- Stationäre Pflege wird für entsprechende stationäre Heimpflege bezahlt.

Alle in der folgenden Tabelle angegebenen Summen sind maximale Beträge pro Monat. Wer darüber hinaus Geld benötigt, muss dies privat aufbringen!

	Pflegesachleistung	
	ab 2010	ab 2012
Pflegestufe I	450,00 €	450,00 €
Pflegestufe II	1.040,00 €	1.100,00 €
Pflegestufe III	1.510,00 €	1.550,00 €

	Pflegegeld	
	ab 2010	ab 2012
Pflegestufe I	225,00 €	235,00 €
Pflegestufe II	430,00 €	440,00 €
Pflegestufe III	685,00 €	700,00 €

	Vollstationäre Leistung	
	ab 2010	ab 2012
Pflegestufe III	1.510,00 €	1.550,00 €
Pflegestufe III Härtefall	1.825,00 €	1.918,00 €

	Tages- und Nachtpflege	
	ab 2010	ab 2012
Pflegestufe I	440,00 €	450,00 €
Pflegestufe II	1.040,00 €	1.100,00 €
Pflegestufe III	1.510,00 €	1.550,00 €

Häufig nehmen Pflegebedürftige die Hilfe von Pflegediensten in Anspruch und werden darüber hinaus aber auch noch von Angehörigen versorgt. Dann können sowohl Sachleistungen (für den Pflegedienst) als auch Pflegegeld bewilligt werden. Dabei wird zunächst die Sachleistung bezahlt und zwar maximal in Höhe der bewilligten Pflegestufe.

Wird das gesamte Budget für Sachleistungen verbraucht, so hat ein Pflegebedürftiger keinen weiteren Anspruch auf Pflegegeld. Wird aber nur ein Teil der bewilligten Sachleistungen verbraucht, so hat er Anspruch auf eine anteilige Auszahlung von Pflegegeld.

Berechnungsbeispiel:

Ein Versicherter in der Pflegestufe II nimmt im Jahr 2010 Sachleistungen in Höhe von 780,00 € im Monat in Anspruch. Das sind aber nur 75 % der bewilligten Gesamtsumme für Sachleistungen (1.040,00 €). Jetzt hat er noch Anspruch auf 25 %. Diese werden aber nicht von den Sachleistungen berechnet, sondern vom Pflegegeld. 25 % von 430,00 € ergeben dann noch 107,50 €.

Je weniger die Pflege durch einen Pflegedienst kostet, desto mehr kann ein Versicherter für die „Laienpflege" bekommen!

Versicherungszweig	Gesetzliche Pflegeversicherung
Versicherungsträger	• Allgemeine Ortskrankenkassen (AOK) • Betriebskrankenkassen (BKK) • Innungskrankenkassen (IKK) • Techniker Krankenkasse, Deutsche Angestelltenkrankenkasse, Barmer Ersatzkasse
Versicherungspflicht	• abhängig Beschäftigte mit einem monatlichen Bruttoeinkommen unter 4.162,50 € bzw. Bruttojahreseinkommen unter 49.950,00 € • Bezieher von Erwerbsersatzeinkünften (z. B. Rente, Arbeitslosengeld II) • Studierende • Wehr- und Zivildienstleistende • bestimmte Familienangehörige von Pflichtversicherten
Beitragssatz	1,95 % vom Bruttoentgelt Arbeitgeber: 0,975 % Arbeitnehmer: 0,975 %, zuzüglich 0,25 % Kinderlosenzuschlag für Arbeitnehmer, die älter als 23 Jahre sind und nach dem 31.12.1939 geboren sind. Ausnahme: Im Bundesland Sachsen zahlen die Arbeitgeber 1,475 % und die Arbeitnehmer 1,475 % + ggf. 0,25 % Kinderlosenzuschlag. Für den Arbeitnehmer sind Monatsverdienste bis zu 400,00 € pflegeversicherungsfrei → Minijob.

Beitragsbemessungs-grenze	monatliches Bruttoentgelt: 3.750,00 €
Leistungen	• Pflegesachleistungen für Einsätze ambulanter Dienste je nach Schwere der Pflegebedürftigkeit • Pflegegeld, wenn der Pflegebedürftige die Grundpflege selbst sicherstellt • Eine Kombination aus Sachleistungen und Pflegegeld ist möglich • Sonstige Leistungen - Pflegehilfsmittel (z. B. Pflegebett) - Zuschüsse für pflegebedingte Umbaumaßnahmen in der Wohnung bzw. im Haus • Stationäre Leistungen

C Was muss ich über die Arbeitslosenversicherung wissen?

Seit 1927 gibt es in Deutschland eine gesetzliche Arbeitslosenversicherung für Arbeiter und Angestellte. Sie wird paritätisch, d. h. in gleichem Umfang von den Arbeitnehmern einerseits und den Arbeitgebern andererseits finanziert. Jeder Arbeitgeber und Arbeitnehmer zahlt dabei 1,4 % des Bruttoentgeltes des Arbeitnehmers in die Arbeitslosenversicherung ein.

Diese Gelder bilden den Grundstock für die Leistungen der Bundesagentur für Arbeit in Nürnberg mit dem bundesweiten Netz von Job-Centern. Dazu kommen Zuschüsse aus dem Bundeshaushalt, wenn die Gelder für die Leistungen der Bundesagentur nicht ausreichen. Sie zahlt nicht nur die finanzielle Unterstützung der Arbeitslosen, sondern ist hauptsächlich für die Vermittlung von Arbeitslosen zuständig. Dazu gehören auch Qualifizierungs- und Weiterbildungsmaßnahmen.

Nur wer sich arbeitslos meldet, hat Anspruch auf Arbeitslosengeld I (siehe kleines ABC der sozialen Sicherung, Seite 108). Voraussetzung ist, dass er in den letzen drei Jahren mindestens 360 Tage erwerbsmäßig gewesen ist und regelmäßig seine Beiträge an die Arbeitslosenversicherung gezahlt hat.

Das Arbeitslosengeld I beträgt für Erwerbstätige mit Kind 67 % des durchschnittlichen Nettoentgelts der letzten sechs Monate, für Erwerbstätige ohne Kind 60 %.

Die Arbeitslosenhilfe wurde abgeschafft und mit der Sozialhilfe (für Erwerbsfähige) zum Arbeitslosengeld II (umgangssprachlich auch „Hartz IV“ genannt) zusammengelegt.

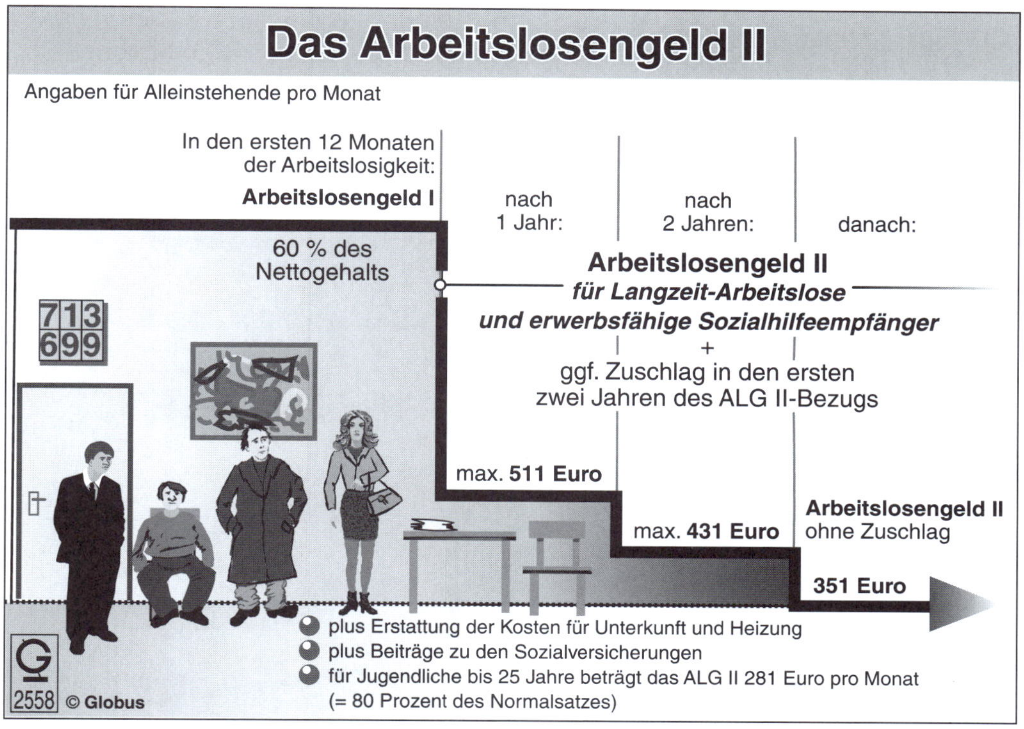

Versicherungszweig	Gesetzliche Arbeitslosenversicherung
Versicherungsträger	Bundesagentur für Arbeit
Versicherungspflicht	• Alle Arbeitnehmer (Angestellte und Arbeitnehmer) • Auszubildende
Beitragssatz	2,8 % vom Bruttoentgelt Arbeitgeber: 1,4 % Arbeitnehmer: 1,4 % Für den Arbeitnehmer sind Monatsverdienste bis zu 400,00 € arbeitslosenversicherungsfrei → Minijob.
Beitragsbemessungs-grenze	monatliches Bruttoentgelt: 5.500,00 € (West)/4.650,00 € (Ost)
Leistungen	• Arbeitslosengeld I • Arbeitslosengeld II • Maßnahmen zur Aus- und Fortbildung sowie Umschulung • Berufsberatung, Arbeitsberatung, Arbeitsvermittlung • Arbeitsbeschaffungsmaßnahmen • Auszahlung des Kindergelds • Insolvenzgeld • Kurzabeitergeld

D Was muss ich über die Rentenversicherung wissen?

Seit 1889 gibt es in Deutschland eine gesetzliche Rentenversicherung für Arbeiter und Angestellte.

Der so genannte Generationenvertrag verpflichtet die arbeitende Bevölkerung und die Arbeitgeber, mit ihren Beiträgen zur Rentenversicherung die Altersrente der Ruheständler zu finanzieren. Sie wird paritätisch, d.h. in gleichem Umfang von den Arbeitnehmern einerseits und den Arbeitgebern andererseits, finanziert. Jeder Arbeitgeber und Arbeitnehmer zahlt dabei 9,95 % des Bruttoentgeltes des Arbeitnehmers in die Arbeitslosenversicherung ein.

Über das Umlageverfahren werden die laufenden Beitragseingänge umgehend zur monatlichen Rentenauszahlung herangezogen.

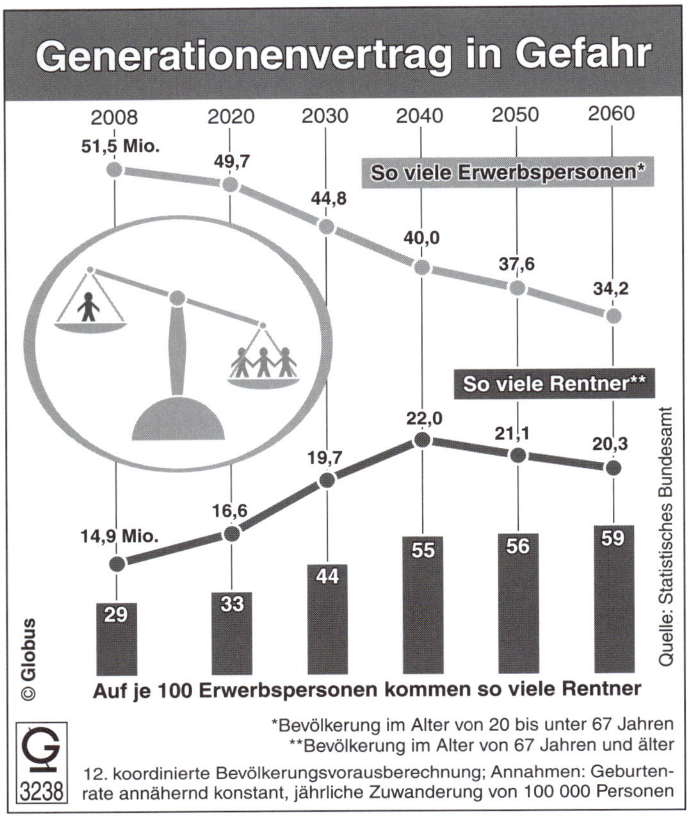

Die Grafik zeigt, dass künftig immer weniger Beitragszahler die Rentner versorgen müssen. Frauen sind zudem häufig schlechter gestellt als Männer. Trotz Gleichberechtigungsgesetz erziehen überwiegend Frauen die Kinder, versorgen den Haushalt und sind weniger lang berufstätig. Beim Tod des Ehepartners verschlechtert sich deren Situation nochmals, da die Witwenrente geringer ausfällt als die Altersrente.

Die Rentenhöhe berechnet sich nach der Rentenformel, welche die Beitragsdauer, die Beitragsleistungen, das Renteneintrittsalter, einen Demografiefaktor und die aktuelle Entwicklung der durchschnittlichen Bruttoverdienste berücksichtigt.

Mathematisch notiert lautet die Formel:

$$\text{Rente}_{\text{mtl}} = E \cdot Z \cdot R \cdot A$$

Die **Rente$_{\text{mtl}}$** stellt die monatliche Bruttorente in € dar, **E** die erreichte Summe der Entgeltpunkte, **Z** den Zugangsfaktor, **R** den Rentenartfaktor und **A** den aktuell gültigen Rentenwert in €. Aus der Multiplikation von **E · Z** werden persönliche Entgeltpunkte ermittelt.

E ist die Summe der Entgeltpunkte:
Jeder Rentenversicherte erhält pro Jahr eine bestimmte Punktzahl. Sie hängt davon ab, ob er mehr oder weniger als das Durchschnittseinkommen (vorläufi-

ger Wert für 2010: 32.003,00 €) verdient (und entsprechend in die Rentenkasse eingezahlt) hat. Der Durchschnittsverdiener erhält 1,0 Entgeltpunkte. Dieser Wert erhöht oder reduziert sich: Wer beispielsweise zehn Prozent mehr als der Durchschnitt verdient, erhält 1,1. Maximal gibt es 2,1 Entgeltpunkte. Die Entgeltpunkte werden für jedes Jahr der Berufstätigkeit und für alle weiteren rentenrechtlichen Zeiten ermittelt, addiert und ergeben so in der Formel den Wert E.

Z bezeichnet den Zugangsfaktor und beträgt normalerweise 1. Dieser Wert ändert sich nur dann, wenn die Rente früher oder später als üblich ausgezahlt werden soll: So verringert sich Z um jeden Monat, um den der Renteneintritt vorgezogen wird, um 0,003 Punkte.

R ist der Rentenart-Faktor und beträgt bei der Altersrente 1. Dieser Wert ändert sich nur für andere Rentenarten: Bei der Witwenrente beträgt er 0,55 und bei der teilweisen Erwerbsminderung 0,5.

A benennt den aktuellen Rentenwert, der für jedes Jahr festgesetzt wird. Zur Zeit (Stand 2010) beträgt A = 27,20 € (neue Bundesländer 24,13 €).

Beispiel:

Herr Franz Beckenbauer, wohnhaft in München (Stadt des Double-Gewinners 2010 im Fussball, dem F.C. Bayern München), hat 45 Jahre lang jedes Jahr durchschnittlich verdient, also (voraussichtlich) 32.003,00 € im Jahr 2010. Dann beläuft sich die Monatsrente von Herrn Beckenbauer auf 1.224,00 €.

$E = 45 \cdot 1$
$Z = 1$
$R = 1$
$A = 27{,}20$ €

$$\begin{aligned}\text{Monatliche Rente} &= E \cdot Z \cdot R \cdot A \\ &= 45 \cdot 1 \cdot 1 \cdot 27{,}20\ € \\ &= 1.224{,}00\ €\end{aligned}$$

Bis in die späten 1990er-Jahre hinein glaubte man, der Generationenvertrag sei voll funktionsfähig. Heute ist jedem bewusst, dass das gesetzliche Rentensystem der gesellschaftlichen Entwicklung angepasst werden muss.
Soll der Beitragssatz mit zurzeit 19,9 % weiterhin unter 20 % bleiben, so müssen entweder die Beitragszeiten verlängert, die Beitragszahler vermehrt oder die Versicherungsleistungen gekürzt werden.

Folgende Sparmaßnahmen wurden von der Bundesregierung beschlossen:

- Im Jahr 2010 müssen die Rentner eine „Nullrunde" akzeptieren, d. h. es gibt keine Rentenanpassung an das allgemeine Gehalts- und Lohnniveau.
- Das Renteneintrittsalter wird vom Jahre 2012 an bis zum Jahre 2029 stufenweise erhöht. Faktisch findet hiermit eine Rentenkürzung statt, die aufgrund der gestiegenen Lebenserwartung der Rentner als unvermeidbar gilt. Die Rente mit 67 Jahren beginnt für alle Personen, die 1964 oder später geboren wurden. Wer früher in Rente geht, muss Abschläge akzeptieren. Ausnahme: Wer mindestens 45 Jahre lang in die Rentenkasse eingezahlt hat, darf auch weiterhin mit 65 Jahren die volle Rentenzahlung kassieren. Sonderregelungen gelten auch für Bergleute, Schwerbehinderte und vermindert Erwerbsfähige. Mit dem Geburtsjahrgang 1947 beginnt der Zeitraum zur Berechnung des erhöhten Renteneintrittsalters. So müssen zukünftige Rentner, die im

Jahr 1947 geboren wurden, einen Monat länger arbeiten, wenn sie ihre Rente vollständig erhalten wollen. Beim Jahrgang 1948 sind es dann zwei Monate und so weiter. So beträgt das Renteneintrittsalter für den Geburtenjahrgang 1957 jetzt 65 Jahre und 11 Monate. Ab dem Jahr 2024 müssen pro Jahrgang zwei Monate zusätzlich gearbeitet werden. So wird das neue Renteneintrittsalter 67 im Jahr 2029 erreicht.

- „Neurentner" erhalten ihre Rente nicht zu Beginn, sondern am Ende eines Monats.
- Staatliche Förderung der privaten Altersvorsorge im Rahmen so genannter „Riester"-Verträge (siehe kleines ABC der sozialen Sicherung, Seite 111).

Neben der gesetzlich verordneten Alterssicherung erlangen betrieblich sowie privat abgeschlossene Rentenversicherungen zusehends an Bedeutung:
Viele Unternehmen zahlen freiwillig oder tariflich vereinbart ihren Arbeitnehmern eine Betriebsrente. Dazu bilden sie Pensionsrückstellungen. Bei Erreichen des Rentenalters wird diese Rente als Einmalzahlung oder laufende Monatszahlung gewährt.

Versicherungszweig	**Gesetzliche Rentenversicherung**
Versicherungsträger	Deutsche Rentenversicherung
Versicherungspflicht	• Alle Arbeitnehmer (Angestellte und Arbeitnehmer) • Auszubildende • Wehr- und Zivildienstleistende • Personen, die ein freiwilliges soziales bzw. ökologisches Jahr ableisten
Beitragssatz	19,9 % vom Bruttoentgelt Arbeitgeber: 9,95 % Arbeitnehmer: 9,95 % Für den Arbeitnehmer sind Monatsverdienste bis zu 400,00 € rentenversicherungsfrei → Minijob. Der Arbeitnehmer hat einen Pauschbetrag für geringfügige Beschäftigung in Höhe von 15 % zu zahlen.
Beitragsbemessungsgrenze	monatliches Bruttoentgelt: 5.500,00 € (West)/4.650,00 € (Ost)
Leistungen	• Rente nach Erreichen der Altersgrenze • Rente wegen Erwerbsminderung • Rente an Hinterbliebene (z. B. Witwen- und Waisenrente) • Maßnahmen zur Erhaltung, Besserung bzw. Wiederherstellung der Erwerbsfähigkeit (Rehabilitation) - medizinische Leistungen - berufsfördernde Leistungen (z. B. Ausbildung, Umschulung) - Übergangsgeld (Einkommen während der Zeit der Rehabilitation) • Die mit der Förderung verbundenen Aufgaben wurden der Zentralen Zulagenstelle für Altersvermögen (ZfA) mit Sitz in der Stadt Brandenburg an der Havel übertragen. Die ZfA ist eine Verwaltungseinheit der Deutschen Rentenversicherung. Die ZfA übernimmt die Berechnung, Kontrolle, Auszahlung und ggf. Rückforderung von Zulagen. Sie steht dazu im Kontakt mit Finanzämtern, Anbietern, Besoldungsstellen und Familienkassen.

E Wozu benötigt der Arbeitgeber eine gesetzliche Unfallversicherung?

Die Unfallversicherung wurde in Deutschland im Jahr 1884 eingeführt und ist somit der zweitälteste Zweig der Sozialversicherungen. Die Beiträge zur gesetzlichen Unfallversicherung leistet zu 100 % der Arbeitgeber.

Der jährliche Beitrag des einzelnen Betriebes richtet sich nach der jährlichen Lohnsumme, der jeweiligen Gefahrenklasse und nach der Umlageziffer.

Auszug aus einem Fachbeitrag im Internet:

Fußballer zahlen die höchsten Beitragssätze. Durchschnittlich liegt der Beitragssatz für die Berufsgenossenschaften bei 1,3 % der Lohnsumme; Dienstleister zahlen meist weniger, unfallträchtige Branchen wie Bau oder Industrie deutlich mehr. Spitzenzahler sind übrigens die Fußballer der ersten und zweiten Bundesliga. Während die Gefahrenklasse für Rechtsanwälte bei 0,44 liegt, beträgt sie für Fußballer 57,81. Diese Zahl wird multipliziert mit dem Gesamtentgelt (das allerdings auf 84.000 € Jahresgehalt gedeckelt ist), einem betriebsbedingten Zu- oder Abschlag und dem so genannten „Beitragsfuß allgemeine Umlage“. Dieses Produkt wird dann durch 1.000 geteilt und ergibt die Höhe des Beitrags.

Beispiel für die Berechnung der Beiträge zur Berufsgenossenschaft:
Für die Walzwerke AG in Duisburg liegen ihnen folgende Angaben vor:

Mitarbeiter	Anzahl der Mitarbeiter	Gefahrenklasse einschließlich Zu- und Abschläge sowie allgemeine Umlage (2,13)	Entgeltsummen pro Jahr
Kaufmännische Angestellte	48	5,13	1.509.120,00 €
Gewerbliche Mitarbeiter I	24	9,53	684.000,00 €
Gewerbliche Mitarbeiter II	53	8,83	1.450.080,00 €
Gewerbliche Mitarbeiter III	40	7,23	1.087.200,00 €

Die Walzwerke AG zahlt die Beiträge zur gesetzlichen Unfallversicherung quartelsweise an die zuständige Berufsgenossenschaft.

$$\frac{1.509.120{,}00\ € \cdot 5{,}13}{1.000} = 7.741{,}79\ €$$

$$\frac{684.000{,}00\ € \cdot 9{,}53}{1.000} = 6.518{,}52\ €$$

$$\frac{1.450.080{,}00\ € \cdot 8{,}83}{1.000} = 12.804{,}21\ €$$

$$\frac{1.087.200{,}00\ € \cdot 7{,}23}{1.000} = 7.860{,}46\ €$$

7.741,79 + 6.518,52 + 12.804,21 + 7.860,46 = 34.924,98 € : 4 = 8.731,25 €

Die Walzwerke AG zahlt pro Quartal einen Beitrag in Höhe von 8.731,25 € an die zuständige Berufsgenossenschaft.

Die gewerblichen und landwirtschaftlichen Berufsgenossenschaften sind die Träger der gesetzlichen Unfallversicherung. Ihr Leitsatz lautet: „Unfallverhütung geht vor Unfallentschädigung."

Unfallverhütungsvorschriften, wie z. B. das Arbeitsschutz- und Arbeitssicherheitsgesetz oder die Arbeitsstätten- und Gefahrstoffverordnung tragen dazu bei, dass die betrieblichen Unfallzahlen zurückgehen. Widerfährt dem Beschäftigten dennoch berufsbedingt eine gesundheitliche Beeinträchtigung, so sind er und seine Familie durch die zuständige Berufsgenossenschaft finanziell abgesichert.

Ein Verdacht auf eine Berufskrankheit muss der Berufsgenossenschaft vom Arbeitgeber gemeldet werden. Bestätigt eine ärztliche Untersuchung den Verdacht, so kann die Krankheit als Berufskrankheit anerkannt werden.

Bei Berufunfähigkeit erhält der Betroffene nur dann eine Rente von der Berufsgenossenschaft, wenn er vor 1961 geboren ist. Jüngere Arbeitnehmer sollten sich privat für den Fall einer Berufsunfähigkeit versichern lassen. Allerdings gibt es auch bei dieser Personengruppe bei Eintritt der Berufsunfähigkeit eine gravierende Leistungsreduzierung, es wird nur noch die Hälfte der vollen Erwerbsminderungsrente gezahlt. Die Rente wird außerdem nur gezahlt, wenn ihr Rest-Arbeits-Leistungsvermögen weniger als 6 Stunden beträgt.

Nach dem 01.01.1961 geborenen Personen ist sogar zuzumuten, irgendeine Tätigkeit aufzunehmen, die nicht ihrer Ausbildung, Erfahrung und ihrem Einkommen entspricht. Die Bezugnahme auf die bisherige Ausbildung und die ausgeübte Tätigkeit entfällt somit. Die Arbeitsmarktsituation wird allerdings betrachtet, d. h. so lange kein Arbeitsplatz gefunden wird, wird die Rente weiter bezahlt (konkrete Betrachtungsweise).

Die Erwerbsminderungsrente richtet sich nach dem zeitlichen Leistungsvermögen:

- 6 Stunden und mehr: keine Rente
- 3 Stunden bis weniger als 6 Stunden: 50% Erwerbsminderungsrente
- weniger als 3 Stunden: 100% Erwerbsminderungsrente

Grundsätzlich liegt eine Berufsunfähigkeit dann vor, wenn die Erwerbsfähigkeit weniger als die Hälfte eines gesunden Versicherten mit ähnlichen Kenntnissen und Fähigkeiten beträgt.

Derzeit stehen in Deutschland ca. 36 Mio. gesetzliche Versicherte im Erwerbstätigenalter bereits etwa 2,2 Mio. Frührentnern (bedingt durch Berufs- oder Erwerbsunfähigkeit) gegenüber. Häufigste Ursachen für den Verlust der Arbeitskraft bilden in der Gesetzlichen Rentenversicherung Herz-, Gefäß-, Rheuma- und Gelenkerkrankungen mit 47 %.

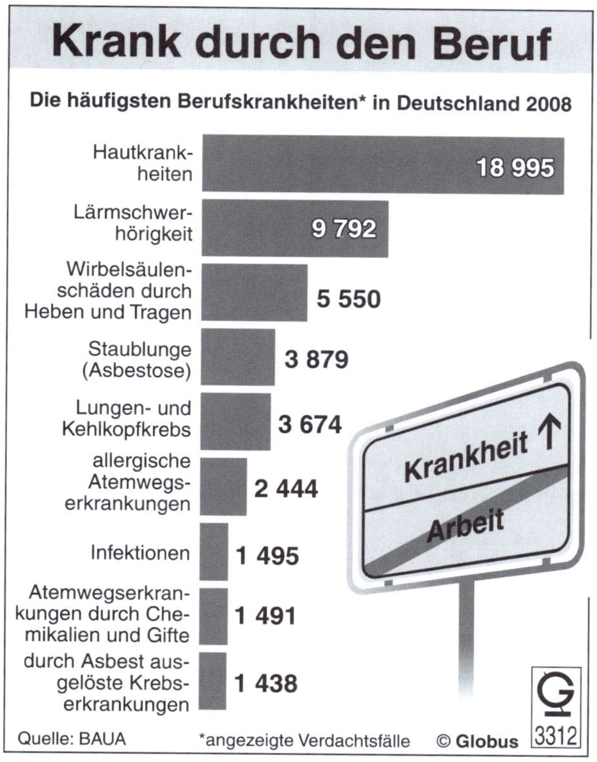

Versicherungszweig	Gesetzliche Unfallversicherung
Versicherungsträger	Berufsgenossenschaften
Versicherungspflicht	• Alle Arbeitnehmer (Angestellte und Arbeitnehmer) • Auszubildende • Arbeitgeber • Kinder während des Besuches von Kindergärten • Schüler und Studierende
Beitragsaufbringung	Arbeitgeber: 100% Die Beitragshöhe ist unterschiedlich. Sie richtet sich nach dem Arbeitsverdienst der Arbeitnehmer des Unternehmens und dem Grad der Unfallgefahr (besonders unfallgefährdete Betriebe werden mit höheren Beiträgen belegt). Beitragszuschläge bzw. -nachlässe werden erhoben bei über- bzw. unterdurchschnittlicher Unfallhäufigkeit.
Leistungen	• Prävention: Vorbeugende Verhütung von Arbeitsunfällen und berufsbedingten Gesundheitsgefahren, z.B. durch Schulung von betrieblichen Sicherheitsbeauftragten. • Kostenübernahme - Heilbehandlung (ärztliche, zahnärztliche Behandlung, Arzneimittel) im Zusammenhang mit Arbeitsunfällen und Unfällen auf dem Weg zur Arbeit bzw. nach Hause sowie bei beruflich bedingten Erkrankungen. - Umschulungs- und Weiterbildungsmaßnahmen zur beruflichen und sozialen Wiedereingliederung in den Arbeitsprozess. • Ersatzleistungen, z.B. Verletztengeld anstelle des Lohnes für die unfallbedingte Dauer der Arbeitsunfähigkeit, Übergangsgeld während der beruflichen Wiedereingliederung. Tritt als Folge des Unfalls der Pflegefall ein, wird ein Pflegegeld bezahlt.

- Rentenzahlung: Je nach Grad der eingeschränkten Erwerbsfähigkeit wird eine Verletztenrente gezahlt. Im Todesfall beziehen die Hinterbliebenen eine Hinterbliebenenrente.

F Die Sozialgerichtsbarkeit – Was versteht man darunter?

Die Sozialgerichtsbarkeit, die in ihren Anfängen auf das im Jahre 1884 errichtete Reichsversicherungsamt zurückgeht, ist eine von fünf gleichrangigen Gerichtsbarkeiten in Deutschland. Als besondere Verwaltungsgerichtsbarkeit entscheidet sie über öffentlich-rechtliche Streitigkeiten auf dem Gebiet des Sozialrechts.

Die Zuständigkeit der **Sozialgerichte** erstreckt sich insbesondere auf

- die Sozialversicherung
- die Arbeitsförderung
- das Kindergeldrecht
- die soziale Entschädigung
- das Schwerbehindertenrecht
- und das Vertragsarztrecht.

Die Sozialgerichtsbarkeit gewährt einzelnen Bürgern aus konkretem Anlass Rechtsschutz gegenüber der Verwaltung. Durch Klage vor dem Sozialgericht können sie die gerichtliche Nachprüfung des Verwaltungshandelns erwirken. Der Klageweg steht im Allgemeinen erst dann offen, nachdem in einem **außergerichtlichen Vorverfahren** zunächst **Widerspruch** gegen die fragliche Verwaltungsentscheidung (z. B. einen Rentenbescheid) eingelegt wurde und dieser nach Prüfung durch die **Widerspruchsstelle zurückgewiesen** wurde.

Die Sozialgerichte verhandeln und entscheiden in Kammern, die für die einzelnen Fachgebiete eingerichtet sind. Gegen **Urteile** der Sozialgerichte kann **Berufung** beim **Landessozialgericht** eingelegt werden. Gegen Urteile des Landesgerichts besteht die Möglichkeit der **Revision**; über die Möglichkeit dieses Rechtsmittels entscheiden die Senate des **Bundessozialgerichtes** in Kassel. In Ausnahmefällen kann auch schon gegen ein Urteil eines Sozialgerichtes oder eines Landessozialgerichtes Revision eingelegt werden und damit eine höchstrichterliche Grundsatzentscheidung herbeigeführt werden.

So trainiere ich für die Prüfung

Aufgaben

1. Wissensfragen

1.1 Lernfragen

1. In der gesetzlichen Rentenversicherung wird der so genannte „Generationenvertrag" angewandt. Beschreiben Sie die Funktionsweise dieses Vertrages!

a) Der Generationenvertrag verlangt, dass jede Generation individuell Vorsorge für das Rentenalter treffen muss.

b) Der Generationenvertrag hat die Grundidee, dass alle jungen Menschen die alten Menschen finanziell (Beitragszahlungen) unterstützen und versorgen.

c) Beim Generationenvertrag finanzieren die aktiven Arbeitnehmer mit ihren Beiträgen die Rente der Rentenempfänger.

d) Der Generationenvertrag sieht vor, dass jeder Arbeitnehmer in die Rentenversicherung einzahlt. Erreicht der Arbeitnehmer eine Generation später die Altersgrenze, entspricht die Höhe der Altersrente der Summe seiner Einzahlungen.

e) Der Generationenvertrag gilt nur noch für Arbeitnehmer, die bereits vor 2003 in die gesetzliche Rentenversicherung eingezahlt haben, da die gesamte Rentenpolitik umstrukturiert wurde.

f) Der Generationenvertrag besagt, dass jeder Sozialversicherungszweig den anderen finanziell unterstützen muss.

2. Die Berufsgenossenschaft als Träger der gesetzlichen Unfallversicherung verweigert einem kaufmännischen Angestellten der Hamelner Industrie GmbH, der auf einer Dienstreise durch einen Autounfall einen dauernden Gesundheitsschaden erlitten hat, die Zahlung einer Unfallrente. Der Geschädigte möchte dagegen gerichtlich vorgehen. Geben Sie an, bei welchem Gericht er die Klage erheben muss.

a) Beim Amtsgericht

b) Beim Landessozialgericht

c) Beim Landesarbeitsgericht

d) Beim Sozialgericht

e) Beim Arbeitsgericht

f) Beim Bundesverfassungsgericht

g) Beim Bundesarbeitsgericht

3. Welche der folgenden Leistungen werden von der gesetzlichen Unfallversicherung getragen?

a) Verletztengeld nach einem berufsbedingten Unfall

b) Eilbehandlung bei einer Berufskrankheit

c) Heilbehandlung im Rahmen eines Autounfalls auf dem Weg von zu Hause zur Arbeit, wobei der Arbeitnehmer nicht den direkten Weg zur Arbeitsstätte gefahren ist, da er noch im Supermarkt einkaufen war.

d) Ersatz des materiellen Schadens bei einem Unfall im eigenen Haushalt
e) Kosten der Heilbehandlung aufgrund eines Skiunfalls in Obergurgl (Österreich) in den letzten Osterferien
f) Krankengeld

4. Bei welcher Versicherung hat der Arbeitgeber den Mitarbeiter bei Aufnahme des Arbeitsverhältnisses für die Sozialversicherung (außer gesetzliche Unfallversicherung) anzumelden?

a) bei allen beteiligten Versicherungszweigen einzeln
b) nur bei der Rentenversicherung
c) nur bei der Arbeitslosenversicherung
d) nur bei der Krankenversicherung
e) nur bei der Pflegeversicherung

5. Welche der genannten Leistungen wird nicht von der Krankenversicherung übernommen?

a) Mutterschaftsgeld
b) Krankengeld
c) Untersuchungskosten für die Früherkennung von Krankheiten
d) Eingeschränkte Kostenerstattung für die zahnärztliche Behandlung
e) Krankentransporte und Taxitransporte zum Arzt
f) alle die unter a) bis e) aufgeführten Leistungen werden übernommen

6. Sie arbeiten in der Personalbuchhaltung der Nürnberger Industrie AG. Prüfen Sie die nachfolgenden Aussagen zur Beitragsaufbringung in die gesetzliche Krankenkasse für Ihr Unternehmen und die Mitarbeiter.

Kennzeichnen Sie die Aussagen mit

(1), wenn die Aussage richtig ist,
(2), wenn die Aussage falsch ist.

a) Arbeitgeber und Arbeitnehmer tragen in allen Fällen von Entgeltzahlungen den Beitrag je zur Hälfte.
b) Für Arbeitnehmer sind Bruttoentgelte bis 400,00 € krankenversicherungsfrei.
c) Hat ein Arbeitnehmer im Laufe eines Kalenderjahres Leistungen der Krankenkasse von mehr als 3.750,00 € in Anspruch genommen, trägt er den Beitrag für die Krankenkasse allein.
d) Die Nürnberger Industrie AG kann von einem Arbeitnehmer verlangen, dass er sich privat krankenversichert, wenn er ein Bruttoentgelt von 4.200,00 € verdient.
e) Für Arbeitnehmer, die ein Bruttoentgelt bis 400,00 € beziehen, muss der Arbeitnehmer an die Krankenkasse eine Pauschale in Höhe von 13 % bezahlen.

7. Ihnen liegt die folgende Grafik der Ausgaben für die Gesundheit in Deutschland für das Jahr 2008 vor:

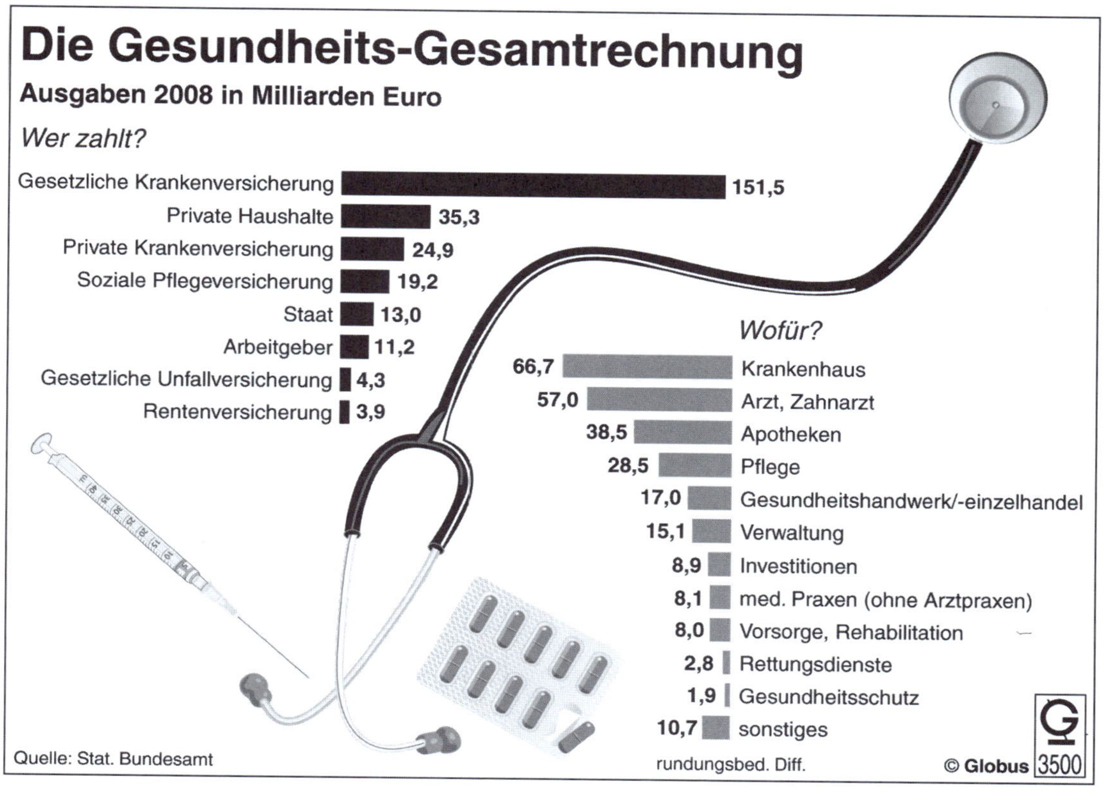

a) Wie viel % der gesamten Ausgaben für die Gesundheit werden von den gesetzlichen Krankenkassen übernommen?

b) Wie hoch ist der prozentuale Anteil der Verwaltungskosten an den gesamten Gesundheitsausgaben?

8. Die Adolf Dassler Sportartikel AG nimmt an der Messe „Sport & Freizeit" in Nürnberg teil. Beim Aufbau des Messestandes fällt eine Mitarbeiterin der Adolf Dassler Sportartikel AG von der Leiter und bricht sich das linke Bein. Entscheiden Sie, wer letztendlich für den Unfallschaden aufkommen muss, wenn die Unfallverhütungsvorschriften eingehalten wurden.

a) Die Krankenkasse, bei der die Mitarbeiterin versichert ist

b) Die private Unfallversicherung der Mitarbeiterin

c) Die Haftpflichtversicherung der Messegesellschaft Nürnberg

d) Die Messegesellschaft, weil sich der Unfall in deren Hallen ereignete

e) Die Berufsgenossenschaft, der die Adolf Dassler Sportartikel AG angehört

9. Sie führen als Mitarbeiter der Personalabteilung der Industrie AG mit einem Arbeitssuchenden ein Einstellungsgespräch. In dem Gespräch erzählt er Ihnen, dass er mit der Höhe seines Arbeitslosengeldes I nicht einverstanden ist und vor wenigen Tagen Klage beim Landesarbeitsgericht eingelegt hat. Einen Anwalt hat er sich nicht genommen. Erklären Sie ihm, was er falsch gemacht hat.

a) Er hat sich an das falsche Gericht gewandt. Zuständig ist das Sozialgericht.

b) Er hat sich an das falsche Gericht gewand. Zuständig ist das Amtsgericht.

c) Er hat sich an die falsche Instanz gewandt. Zuständig ist zunächst das Arbeitsgericht.

d) Er hat sich an die falsche Instanz gewandt. Zuständig ist das Bundesarbeitsgericht.
e) Er hätte sich einen Anwalt nehmen müssen, da dies für Verhandlungen am Arbeitsgericht vorgeschrieben ist.

10. Ihnen liegt die folgende Grafik vor:

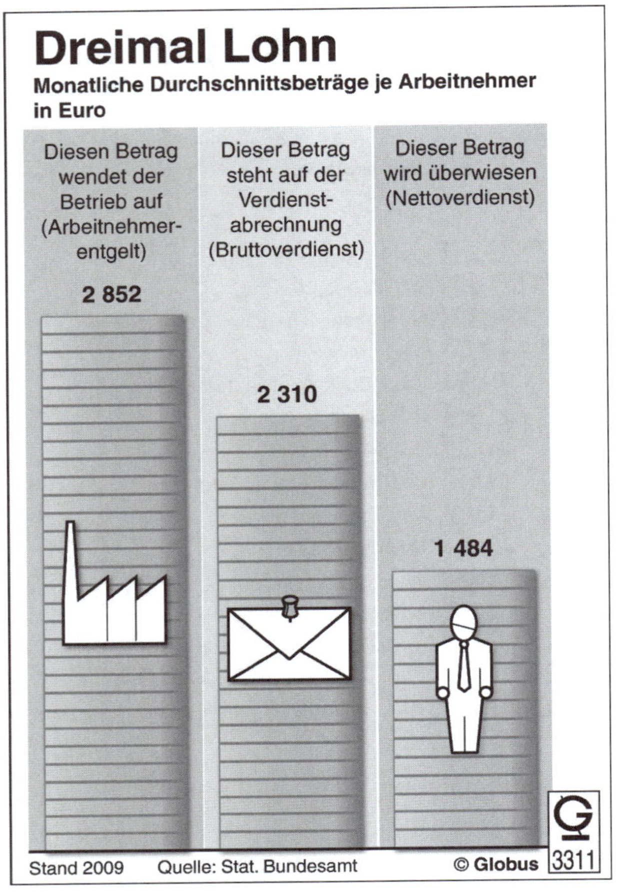

Um vie viel % ist das Arbeitnehmerentgelt höher als der Bruttoverdienst? Erläutern Sie die Differenz!

11. Ein Arbeitnehmer war 21 Monate in der Fertigung der Reifenwerke AG in Hannover beschäftigt. Aufgrund eines erheblichen Umsatzrückganges musste ihm leider betriebsbedingt gekündigt werden. Wie lange würde der Arbeitssuchende maximal Arbeitslosengeld 1 erhalten?

a) 6 Monate
b) 8 Monate
c) 10 Monate
d) 12 Monate
e) 21 Monate

12. An wen muss ein Arbeitgeber am drittletzten Bankarbeitstag des Abrechnungsmonats die Sozialversicherungsbeiträge abführen?

a) An alle beteiligten Versicherungszweige einzeln
b) Nur an die Rentenversicherung
c) Nur an die Arbeitslosenversicherung

d) Nur an die Krankenversicherung
e) Nur an die Pflegeversicherung

13. Nennen Sie die aktuellen Prozentsätze für die vier verschiedenen Sozialversicherungszweige!

14. Was versteht man unter der gesetzlichen Unfallversicherung?

15. Wonach richtet sich die Höhe der zu zahlenden Beiträge für die gesetzliche Unfallversicherung an die jeweilige Berufsgenossenschaft?

16. Die Industrie AG überweist über Ihr Konto bei der Eurobank (Nr. 28020) die Beiträge zur gesetzlichen Unfallversicherung an die Berufsgenossenschaft: 19.200,00 €.

Buchen Sie den Vorang!

17. Ihnen liegt die folgende Grafik vor:

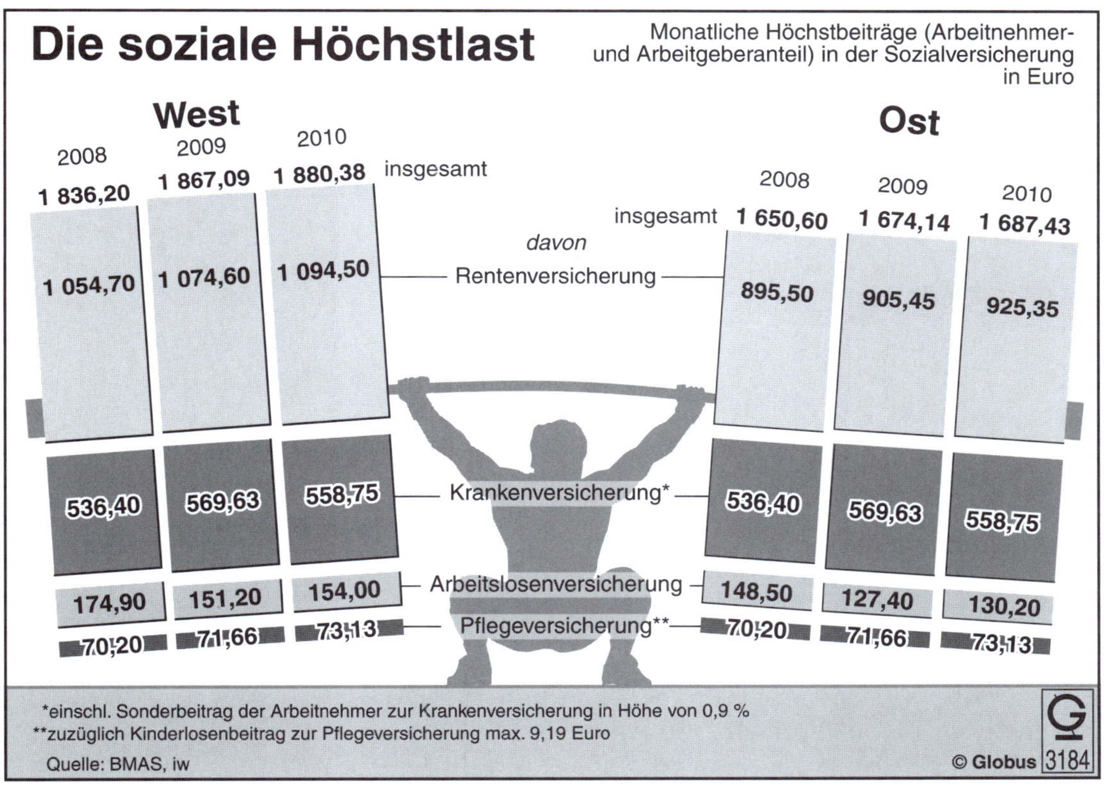

Um wie viel Prozent waren die sozialen Abgaben im Jahr 2010 für Unternehmer aus den alten Bundesländern höher als für Unternehmer aus den neuen Bundesländern?

18. Nennen Sie die fünf Zweige sowie deren Träger der Sozialversicherung in Deutschland!

19. Recherchieren Sie im Internet, was unter so genannten „Minijobs" zu verstehen ist? Welche Sozialversicherungs- und Steuerzahlungen sind in diesem Zusammenhang zu leisten?

20. Sie arbeiten in der Personalabteilung der Schiffsmotorenfabrik KG in Bremerhaven. An welchem Tag müssen Sie spätestens die Beiträge zur Sozialversicherung für den Abrechnungsmonat September abgeführt haben? An wen müssen Sie die Beiträge abführen?

Monat September 20.......					
Kalenderwoche	36	37	38	39	40
Montag	1	8	15	22	29
Dienstag	2	9	16	23	30
Mittwoch	3	10	17	24	
Donnerstag	4	11	18	25	
Freitag	5	12	19	26	
Samstag	6	13	20	27	
Sonntag	7	14	21	28	

Monat Oktober 20.......					
Kalenderwoche	40	41	42	43	44
Montag		6	13	20	27
Dienstag		7	14	21	28
Mittwoch	1	8	15	22	29
Donnerstag	2	9	16	23	30
Freitag	3	10	17	24	31
Samstag	4	11	18	25	
Sonntag	5	12	19	26	

2. Fallsituationen

2.1 Fall 1

In der Personalbuchhaltung der Bayrischen Industrie GmbH werden für den Mitarbeiter, Herrn Beckenbauer, folgende Daten geführt:

Dipl.-Ing. Beckenbauer, Norbert: 61 Jahre; Technischer Leiter der Forschungs- und Entwicklungsabteilung; verheiratet; 2 Kinder

Entgeltgruppe: AT — Bruttoentgelt: 4.900,00 €
Steuerklasse: III/2,0 — Techniker Krankenkasse: 14,9 %
Konfession: rk — Wohnort: München
Lohnsteuer: 793,50 € — Soli: 28,20 € — KiSt: 41,02 €
AG-Anteil Vermögenswirksame Leistungen: 26,20 €; gesamte VL-Sparrate: 41,66 €

a) Wie hoch ist der Beitrag zur Sozialversicherung (Arbeitgeberanteil und Arbeitnehmeranteil), den die Bayrische Industrie GmbH für Herrn Beckenbauer monatlich an die Techniker Krankenkasse abzuführen hat?

b) Buchen Sie die Abführung der Beiträge zur Sozialversicherung am drittletzten Bankarbeitstag des Abrechnungsmonats!

2.2 Fall 2

Herr Gerd Müller ist Mitarbeiter der Bayernwerke AG in München. Herr Müller möchte privat für das Alter vorsorgen, indem er eine „Riester-Lebensversicherung“ abschließt. Folgende Daten sind bekannt:

Name:	Gerd Müller
Geboren:	04.03.1972
Sozialversicherungspflichtiges Vorjahreseinkommen:	38.400,00 €
Familienstand:	verheiratet
Kinder:	zwei (beide geboren vor dem 01.01.2008)
Kindergeld:	wird bezogen
Laufzeitbeginn der Lebensversicherung:	01.01.2010

Beraten Sie Herrn Gerd Müller unter Nachweis konkreter Berechnungen und Zahlenwerte ausführlich, wie hoch sein jährlicher Mindesteigensparbetrag sein muss und mit welchen staatlichen Zuschüssen Herr Gerd Müller rechnen kann.

Lösungen

1. Wissensfragen

1.1 Lernfragen

1. Aussage **c** ist richtig.

D

2. Aussage **d** ist richtig.

E, F

3. Die Aussagen **a** und **b** sind richtig.

E

4. Aussage **d** ist richtig.

A, B, C, D

5. Aussage **f** ist richtig.

A

A

6. a) (2)
b) (1)
c) (2)
d) (2)
e) (1)

A

7. a) 151,5 + 35,3 + 24,9 + 19,2 + 13,0 + 11,2 + 4,3 + 3,9 = 263,3
263,3 Milliarden € = 100 %
151,5 Milliarden € = X   X = **57,54 %**

b) 66,7 + 57,0 + 38,5 + 28,5 + 17,0 + 15,1 + 8,9 + 8,1 + 8,0 + 2,8 + 1,9 + 10,7 = 263,2
263,2 Milliarden € = 100 %
15,1 Milliarden € = X   X = **5,74 %**

E

8. Antwort **e** ist richtig.

F

9. Aussage **a** ist richtig.

A, B, C, D, E

10. 2.310,00 € = 100 %
2.852,00 € = X   X = 123,46 %
X = **23,46 %**

Die 23,46 % beinhalten unter anderem den Arbeitgeberanteil zur Sozialversicherung (Kranken-, Pflege-, Renten- und Arbeitslosenversicherung) sowie die Beiträge für die Berufsgenossenschaft (Gesetzliche Unfallversicherung).

11. Antwort **c** ist richtig.

12. Antwort **d** ist richtig.

A, B, C, D, E

13.

Versicherungszweig	Beitragssatz in %
Krankenversicherung	14,0 % + 0,9 % Eigenanteil Arbeitnehmer[1]
Pflegeversicherung	1,95 % + evt. 0,25 % Kinderlosenzuschlag Arbeitnehmer
Rentenversicherung	19,9 %
Arbeitslosenversicherung	2,8 %
Stand: 2010	

A, B, C, D

14. Die gesetzliche Unfallversicherung ist eine Haftpflichtversicherung der Arbeitgeber. Sie soll nach Eintritt eines Arbeitsunfalls oder einer Berufskrankheit den verletzten Arbeitnehmer oder seine Hinterbliebenen entschädigen. Diese Entschädigung erfolgt mit dem Ziel der Wiederherstellung der Erwerbsfähigkeit, der Arbeits- und Berufsförderung und der Erleichterung von Verletzungsfolgen.

Entschädigt wird in Form von Sach- und Geldleistungen. Beispiele für Leistungen sind die Durchführung von Rehabilitationsmaßnahmen, die Zahlung von Verletztengeld, Übergangsgeld, Renten, Beihilfen und Abfindungen. Der Versicherungsschutz gilt für die Folgen eines Arbeitsunfalls, einer Berufskrankheit sowie für Unfälle auf dem direkten Weg von und zur Arbeit.

E

15. Die Beiträge bemessen sich nach den Entgeltsummen der Arbeitnehmer und der Gefahrenklasse, welche dem Unternehmen zugeordnet wird. Diese wiederum ist abhängig von der Anzahl und Schwere, der in den einzelnen Gewerbezweigen vorkommenden Arbeitsunfälle. Ein Unternehmen muss der entsprechenden Berufsgenossenschaft lediglich zum Ende des Jahres bzw. am Anfang des Folgejahres die gesamte Entgeltsumme mitteilen, d. h. nicht jede Neueinstellung oder Entlassung eines Beschäftigten ist anzugeben.

E

16.

Kto-Nr.	Kontobezeichnung	SOLL €	HABEN €
6420	Beiträge zur Berufsgenossenschaft	19.200,00	
28020	Eurobank		19.200,00

E

17. 1.687,43 € = 100 %
1.880,38 € = X X = 111,43 %

Die sozialen Abgaben sind um 11,43 % höher.

A, B, C, D

18.

Versicherungszweig	Träger
Betriebliche Unfallversicherung	Berufsgenossenschaft
Krankenversicherung	Krankenkasse
Pflegeversicherung	Krankenkasse
Rentenversicherung	Deutsche Rentenversicherung
Arbeitslosenversicherung	Bundesagentur für Arbeit

A, B, C, D, E

[1] Soll ab dem 01.01.2011 auf 14,0 % + 0,9 % Eigenanteil Arbeitnehmer ansteigen.

19.
- Das Arbeitsentgelt beträgt maximal 400,00 €.
- Der Arbeitnehmer zahlt keine Steuern und Sozialversicherungsbeiträge.
- Der Arbeitgeber zahlt pauschal 30,77 % seit dem 01.01.2009.
- Für Mini-Jobs müssen Pauschalabgaben von 30 % an die Minijob-Zentrale abgeführt werden.

  Von diesem Pauschalbetrag entfallen auf die Rentenversicherung 15 %, auf die Krankenversicherung 13 % und auf die Pauschalsteuer 2 %.

  Zusätzlich werden seit 01.01.2009 Umlagen zur Lohnfortzahlung U1 (wurde bereits bisher verlangt), zum Mutterschaftsgeld U2 und zum Insolvenzgeld U3 fällig. Die Umlage U1 beträgt 0,6 %, die U2 0,07 % und die U3 0,1 %.

  Arbeitnehmer können auf die Versicherungsfreiheit in der Rentenversicherung verzichten und müssen dann einen Eigenanteil von 4,9 % tragen.

A, B, C, D

20. Drittletzter Bankarbeitstag des Monats September:
Dienstag, 30.09.
Montag, 29.09.
Freitag, 26.09.

Die Beiträge zur Sozialversicherung müssen am Freitag, den 26.09. an die Krankenkasse abgeführt werden.

2. Fallsituationen

A, B, C, D

2.1 Fall 1

a) **Hinweis:** Bei der Berechnung der Kranken- und Pflegeversicherung ist die Beitragsbemessungsgrenze zu beachten!

Berechnung Krankenversicherung AN-Anteil:

$$\frac{14\ \%}{2} = 7{,}0\ \% + 0{,}9\ \%\ \text{(Eigenanteil)} = 7{,}9\ \%$$

$$\frac{3.750{,}00\ € \cdot 7{,}9}{100} = 296{,}25\ €$$

Berechnung Rentenversicherung AN-Anteil:

$$\frac{19{,}9\ \%}{2} = 9{,}95\ \%$$

$$\frac{4.926{,}20\ € \cdot 9{,}95}{100} = 419{,}16\ €$$

Berechnung Arbeitslosenversicherung AN-Anteil:

$$\frac{2{,}8\ \%}{2} = 1{,}4\ \%$$

$$\frac{4.926{,}20\ € \cdot 1{,}4}{100} = 68{,}97\ €$$

Berechnung Pflegeversicherung AN-Anteil:

$$\frac{1{,}95\ \%}{2} = 0{,}975\ \%$$

$$\frac{3.750{,}00\ € \cdot 0{,}975}{100} = 36{,}56\ €$$

Sozialversicherung	**Arbeitnehmer**
Krankenversicherung	296,25 €
Rentenversicherung	419,16 €
Arbeitslosenversicherung	68,97 €
Pflegeversicherung	36,56 €
Gesamt	820,94 €

Berechnung Krankenversicherung AG-Anteil:

$$\frac{14{,}0\ \%}{2} = 7{,}0\ \%$$

$$\frac{3.750{,}00\ € \cdot 7{,}0}{100} = 262{,}50\ €$$

Berechnung Rentenversicherung AG-Anteil:

$$\frac{19{,}9\ \%}{2} = 9{,}95\ \%$$

$$\frac{4.926{,}20\ € \cdot 9{,}95}{100} = 419{,}16\ €$$

Berechnung Arbeitslosenversicherung AG-Anteil:

$$\frac{2{,}8\ \%}{2} = 1{,}4\ \%$$

$$\frac{4.926{,}20\ € \cdot 1{,}4}{100} = 68{,}97\ €$$

Berechnung Pflegeversicherung AG-Anteil:

$$\frac{1{,}95\ \%}{2} = 0{,}975\ \%$$

$$\frac{3.750{,}00\ € \cdot 0{,}975}{100} = 36{,}56\ €$$

Sozialversicherung	Arbeitgeber
Krankenversicherung	262,50 €
Rentenversicherung	419,16 €
Arbeitslosenversicherung	68,97 €
Pflegeversicherung	36,56 €
Gesamt	787,19 €

b)

Kto-Nr.	Kontobezeichnung	SOLL €	HABEN €
2640 2640	Vorauszahlung SV (AN-Anteil) Vorauszahlung SV (AG-Anteil)	820,94 787,19	
2800	Bank		1.608,13

D

2.2 Fall 2

Herr Gerd Müller muss ab dem Jahr 2008 zunächst 4 % seines sozialversicherungspflichtigen Vorjahreseinkommens als eigenen Mindestbeitrag in den Riestervertrag leisten; höchstens jedoch 2.100,00 €.

100 % = 38.400,00 €
4 % = X 1.536,00 €

Da Herr Gerd Müller den Mindesteigenbetrag (1.536,00 €) leisten kann, stehen ihm die vollen staatlichen Zulagen zu.

Jährliche Grundzulage pro Person: 154,00 €
Jährliche Grundzulage pro Kind: 185,00 €

154,00 + 185,00 € + 185,00 € = 524,00 €

Fazit:
Herr Gerd Müller muss in seinen Riestervertrag mindestens 1.536,00 € (höchstens jedoch 2.100,00 €) als Eigenleistung erbringen.

Darüber hinaus bekommt er für sich und seine beiden Kinder staatliche Zuschüsse von insgesamt 524,00 €.

V. Mitbestimmung der Arbeitnehmer in Unternehmen

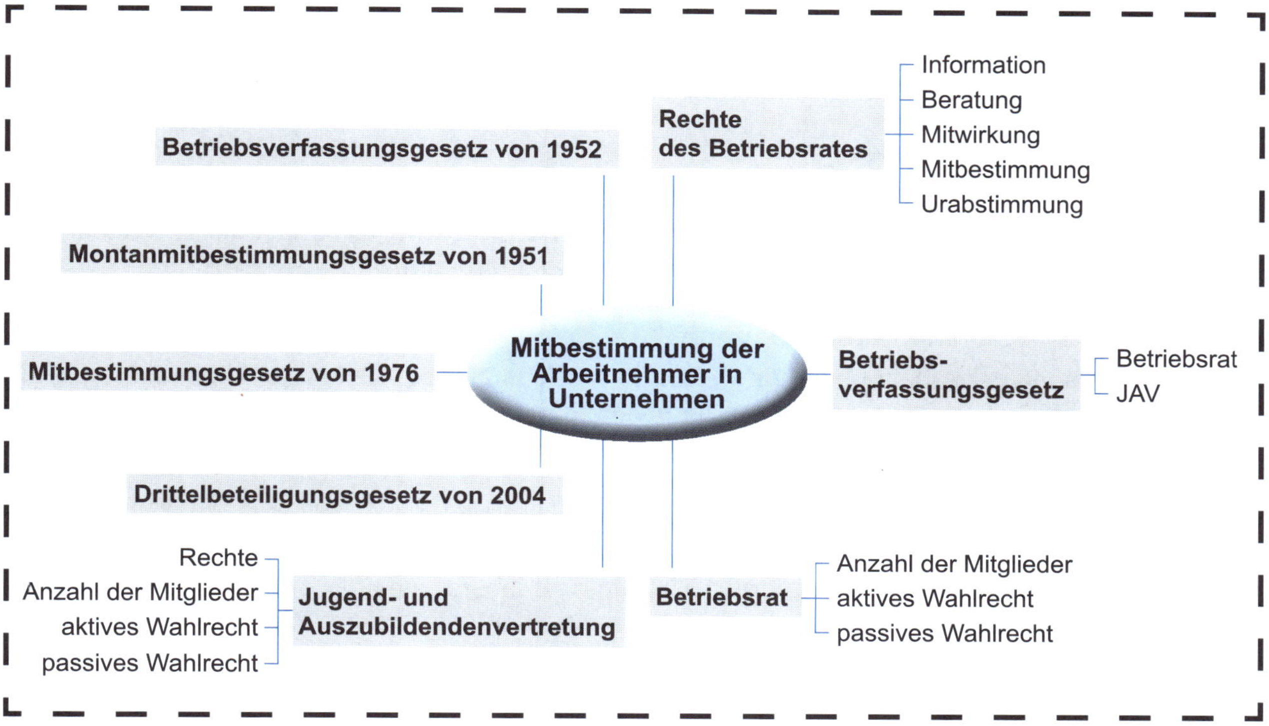

Was muss ich für die Prüfung wissen?

1. Arbeitnehmermitbestimmung im Rahmen der IHK-Prüfung

Mit Fragen zu diesem Thema müssen Sie im Prüfungsbereich Wirtschafts- und Sozialkunde rechnen. In den letzten Jahren sind vor allem Aufgaben aus den Bereichen Betriebsrat und Jugend- und Auszubildendenvertretung gestellt worden.
Grundlegende Kenntnisse sind auch im Bereich Geschäftsprozesse nötig, um Fragen aus dem Personalbereich zu Themen wie Personaleinstellung oder Personalfreisetzung beantworten zu können.

2. Das kleine ABC der Mitbestimmung von Arbeitnehmern in Unternehmen

Aktives Wahlrecht zum Betriebsrat

Alle Arbeitnehmer, die das 18. Lebensjahr vollendet haben, sind wahlberechtigt. Leiharbeiter haben das aktive Wahlrecht, wenn sie länger als drei Monate im Betrieb eingesetzt werden.

Aktives Wahlrecht zur Jugend- und Auszubildendenvertretung (JAV)

Alle jugendlichen Beschäftigten unter 18 und alle Auszubildenden unter 25 dürfen die Mitglieder der JAV wählen.

Aufsichtsrat

Durch die Mitgliedschaft von Arbeitnehmervertretern im Aufsichtsrat hat die Belegschaft von Kapitalgesellschaften und Genossenschaften im begrenzten Umfang die Möglichkeit, auf das Wirken und Handeln der Unternehmensführung Einfluss zu nehmen, da der Aufsichtsrat in eigener Leitung die Überwachung der Unternehmensleitung (Vorstand bei der AG und Genossenschaft, Geschäftsführung bei der GmbH) durchführt.

Beratungsrecht des Betriebsrats

Der Betriebsrat hat einen Anspruch auf rechtzeitige und umfassende Unterrichtung über die von der Geschäftsleitung geplanten betrieblichen Maßnahmen. Die Information ist die Voraussetzung dafür, dass der Betriebsrat seine weitergehende Rechte überhaupt wahrnehmen kann.

Betriebliche Arbeitnehmermitbestimmung

Die Mitbestimmung der Arbeitnehmer ist im Betriebsverfassungsgesetz festgehalten und regelt die Einflussmöglichkeiten des Betriebsrates auf bestimmte unternehmerische Entscheidungen.

Betriebsrat

Das Betriebsverfassungsgesetz räumt Arbeitnehmern von Betrieben ab einer bestimmten Betriebsgröße das Recht ein, einen Betriebsrat zu wählen. Wenigstens fünf wahlberechtigte Arbeitnehmer müssen ständig beschäftigt, drei auch zum Betriebsrat wählbar sein. Alle Arbeitnehmer, die das 18. Lebensjahr vollendet haben, sind wahlberechtigt; sofern sie mindestens 6 Monate dem Betrieb angehören.

Betriebsverfassungsgesetz

Rechte und Pflichten des Betriebsrates als betriebliche Interessenvertretung der Arbeitnehmer wurden 1952 nach dem Zweiten Weltkrieg im erlassenen Betriebsverfassungsgesetz (BetrVG) geregelt. Es wurde 1972 umfänglich und danach noch mehrfach in kleineren Teilen novelliert.

Betriebsversammlung

Die Durchführung von Betriebsversammlungen ist im Betriebsverfassungsgesetz vorgeschrieben. Sie dient in erster Linie der Unterrichtung der Arbeitnehmer durch den Betriebsrat, bietet darüber hinaus aber auch die Möglichkeit zur Aussprache. Durch die Betriebsversammlung können Beschlüsse gefasst werden, an die der Betriebsrat zwar nicht gebunden ist, die er jedoch im Rahmen seiner gesetzlichen Pflichten als Betriebsrat zu berücksichtigen hat. Die Betriebsversammlung besitzt auch nicht die Kompetenz, mit dem Arbeitgeber Betriebsvereinbarungen abzuschließen. Kann wegen der Eigenart eines Betriebs eine Betriebsversammlung aller Arbeitnehmer nicht zum gleichen Zeitpunkt stattfinden, sind Teilversammlungen durchzuführen. Der Betriebsrat hat einmal pro Kalendervierteljahr eine regelmäßige Betriebsversammlung einzuberufen und einen Bericht über seine Tätigkeit zu erstatten.

Drittelbeteiligungsgesetz von 2004

Gilt für die Bildung des Aufsichtsrats von Kapitalgesellschaften (AG, KGaA und GmbH) und Genossenschaften mit 501 bis 2.000 Mitarbeitern und in Versicherungsvereinen auf Gegenseitigkeit mit mehr als 500 Mitarbeitern.

Einigungsstelle

Die Einigungsstelle dient der Beilegung von Streitigkeiten zwischen Arbeitgeber und Betriebsrat. Die Zusammensetzung erfolgt je zur Hälfte aus Mitgliedern, die Betriebsrat und Arbeitgeber benennen. Der Vorsitzende wird von beiden Parteien gewählt und ist eine neutrale und unabhängige Person (oftmals ein Arbeitsrichter).

Europäischer Betriebsrat (EBR)

Da viele deutsche Unternehmen auch im EU-Ausland Niederlassungen oder Produktionsstandorte unterhalten, müssen Arbeitnehmer in Unternehmen mit mindestens 1.000 Beschäftigten und jeweils wenigstens 150 Beschäftigten in zwei EU-Ländern von einem Europäischen Betriebsrat vertreten werden.

Informationsrecht des Betriebsrats

Der Betriebsrat hat das Recht, aufgrund der ihm gegebenen Informationen, seine Auffassung darüber dem Arbeitgeber darzulegen und Gegenvorschläge zu unterbreiten. Die Beratung geht damit über die einseitige Information hinaus. Eine Einigung ist jedoch nicht erzwingbar. Die Beratung ist ausdrücklich in so genannten „wirtschaftlichen Angelegenheiten" vorgeschrieben.

Jugend- und Auszubildendenvertretung (JAV)

Die JAV ist eine Interessenvertretung für junge Arbeitnehmer. Sie achtet unter anderem darauf, dass die für Jugendliche und Auszubildende relevanten Gesetze, Tarifverträge und Betriebsvereinbarungen im Unternehmen eingehalten werden.

Mitbestimmungsgesetz von 1976

Gilt für Kapitalgesellschaften, AG, KGaA und GmbH) sowie Erwerbs- und Wirtschaftsgenossenschaften mit über 2.000 Arbeitnehmern, die nicht der Montanindustrie zuzuordnen sind.

Mitbestimmungsrecht des Betriebsrats (im engeren Sinne)

Die Mitbestimmung im engeren Sinne ist zwingend. Dies bedeutet, dass der Arbeitgeber bestimmte Maßnahmen nur mit Zustimmung des Betriebsrats durchführen kann. Diese eigentliche Mitbestimmung steht dem Betriebsrat vor allem in so genannten „sozialen Angelegenheiten" zu, soweit eine gesetzliche oder tarifliche Regelung nicht besteht.

Mitwirkungsrecht des Betriebsrats

Das Mitwirkungsrecht des Betriebsrats wird auch als „eingeschränkte Mitbestimmung" bezeichnet. Im Gegensatz zum Beratungsrecht besitzt hier der Betriebsrat ein Vetorecht (Widerspruchsrecht). Die eingeschränkte Mitbestimmung umfasst vor allem „personelle Angelegenheiten".

Montanmitbestimmungsgesetz von 1951

Gilt für die Bildung des Aufsichtsrats von Aktiengesellschaften und GmbH mit über 1.000 Arbeitnehmern im Bergbau und in der Eisen- und Stahlindustrie.

Passives Wahlrecht in den Betriebsrat

Sofern Arbeitnehmer mindestens 6 Monate dem Betrieb angehören, sind sie zum Betriebsrat wählbar.

Passives Wahlrecht in die Jugend- und Auszubildendenvertretung (JAV)

Jeder Arbeitnehmer bis zur Vollendung des 25. Lebensjahres – auch, wenn dieser nicht mehr in der Ausbildung ist – darf sich zur Wahl aufstellen lassen.

Unternehmensmitbestimmung der Arbeitnehmer

Die Mitbestimmung der Arbeitnehmervertreter im Aufsichtsrat ist durch verschiedene Gesetze (Drittelbeteiligungsgesetz, Mitbestimmungsgesetz und Montanmitbestimmungsgesetz) für bestimmte juristische Personen (Kapitalgesellschaften und Genossenschaften) ab einer bestimmten Mitarbeiterzahl geregelt.

Was erwartet mich in der Prüfung?

1. Das Lernlabyrinth

B Haben alle Unternehmen eine Jugend- und Auszubildendenvertretung?

A Welche Einflussmöglichkeiten hat ein Betriebsrat auf die Unternehmensführung?

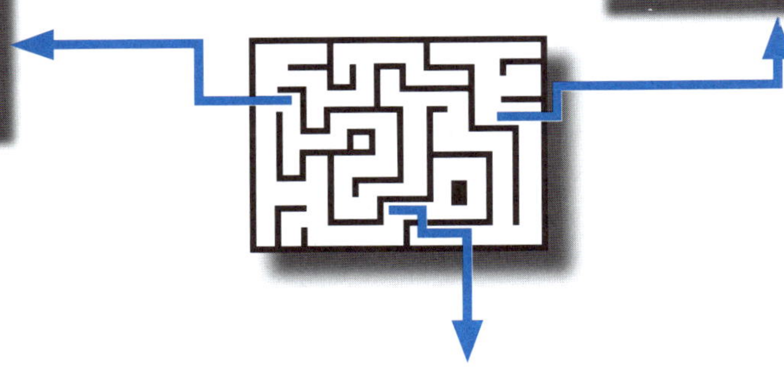

C Bei welchen Unternehmen sitzen Arbeitnehmervertreter im Aufsichtsrat von Unternehmen?

2. Wege aus dem Lernlabyrinth

A Welche Einflussmöglichkeiten hat ein Betriebsrat auf die Unternehmensführung?

Eine Demokratisierung der Gesellschaft findet nicht nur im politischen Bereich statt, sondern erstreckt sich auch auf die Berufs- und Arbeitswelt.

Der Gesetzgeber räumt mit dem **Betriebsverfassungsgesetz (BetrVG)** den Arbeitnehmern über den Betriebsrat Mitbestimmungs- und Mitwirkungsrechte im Betrieb in **sozialen, personellen und wirtschaftlichen Angelegenheiten** ein.

Der Betriebsrat ist die Vertretung der Arbeitnehmer. In Betrieben mit in der Regel mindestens fünf ständigen wahlberechtigten Arbeitnehmern, von denen drei wählbar sind, werden Betriebsräte gewählt (§ 1 BetrVG).

Der Betriebsrat		
Wahl (§ 7 BetrVG)	**Zusammensetzung (§ 9 BetrVG)**	**Amtszeit (§ 21 BetrVG)**
Alle Arbeitnehmer, die das 18. Lebensjahr vollendet haben, sind wahlberechtigt (aktives Wahlrecht). Leiharbeiter haben das aktive Wahlrecht, wenn sie länger als drei Monate im Betrieb eingesetzt werden. Sofern Arbeitnehmer mindestens 6 Monate dem Betrieb angehören, sind sie zum Betriebsrat wählbar (passives Wahlrecht). Leitende Angestellte besitzen weder das aktive noch das passive Wahlrecht, es gibt für diese Gruppe eine eigene Vertretung, den Sprecherausschuss.	Betriebe mit 5 - 20 wahlberechtigten Arbeitnehmern erhalten einen Betriebsobmann, Betriebe mit 21 - 50 Arbeitnehmern erhalten 3 Mitglieder des Betriebsrats. Darüber hinaus kommt es auf die Anzahl der Arbeitnehmer an.	Sie beträgt 4 Jahre. Die Wahlen finden alle 4 Jahre in der Zeit vom 01.03. bis 31.05. eines Jahres statt.

Die im BetrVG geregelte Mitbestimmung des Betriebsrats umfasst mehrere Stufen, sodass von „Mitbestimmung im weiteren Sinne" gesprochen wird. Es gilt:

Stufen der betrieblichen Mitwirkung des Betriebsrats			
Informationsrecht	**Beratungsrecht**	**Mitwirkungsrecht**	**Mitbestimmungsrecht**
Der Betriebsrat hat das Recht auf rechtzeitige und umfassende Unterrichtung über die von der Unternehmensführung geplanten Maßnahmen. Bsp.: Informationen über geplante Neu-, Um- und Erweiterungsinvestitionen, Einstellung leitender Angestellter.	Der Betriebsrat hat das Recht, aufgrund der ihm gegebenen Informationen bezüglich wirtschaftlicher Angelegenheiten, seine Auffassung gegenüber dem Arbeitgeber darzulegen und Gegenvorschläge zu unterbreiten. Eine Einigung ist nicht erzwingbar. Bsp.: Personalplanung (gegenwärtiger und zukünftiger Personalbedarf), Ausschreibung von Arbeitsplätzen, Rationalisierungsvorhaben, Einschränkung oder Stilllegung von Betriebsteilen, Zusammenschluss von Betrieben, Änderung der Betriebsorganisation oder des Betriebszwecks,sofern nicht Betriebs- oder Geschäftsgeheimnisse gefährdet werden. Einführung neuer Arbeitsverfahren und Arbeitsabläufe oder Veränderungen von Arbeitsplätzen.	Der Betriebsrat hat ein Vetorecht vor allem bei personellen Angelegenheiten. Bei Kündigungen durch den Arbeitgeber hat der Betriebsrat ein Widerspruchsrecht. Bsp.: Neueinstellungen, Eingruppierung von Entgeltgruppen, Versetzungen und bei Kündigungen. Im Zweifelsfall muss der Streit zwischen Unternehmensführung und Betriebes vor einem Arbeitsgericht (siehe Kapitel II, Seite 55) geklärt werden.	Der Arbeitgeber kann bestimmte Maßnahmen, die vor allem soziale Angelegenheiten des Betriebes berühren, nur mit Zustimmung des Betriebsrats durchführen. Bsp.: Arbeitszeitregelungen, Zeit, Ort, und Art der Auszahlung der Arbeitsentgelte, Ausstellung allgemeiner Urlaubsgrundsätze und des Urlaubsplans, Einführung der Arbeitszeitüberwachung (z. B. Stempeluhr), Regelungen der Unfallverhütung, Form, Ausgestaltung und Verwaltung der Sozialeinrichtungen (z. B. Kantine), Zuweisung und Kündigung von Werkswohnungen, betriebliche Entgeltgestaltung (z. B. Entgelt-Rahmenabkommen), Regelung des betrieblichen Vorschlagswesens und den Abschluss von Betriebsvereinbarungen.

Die Amtszeit der Betriebsratsmitglieder beträgt 4 Jahre. Die Wahlen finden alle 4 Jahre in der Zeit vom 01.03 bis 31.05. eines Jahres statt (§ 21 BetrVG). Die Amtszeit erlischt neben Ablauf der Amtszeit generell, wenn ein BR-Mitglied sein Amt niederlegt oder sein Arbeitsverhältnis beendet (§ 24 BetrVG).

Betriebsratsmitglieder unterliegen nach dem Kündigungsschutzgesetz (KSchG) einem besonderen Schutz vor Entlassungen. Einem Betriebsratsmitglied darf während seiner Amtszeit nur aus wichtigem Grund außerordentlich gekündigt werden. Eine fristgerechte Kündigung aus anderen Gründen ist ausgeschlossen, um den Betriebsrat vor Sanktionen wegen seines Einsatzes für die Belegschaft zu schützen. Ziel ist es, dass der Betriebsrat seine Arbeit ohne Rücksicht auf Befindlichkeiten seines Arbeitgebers effektiv ausüben kann.

Die Anzahl der Betriebsratsmitglieder hängt ab von den im Unternehmen beschäftigten wahlberechtigten Arbeitnehmern. Es gilt gemäß (§ 9 BetrVG):

5 bis 20	wahlberechtigte Arbeitnehmer -	1 BR-Mitglied
21 bis 50	wahlberechtigte Arbeitnehmer -	3 BR-Mitglieder
51 bis 100	wahlberechtigte Arbeitnehmer -	5 BR-Mitglieder
101 bis 200	wahlberechtigte Arbeitnehmer -	7 BR-Mitglieder
201 bis 400	wahlberechtigte Arbeitnehmer -	9 BR-Mitglieder
401 bis 700	wahlberechtigte Arbeitnehmer -	11 BR-Mitglieder
701 bis 1.000	wahlberechtigte Arbeitnehmer -	13 BR-Mitglieder
1.001 bis 1.500	wahlberechtigte Arbeitnehmer -	15 BR-Mitglieder
1.501 bis 2.000	wahlberechtigte Arbeitnehmer -	17 BR-Mitglieder
2.001 bis 2.500	wahlberechtigte Arbeitnehmer -	19 BR-Mitglieder
2.501 bis 3.000	wahlberechtigte Arbeitnehmer -	21 BR-Mitglieder
3.001 bis 3.500	wahlberechtigte Arbeitnehmer -	23 BR-Mitglieder
3.501 bis 4.000	wahlberechtigte Arbeitnehmer -	25 BR-Mitglieder
4.001 bis 4.500	wahlberechtigte Arbeitnehmer -	27 BR-Mitglieder
4.501 bis 5.000	wahlberechtigte Arbeitnehmer -	29 BR-Mitglieder
5.001 bis 6.000	wahlberechtigte Arbeitnehmer -	31 BR-Mitglieder
6.001 bis 7.000	wahlberechtigte Arbeitnehmer -	33 BR-Mitglieder
7.001 bis 8.000	wahlberechtigte Arbeitnehmer -	35 BR-Mitglieder

In Betrieben mit mehr als 9.000 Arbeitnehmern erhöht sich die Zahl der Mitglieder für je angefangene weitere 3.000 Arbeitnehmer um 2 Mitglieder.

Auch wenn Betriebe die Voraussetzung erfüllen, einen Betriebsrat zu bilden, besteht keine Verpflichtung, diesen zu installieren (Beispiele: Der Discounter Aldi Süd oder die Fluggesellschaft Air Berlin).

Mitglieder des Betriebsrates müssen von ihrer beruflichen Tätigkeit freigestellt werden, sobald das Unternehmen eine bestimmte Mitarbeiterstärke erreicht. Es gilt (§ 38 BetrVG):

200 bis 500	wahlberechtigte Arbeitnehmer -	1 Br-Mitglied
501 bis 900	wahlberechtigte Arbeitnehmer -	2 Br-Mitglieder
901 bis 1.500	wahlberechtigte Arbeitnehmer -	3 Br-Mitglieder
1.501 bis 2.000	wahlberechtigte Arbeitnehmer -	4 Br-Mitglieder
2.001 bis 3.000	wahlberechtigte Arbeitnehmer -	5 Br-Mitglieder
3.001 bis 4.000	wahlberechtigte Arbeitnehmer -	6 Br-Mitglieder
4.001 bis 5.000	wahlberechtigte Arbeitnehmer -	7 Br-Mitglieder
5.001 bis 6.000	wahlberechtigte Arbeitnehmer -	8 Br-Mitglieder
6.001 bis 7.000	wahlberechtigte Arbeitnehmer -	9 Br-Mitglieder
7.001 bis 8.000	wahlberechtigte Arbeitnehmer -	10 Br-Mitglieder
8.001 bis 9.000	wahlberechtigte Arbeitnehmer -	11 Br-Mitglieder
9.001 bis 10.000	wahlberechtigte Arbeitnehmer -	12 Br-Mitglieder

In Betrieben mit mehr als 10.000 Arbeitnehmern ist für je angefangene weitere 2.000 Arbeitnehmer ein weiteres BR-Mitglied freizustellen. Eine Freistellung muss nicht als Vollfreistellung erfolgen (§ 38 BetrVG). Auf diese Weise erhalten auch Teilzeitbeschäftigte die Möglichkeit zur BR-Mitgliedschaft. Fachkräfte verlieren somit nicht ihre Verbindung zum Arbeitsleben.

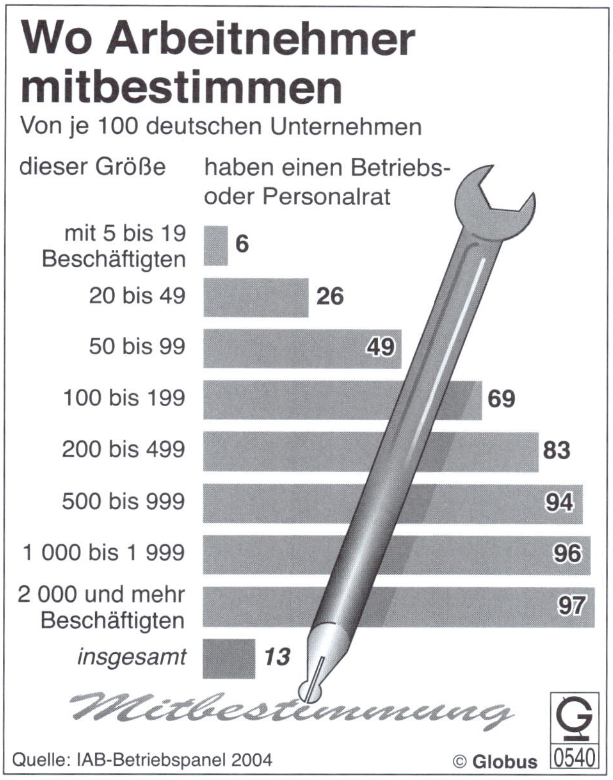

Da viele deutsche Unternehmen auch im EU-Ausland Niederlassungen oder Produktionsstandorte unterhalten, müssen Arbeitnehmer in Unternehmen mit mindestens 1.000 Beschäftigten und jeweils mindestens 150 Beschäftigten in zwei EU-Ländern von einem Europäischen Betriebsrat (EBR) vertreten werden.

Die Schaffung der Institution geht auf die Richtlinie der Europäischen Gemeinschaft 94/45/EG vom 22. September 1994 zurück, die durch das Europäische Betriebsräte-Gesetz (EBRG) vom 28. Oktober 1996 in Deutschland umgesetzt wurde.

Grundsätzlich soll eine grenzübergreifende Information und Anhörung der Arbeitnehmer durch eine freiwillige Vereinbarung mit der zentralen Unternehmensleitung sichergestellt werden. Dazu können Arbeitnehmer oder deren Vertreter (Betriebsräte) einen schriftlichen Antrag bei der zentralen Unternehmensleitung stellen. Er muss von mindestens 100 Arbeitnehmern oder deren Vertretern unterzeichnet sein, die in mindestens zwei verschiedenen EU-Staaten beschäftigt sind.

Können sich Arbeitnehmervertreter und zentrale Unternehmensleitung nicht einigen, wird kraft Gesetzes ein EBR errichtet.

Das ist konkret der Fall, wenn

- die zentrale Leitung innerhalb von sechs Monaten nach Antragstellung die Einrichtung eines Europäischen Betriebsrates verweigert,
- die zentrale Leitung und das besondere Verhandlungsgremium die Verhandlungen für gescheitert erklären oder
- innerhalb von drei Jahren nach Antragstellung keine Vereinbarung zu Stande kommt.

Für die Ausgestaltung des EBR haben Arbeitnehmervertreter und Unternehmensleitung weitgehend freie Hand.

B Haben alle Unternehmen eine Jugend- und Auszubildendenvertretung?

Die **Jugend- und Auszubildendenvertretung (JAV)** ist eine Interessenvertretung für junge Arbeitnehmer. Sie achtet unter anderem darauf, dass die für Jugendliche und Auszubildende relevanten Gesetze, Tarifverträge und Betriebsvereinbarungen im Unternehmen eingehalten werden.

Zu deren Aufgaben gehört unter anderem,

- beim Betriebsrat Maßnahmen beantragen (z. B. eigenes „Pausenzimmer"),
- auf die Einhaltung der Gesetze, Schutzvorschriften, Tarifverträge und Betriebsvereinbarungen zugunsten der jugendlichen Arbeitnehmer und Auszubildenden zu achten sowie
- Anregungen und Beschwerden zur „Erledigung" an den Betriebsrat weiterzuleiten.

Voraussetzungen für die Wahl einer JAV sind:

- im Unternehmen existiert ein Betriebsrat und
- im Betrieb arbeiten mindestens 5 Jugendliche unter 18 Jahren oder Beschäftigte zur Berufsausbildung (Auszubildende, Praktikanten, Werkstudenten) unter 25 Jahren.

Alle jugendlichen Beschäftigten unter 18 und alle Auszubildenden unter 25 dürfen die Jugend- und Auszubildendenvertretung wählen (**aktives Wahlrecht**).

Jeder Arbeitnehmer bis zur Vollendung des 25. Lebensjahres - auch, wenn dieser nicht mehr in der Ausbildung ist - darf sich zur Wahl aufstellen lassen (**passives Wahlrecht**). Er darf nicht Mitglied des Betriebsrates sein. Mitglieder, welche im Laufe der Amtszeit das 25. Lebensjahr überschreiten, bleiben gem. § 64 Abs. 3 BetrVG dennoch Mitglied der JAV.

Die Größe der JAV (1 bis 15 Mitglieder) richtet sich nach der Anzahl der Jugendlichen und Auszubildenden im Unternehmen. In ihrer Zusammensetzung sollen sich die verschiedenen Beschäftigungsarten und Ausbildungsberufe im Betrieb widerspiegeln.

Nach § 67 Abs. 1 BetrVG kann die JAV zu allen Betriebsratssitzungen einen Vertreter entsenden. Werden Angelegenheiten behandelt, die die Jugendlichen und Auszubildenden betreffen, hat zu diesen Tagesordnungspunkten die gesamte JAV ein Teilnahmerecht und ist daher vom Betriebsratsvorsitzenden einzuladen. Das Teilnahmerecht ist hier auf eine beratende Teilnahme beschränkt.

Betreffen die zu fassenden Beschlüsse des Betriebsrats jedoch überwiegend die Interessen der Jugendlichen und Auszubildenden, sind alle Mitglieder der JAV teilnahme- und stimmberechtigt.

C Bei welchen Unternehmen sitzen Arbeitnehmervertreter im Aufsichtsrat von Unternehmen?

Die Notwendigkeit zur Mitbestimmung wird damit begründet, dass in einer Wirtschaftsordnung der Arbeitnehmer nicht vornehmlich Objekt fremder Entscheidungen sein darf. Er muss das Recht haben, an unternehmerischen Entscheidungen, die seinen persönlichen Lebensbereich berühren, beteiligt zu werden. Aus diesem Grund sind die Arbeitnehmer bei Kapitalgesellschaften AG, GmbH, KGaA und teilweise bei Genossenschaften ab einer bestimmten Anzahl von Mitarbeitern im Aufsichtsrat vertreten.

Da bei Kapitalgesellschaften und Genossenschaften der Aufsichtsrat in eigener Leitung die Überwachung der Unternehmensleitung (Vorstand bei der AG und Genossenschaft, Geschäftsführung bei der GmbH) durchführt, ist eine Beteiligung der von den getroffenen Entscheidungen betroffenen Arbeitnehmer sinnvoll. Daneben sind viele Entscheidungen des Vorstands von der Mitbestimmung des Betriebsrats ausgegrenzt (z. B. Investitions- und Schrumpfungsvorhaben, Dividendenhöhe, Aufbau des Produktprogramms), sodass eine Erweiterung der Einflussnahme der Arbeitnehmer auf die Entscheidungen des Vorstandes bzw. der Geschäftsführung stattfindet.

Das Recht, dass eine bestimmte Anzahl von Arbeitnehmern im Aufsichtsrat vertreten ist, wird durch folgende Gesetze bestimmt:

Drittelbeteiligungsgesetz von 2004	**Mitbestimmungsgesetz von 1976**	**Montanmitbestimmungsgesetz von 1951**
• Das Gesetz hat die Bestimmungen des Betriebsverfassungsgesetzes von 1951 im Jahr 2004 abgelöst. • Gilt für Kapitalgesellschaften (AG, KGaA und GmbH) und Genossenschaften mit 501 bis 2.000 Mitarbeitern und in Versicherungsvereinen auf Gegenseitigkeit (z. B. HUK-Coburg, Signal-Iduna) mit mehr als 500 Mitarbeitern. • Der Aufsichtsrat dieser Unternehmen setzt sich zu 1/3 aus Arbeitnehmervertretern und zu 2/3 aus Vertretern der Anteilseigner (Eigenkapitalgeber) zusammen. • Die Größe des Aufsichtsrats ist nicht vorgeschrieben, doch muss die Zahl seiner Mitglieder durch drei teilbar sein. • Der Aufsichtsrat muss zwei Sitzungen im Kalenderjahr abhalten.	• Gilt für Kapitalgesellschaften, wie AG (z. B. Adidas AG, Siemens AG), KGaA (z. B. Henkel KGaA), GmbH und Erwerbs- und Wirtschaftsgenossenschaften (z. B. Winzergemeinschaft Franken eG) mit über 2.000 Arbeitnehmern. • Die Aufsichtsräte dieser Unternehmen mit 12, 16 oder 20 Mitgliedern werden je zur Hälfte von den Anteilseignern und den Arbeitnehmern besetzt. • Die Anteilseigner haben das Recht, den Aufsichtsratsvorsitzenden zu bestimmen, der bei Stimmengleichheit ein doppeltes Stimmrecht besitzt. • Das Gesetz findet keine Anwendung in Betrieben der Montanindustrie.	• Gilt für Aktiengesellschaften und GmbH mit über 1.000 Arbeitnehmern im Bergbau und in der Eisen- und Stahlindustrie (z. B. Thyssen-Krupp AG). • Der in Montanunternehmen gebildete Aufsichtsrat setzt sich zu gleichen Anteilen aus Vertretern der Anteilseigner und der Arbeitnehmer zusammen. • Jede Seite benennt außerdem zwei weitere Mitglieder, die nicht an das Unternehmen, an Gewerkschaften oder an Arbeitgeberverbände gebunden sind. Hinzu kommt noch ein neutrales Mitglied, auf das sich beide Seiten einigen müssen.

So trainiere ich für die Prüfung

Aufgaben

1. Wissensfragen

1.1 Lernfragen

1. Welche Arbeitnehmer dürfen den Betriebsrat wählen und welche Arbeitnehmer dürfen zum Betriebsrat gewählt werden? Aktives: AN ab 18 Jahren, Passives: AN ab 18 Jahren mit 6-monatiger Betriebszugehörigkeit
2. Zu welchem Zeitpunkt und in welchem Rhythmus finden Betriebsratswahlen statt? alle 4 Jahre
3. Unterscheiden Sie die Stufen der betrieblichen Mitwirkung des Betriebsrates. Informationsrecht, Beratungsrecht, Mitwirkungsrecht, Mitbestimmungsrecht
4. Welche Arbeitnehmer haben ein aktives bzw. ein passives Wahlrecht für die Jugend- und Auszubildendenvertretung? Aktives: AN unter 18, Azubis unter 25, Passives: AN unter 25
5. Nennen Sie je drei Aufgaben des Betriebsrates und der Jugend- und Auszubildendenvertretung. BR: Gesetze überwachen, vermitteln, mitbestimmen, JAV: Gesetze überwachen, Maßnahmen BR beantragen
6. In welchen Unternehmen kann eine Jugend- und Auszubildendenvertretung, in welchen Unternehmen ein Betriebsrat gewählt werden? BR: mind. 5 AN über 18, 3 davon wählbar
JAV: BR, mind. 5 AN unter 18 / Azubis unter 25
7. Welche Gesetze regeln die betriebliche Mitbestimmung von Arbeitnehmern? Betriebsverfassungsgesetz
8. In welchem Verhältnis ist der Aufsichtsrat einer AG mit 3.000 Beschäftigten besetzt?

1.2 Mehrfachauswahl

1. Dem Betriebsrat der Büromöbel AG stehen nach dem Betriebsverfassungsgesetz (BetrVG) verschiedene Rechte zu. Prüfen Sie, in welcher der folgenden Fälle dem Betriebsrat der Büromöbel AG ein Mitbestimmungsrecht zusteht.
   a) Veränderung der Pausenregelung durch die Einführung längerer Produktionszeiten.
   b) Änderung der Verfahrensweise für die Bestellung von Maschinen für die Produktion bis 500.000,00 EUR
   c) Einstellung eines leitenden Angestellten
   d) Berufung des Aufsichtsratsvorsitzenden
   e) Ordentliche Kündigung eines Mitarbeiters
   f) Anordnung von Mehrarbeit für die Mitarbeiter der Personalabteilung

2. Der Betriebsrat der Büromöbel AG wurde bei den nachstehenden Maßnahmen in den Entscheidungsprozess eingebunden. Geben Sie die Maßnahme an, die die Büromöbel AG ohne Zustimmung des Betriebsrats umsetzen kann.

Die Büromöbel AG will ...

a) zwecks genauer Erfassung der Arbeitszeiten erstmals ein elektronisches Zeiterfassungssystem einführen.
b) einen leitenden Angestellten einstellen.
c) ein leistungs- und erfolgsabhängiges Vergütungssystem einführen.
d) zur Verbesserung der Arbeitsgeschwindigkeit der betriebseigenen PCs einen zusätzlichen Server anschaffen.
e) eine Betriebsordnung erlassen.
f) einen nach Meinung der Ausbildungsabteilung ungeeigneten Ausbilder entlassen.
g) die Programmierarbeiten künftig von einer Fremdfirma ausführen lassen.

3. Für die Wahl der Jugend- und Auszubildendenvertretung eines Betriebes gelten gesetzliche Vorschriften. Welche der nachstehenden Personenkreise sind danach wahlberechtigt?

a) Alle Arbeitnehmer, die das 18. Lebensjahr noch nicht vollendet haben.
b) Alle Arbeitnehmer, die das 21. Lebensjahr noch nicht vollendet haben.
c) Alle Arbeitnehmer, die das 25. Lebensjahr noch nicht vollendet haben.
d) Alle Auszubildenden, die das 25. Lebensjahr noch nicht vollendet haben.
e) Nur die Auszubildenden, die das 18. Lebensjahr noch nicht vollendet haben.
f) Nur die Auszubildenden, die das 21. Lebensjahr noch nicht vollendet haben.

4. In der Büromöbel AG soll eine neue Jugend- und Auszubildendenvertretung (JAV) gewählt werden. Von der Ausbildungsleitung erhalten Sie den Auftrag, die Auszubildenden des 1. Ausbildungsjahres über die Rechte und Pflichten sowie die gesetzlichen Grundlagen der JAV zu informieren. Geben Sie die für die JAV zutreffenden Aussagen an.

a) Die Rechte und Pflichten der JAV ergeben sich aus dem Jugendarbeitsschutzgesetz.
b) Aufgabe der JAV ist es, über die Einhaltung der gesetzlichen Vorschriften des Berufsbildungsgesetzes zu wachen.
c) Die JAV beantragt Maßnahmen, die ausschließlich Jugendlichen und Auszubildenden zugute kommen, direkt beim Arbeitgeber.
d) Die Zahl der zu wählenden Jugend- und Auszubildendenvertreter ergibt sich aus der Anzahl aller Arbeitnehmer der Büromöbel AG.
e) Die regelmäßige Amtszeit der JAV beträgt zwei Jahre.
f) Die JAV hat das Recht, jederzeit eine betriebliche Jugend- und Auszubildendenversammlung einzuberufen.

5. Prüfen Sie, welche der folgenden Aussagen im Zusammenhang mit der Wahl der Jugend- und Auszubildendenvertretung zutreffend sind.

a) Entsprechend der Anzahl der Mitarbeiter sind zwischen 1 und 5 Jugend- und Auszubildendenvertreter zu wählen.
b) Arbeitnehmer können nicht gewählt werden, sofern sie das 18. Lebensjahr bereits vollendet haben.
c) Arbeitnehmer können gewählt werden, sofern sie das 25. Lebensjahr noch nicht vollendet haben.
d) Wahlberechtigt sind nur die jugendlichen Arbeitnehmer und die Auszubildenden unter 25 Jahren.

e) Arbeitnehmer können nicht gewählt werden, sofern sie nicht dem Betriebsrat angehören.
f) Die Jugend- und Auszubildendenvertretung kann in offener Wahl gewählt werden.

6. Bestimmen Sie die Aussage, die die Betriebsversammlung richtig beschreibt.

a) Sie ist die Versammlung von Mitarbeitern, in der der Betriebsrat gewählt wird.
b) Sie ist die Versammlung aller Geschäftsleitungsmitglieder, in der über ein neues Projekt beraten wird.
c) Sie ist die Versammlung von allen Betriebsratsmitgliedern, in der über einen Vorschlag der Geschäftsleitung beraten wird.
d) Sie ist die Versammlung der Mitarbeiter eines Betriebs während der Arbeitszeit, die vom Betriebsrat einberufen wird.
e) Sie ist die Versammlung von Mitarbeitern nach Dienstende, in der der Betriebsrat die Mitarbeiter über wesentliche tarif- und sozialpolitische Änderungen informiert.

7. Der Betriebsrat hat regelmäßig Betriebsversammlungen abzuhalten. Prüfen Sie, welche der folgenden Aussagen den Vorschriften des Betriebsverfassungsgesetzes entsprechen.

a) Da Betriebsversammlungen öffentlich sind, können die Vertreter der örtlichen Presse eingeladen werden, wenn der Unternehmensvorstand in der Betriebsversammlung über ein sehr erfolgreiches Geschäftsjahr berichten möchte.
b) Der Arbeitgeber kann alle Mitarbeiter zur Teilnahme an der Betriebsversammlung verpflichten, wenn er wesentliche organisatorische Veränderungen bekannt geben will.
c) An der Betriebsversammlung kann ein Vertreter der Gewerkschaft, in der die Mitarbeiter des Betriebes organisiert sind, beratend teilnehmen.
d) Die Zeit der Teilnahme an Betriebsversammlungen einschließlich der zusätzlichen Wegezeiten wird nicht als Arbeitszeit berechnet und ist den Arbeitnehmern daher nicht zu vergüten.
e) Der Arbeitgeber ist zu den Betriebsversammlungen einzuladen und ist auch berechtigt, in den Versammlungen zu sprechen.
f) Bei einer Aktiengesellschaft wird die Betriebsversammlung vom Vorstandsvorsitzenden des Unternehmens geleitet.
g) Der Arbeitgeber kann vom Betriebsrat die Einberufung einer Betriebsversammlung verlangen, um die Arbeitnehmer über die schlechte wirtschaftliche Lage des Unternehmens zu informieren.

8. In welchem Gesetz sind die Beziehungen zwischen Arbeitgeber, Arbeitnehmer und Betriebsrat geregelt?

a) Bürgerliches Gesetzbuch
b) Handelsgesetzbuch
c) Betriebsverfassungsgesetz
d) Tarifvertragsgesetz
e) Arbeitsschutzgesetz

9. Wenn Meinungsverschiedenheiten nicht im Betrieb gelöst werden können, entscheidet entweder das Arbeitsgericht oder die Einigungsstelle. Prüfen Sie, in welchem der folgenden Fälle die Einigungsstelle entscheidet.

a) Bei Meinungsverschiedenheiten zwischen Arbeitgeber und Betriebsrat in Angelegenheiten, in denen der Betriebsrat ein Beratungsrecht hat.
b) Bei drohenden Arbeitskampfmaßnahmen zwischen Arbeitgeber und Betriebsrat.
c) Bei Meinungsverschiedenheiten zwischen Arbeitgeber und Arbeitnehmern.
d) Bei Meinungsverschiedenheiten zwischen Arbeitgeber und Betriebsrat in Angelegenheiten, in denen der Betriebsrat ein Mitbestimmungsrecht hat.
e) Bei Meinungsverschiedenheiten zwischen Arbeitgeber und Betriebsrat in Angelegenheiten, in denen der Betriebsrat ein Mitwirkungsrecht hat.

10. Die Jugend- und Auszubildendenvertretung wurde inzwischen gewählt. Prüfen Sie, in welchem Fall diese ihre Kompetenz überschreiten würde.

a) Sie verhandelt mit der Geschäftsleitung über einen neuen Aufenthaltsraum.
b) Sie beantragt, den Wunsch der Auszubildenden nach einer innerbetrieblichen Prüfungsvorbereitung auf die Tagesordnung der nächsten Betriebsratssitzung zu setzen.
c) Sie beruft im Einvernehmen mit dem Betriebsrat eine Jugend- und Auszubildendenversammlung ein.
d) Sie entsendet zu allen Betriebsratssitzungen einen Vertreter.
e) Sie berät eine Auszubildende, die die Berufsausbildung aufgeben möchte.
f) Die Jugend- und Auszubildendenvertreter verlangen ein Mitbestimmungsrecht für alle Betriebsratsbeschlüsse.

11. Es findet eine Sitzung des Betriebsrates statt. Auf der Tagesordnung stehen vor allem Fragen zur Berufsausbildung. Stellen Sie fest, wer an dieser Sitzung mit welchem Recht teilnehmen darf.

a) An dieser Sitzung darf nur der Vorsitzende der Jugend- und Auszubildendenvertretung mit Stimmrecht teilnehmen.
b) In der Sitzung hat der Vorsitzende der Jugend- und Auszubildendenvertretung bei Fragen der Berufsausbildung nur eine beratende Stimme.
c) An dieser Sitzung darf jedes Mitglied der Jugend- und Auszubildendenvertretung teilnehmen und hat dabei ein Stimmrecht.
d) Es ist keine Teilnahme der Mitglieder der Jugend- und Auszubildendenvertretung notwendig, weil die Jugend- und Auszubildendenvertretung mit der Geschäftsleitung eigene Vereinbarungen zur Berufsausbildung trifft.
e) Es ist zwingend vorgeschrieben, dass jedes Mitglied der Jugend- und Auszubildendenvertretung und der Ausbildungsleiter an der Sitzung teilnehmen.

12. Am 12. März 2010 finden in der Büromöbel AG Betriebsratswahlen statt. Zurzeit hat die Büromöbel AG folgende Beschäftigtenstruktur:

Mitarbeiter insgesamt (ohne Auszubildende)	8.750
Mitarbeiter, die zum 1. April 2010 eingestellt werden; die Arbeitsverträge sind bereits unterzeichnet	35
Auszubildende insgesamt	580
davon Auszubildende unter 18 Jahren	120

a) Ermitteln Sie die Zahl der zurzeit wahlberechtigten Mitarbeiter.
b) Ermitteln Sie die Anzahl der zu wählenden Betriebsratsmitglieder.

13. In der Schmitt GmbH besteht bereits ein Betriebsrat. Jetzt soll eine Jugend- und Auszubildendenvertretung gewählt werden. Es sind folgende Mitarbeiterinnen und Mitarbeiter beschäftigt:

Auszubildende	**Anzahl**	**Übrige Mitarbeiter und Mitarbeiterinnen**	
Alter		**Alter**	**Anzahl**
16 Jahre alt	2	16 Jahre alt	1
17 Jahre alt	5	17 Jahre alt	2
18 Jahre alt	3	18 Jahre alt	4
19 Jahre alt	5	19 Jahre alt	4
20 Jahre alt	2	20 Jahre alt	8
21 Jahre alt	-	21 bis 25 Jahre alt	22
22 Jahre alt	2	.	.
23 Jahre alt	2	.	.
24 Jahre alt	-	.	.
25 Jahre alt	-	.	.
26 Jahre alt	1		
Summe Auszubildende	22	Summe übrige Mitarbeiter und Mitarbeiterinnen	230

Stellen Sie fest, wie viele Personen insgesamt für die Wahl der Jugend- und Auszubildendenvertretung wahlberechtigt sind.

14. Ordnen Sie zu, ob der Betriebsrat in den folgenden Fällen ein

1. Mitbestimmungsrecht,
2. Mitwirkungsrecht,
3. Informationsrecht,
4. Beratungsrecht

hat.

a) Es sollen Überwachungskameras an allen Arbeitsplätzen installiert werden.
b) Aufgrund der schlechten Auftragslage sollen die Planzahlen für den Personalbedarf reduziert werden.
c) Der Betriebsrat nimmt Stellung zu einer vom Arbeitgeber ausgesprochenen Kündigung eines Arbeitnehmers, die er für sozial ungerechtfertigt hält.
d) Ein betriebliches Vorschlagswesen wird eingeführt.
e) Der Vorstand will für die Mitarbeiter in der Verwaltung die variable Arbeitszeit einführen.
f) Aufgrund eines dringenden Großauftrages werden für die Mitarbeiter in der Produktion Überstunden angeordnet.
g) Ein Mitarbeiter der Produktion soll in eine andere Abteilung versetzt werden.
h) Der Betriebsrat vereinbart mit dem Arbeitgeber, dass im Betrieb zu besetzende Stellen intern auszuschreiben sind.
i) Eine Projektgruppe hat einen neuen Personalfragebogen und ein neues Beurteilungsverfahren entwickelt. Beides soll ab sofort eingesetzt werden.
j) Für die EDV-Abteilung soll ein Softwarespezialist eingestellt werden.

1 k) Eine Mitarbeiterin der Personalabteilung soll in die nächst höhere Entgeltgruppe eingestuft werden.

1 l) Das Unternehmen befindet sich in einer wirtschaftlichen Krise. Um Entlassungen zu vermeiden, wird Kurzarbeit vereinbart.

4 m) Das Unternehmen plant aufgrund der wirtschaftlichen Situation eine Produktionsstätte zu schließen.

1 n) Die Mitarbeiter wünschen, dass neue Getränkeautomaten in der Kantine aufgestellt werden sollen.

1 o) Bisher war es im Betrieb üblich, dass die Mitarbeiter auch in der Zeit vom 15. Dezember bis zum 15. Januar Urlaub nehmen konnten. Diese Regelung soll jetzt abgeschafft werden.

4 p) Ein Teil der Produktion wird ins Ausland verlagert.

1 q) Die Arbeitsentgelte werden zukünftig erst am Monatsende ausbezahlt.

1 r) In den nächsten Monaten werden EDV-Kurse für ein neu eingeführtes Betriebssystem außerhalb der regelmäßigen Arbeitszeit verpflichtend angeboten.

4 s) Der Arbeitgeber plant, verschiedene Arbeitsprozesse und Arbeitsabläufe zu verändern.

2. Fallsituation

Die Automotive AG ist ein Automobilzulieferer mit Sitz in Frankfurt am Main. Sie beschäftigt (ohne Vorstände, Prokuristen und sonstige leitende Angestellte) insgesamt 1.515 Mitarbeiter mit folgender Altersstruktur:

105 Mitarbeiter im Alter von 16 bis unter 18 Jahren, davon 89 Auszubildende
350 Mitarbeiter im Alter von 18 bis unter 25 Jahren, davon 150 Auszubildende
460 Mitarbeiter im Alter von 25 bis unter 40 Jahren, davon wurden 5 vor 3 Monaten eingestellt
320 Mitarbeiter im Alter von 40 bis unter 50 Jahren
280 Mitarbeiter im Alter von 50 bis unter 65 Jahren

a) Ermitteln Sie, wie viele Mitarbeiter bei der anstehenden Wahl zur Jugend- und Auszubildendenvertretung wahlberechtigt sind.

b) Ermitteln Sie, wie viele Mitarbeiter bei der anstehenden Wahl zur Jugend- und Auszubildendenvertretung wählbar sind.

c) Wann wird die Jugend- und Auszubildendenvertretung regelmäßig gewählt?

d) Wann finden in der Regel Sitzungen der Jugend- und Auszubildendenvertretung statt?

e) Der Betriebsrat möchte sich in der nächsten Sitzung ausschließlich mit dem ausbildungsbegleitenden Beurteilungssystem des Betriebes befassen. Wie viele Mitglieder der Jugend- und Auszubildendenvertretung dürfen an der Sitzung teilnehmen?

f) Welche Vorteile hat es für die Jugendlichen, wenn sie eine eigene Interessenvertretung haben?

g) Wie viele Betriebsratsmitglieder hat der Betriebsrat der Automotive AG?

h) Gibt es freigestellte Betriebsratsmitglieder bei der Automotive AG? Falls ja, wie viele gibt es?

i) Dürfen auch die Vorstände und Prokuristen an der Betriebsratswahl teilnehmen?

j) Wie viele Mitarbeiter der Automotive AG besitzen das passive Wahlrecht für den Betriebsrat?

k) Der Betriebsrat hat in sozialen Angelegenheiten eines Unternehmens ein fast uneingeschränktes Mitbestimmungsrecht. Erläutern Sie, was damit gemeint ist.

l) Warum ist die Wahl eines Betriebsrates für die Beschäftigten eines Unternehmens wichtig?

m) Vergleichen Sie die regelmäßige Amtszeit der Jugend- und Auszubildendenvertretung mit der regelmäßigen Amtszeit des Betriebsrates und begründen Sie den Unterschied.

Lösungen

1. Wissensfragen

1.1 Lernfragen

1. Wahlberechtigt (aktives Wahlrecht):
   - Alle Arbeitnehmer (ohne leitende Angestellte) des Betriebs, die das 18. Lebensjahr vollendet haben,
   - Leiharbeitnehmer, wenn sie länger als drei Monate im Betrieb eingesetzt werden. A

   Wählbar (passives Wahlrecht):
   - alle Wahlberechtigten, die sechs Monate dem Betrieb angehören.

2. Die regelmäßigen Betriebsratswahlen finden alle vier Jahre in der Zeit vom 1. März bis 31. Mai statt. Die regelmäßige Amtszeit beträgt 4 Jahre. A

3. Stufen: Mitbestimmungs-, Mitwirkungs-, Informations- und Beratungsrecht

   Mitbestimmung heißt, dass die Zustimmung des Betriebsrates zwingend ist. Wenn der Betriebsrat nicht zustimmt, entscheidet die Einigungsstelle. Der Spruch der Einigungsstelle ersetzt die Einigung zwischen Arbeitgeber und Betriebsrat. A

   Mitbestimmungsrecht hat der Betriebsrat
   - in sozialen Angelegenheiten (§ 87 BetrVG) wie z. B. Betriebsordnung, Urlaubsregelung, Beginn und Ende der Arbeitszeit, Überstunden, Zeit, Ort und Art der Entgeltzahlung, Entlohnungsgrundsätze, Akkord- und Prämiensätze, Vorschlagswesen, Pausenregelung, Einrichtung technischer Überwachungsanlagen, Soziale Einrichtungen, Kantine, Aufenthaltsraum, sanitäre Anlagen, Unfallverhütung, Entgeltgestaltung,
   - bei betrieblichen Bildungsmaßnahmen (§ 98 BetrVG),
   - bei Personalfragebögen, Beurteilungsgrundsätzen, Auswahlrichtlinien (§§ 94, 95 BetrVG),
   - bei der Erstellung eines Sozialplans bei Betriebsveränderungen (§ 112, 112a BetrVG),
   - beim betrieblichen Umweltschutz,
   - in Fremdenfeindlichkeitsfragen.

   Mitwirkung heißt, dass der Betriebsrat ein Veto- oder Widerspruchsrecht in personellen Angelegenheiten hat. Wird in diesem Bereich der Betriebsrat nicht angehört, so ist die Maßnahme unwirksam. Wenn der Betriebsrat die Zustimmung unter Angabe von Gründen innerhalb einer Woche nach Unterrichtung schriftlich verweigert, so entscheidet das Arbeitsgericht.

   Die Mitwirkung erstreckt sich auf personelle Einzelmaßnahmen (§ 99 BetrVG) wie Versetzung, Ein- und Umgruppierung, Kurzarbeit, Einstellungen und Kündigungen (§ 102 BetrVG).

   Beim Beratungsrecht hat der Betriebsrat das Recht, seine Auffassung gegenüber dem Arbeitgeber darzulegen und Gegenvorschläge zu unterbreiten. Die Maßnahmen sind dann aber auch ohne Zustimmung des Betriebsrates wirksam.

   Ein Beratungsrecht hat der Betriebsrat im wirtschaftlichen Bereich, z. B. in Fragen der Arbeitsplatzgestaltung (§ 90 BetrVG) wie Baumaßnahmen, technische Anlagen, Arbeitsablauf,

Arbeitsplätze, bei der Personalplanung (§ 92), der Förderung betrieblicher Bildung (§ 96) oder bei Betriebsänderungen (§ 111 BetrVG).

Das Informationsrecht bedeutet, dass der Betriebsrat das Recht auf rechtzeitige Unterrichtung über eine Maßnahme bzw. Angelegenheit hat. Wenn der Betriebsrat nicht zustimmt, ist die Maßnahme trotzdem wirksam.

Das Informationsrecht besteht in wirtschaftlichen Angelegenheiten (§ 106) über z. B. die wirtschaftliche und finanzielle Lage, Produktions- und Absatzlage, Einführung neuer Arbeits- und Rationalisierungsmethoden, aber auch bei der Einstellung leitender Angestellter (§ 105 BetrVG).

B

4. Aktives Wahlrecht (wahlberechtigt):

- Jugendliche Arbeitnehmer (d. h. Arbeitnehmer, die das 18. Lebensjahr noch nicht vollendet haben),
- zur Berufsausbildung beschäftigte Arbeitnehmer unter 25.

Passives Wahlrecht (wählbar):

- Alle Arbeitnehmer des Betriebs, die das 25. Lebensjahr noch nicht vollendet haben.

A, B

5. Aufgaben des Betriebsrates:

- Mitbestimmung in sozialen Angelegenheiten (z. B. bei der Urlaubsregelung oder bei der Anordnung von Überstunden oder Samstagsarbeit), Mitwirkung in personellen Angelegenheiten und Beratung in wirtschaftlichen Angelegenheiten,
- Kontrolle über die Einhaltung der zugunsten von Arbeitnehmern erlassenen Gesetze, Verordnungen, Tarifverträge, Betriebsvereinbarungen sowie Unfallverhütungsvorschriften,
- Abschluss von Betriebsvereinbarungen mit dem Arbeitgeber,
- Information der Belegschaft, nicht zuletzt auf den regelmäßigen Betriebsversammlungen.

Aufgaben der JAV:

- Vertretung der Interessen der Jugendlichen und Auszubildenden im Betriebsrat,
- Anträge an den Betriebsrat für Maßnahmen zugunsten der jungendlichen Betriebsangehörigen und Auszubildenden in Fragen der Berufsbildung und der Übernahme der Auszubildenden,
- Anträge zur Gleichstellung von Frauen und Männern,
- Förderung der Integration junger ausländischer Betriebsangehöriger,
- Überwachung der Einhaltung von geltenden Gesetzen, Verordnungen, Unfallverhütungsvorschriften, Tarifverträgen, Vorschriften und Vereinbarungen zugunsten der Jugendlichen,
- Annahme von Anregungen der Jugendlichen und Auszubildenden und Weitergabe berechtigter Beschwerden an den Betriebsrat.

A, B

6. • Betriebliche Voraussetzungen für die Wahl des Betriebsrates:

- mindestens fünf wahlberechtigte Arbeitnehmer,
- mindestens drei wählbare Arbeitnehmer.

• Betriebliche Voraussetzungen für die Wahl der Jugend- und Auszubildendenvertretung:

- mindestens fünf Arbeitnehmer, die das 18. Lebensjahr noch nicht vollendet haben oder die zu ihrer Berufsausbildung beschäftigt sind und das 25. Lebensjahr noch nicht vollendet haben.

7. Betriebsverfassungsgesetz, Drittelbeteiligungsgesetz, Mitbestimmungsgesetz, Montanmitbestimmungsgesetz

A, B, C

8. Der Aufsichtsrat ist je zur Hälfte von den Anteilseignern und den Arbeitnehmern besetzt. Bei Stimmengleichheit hat der Aufsichtsratsvorsitzende, der von den Anteilseignern bestimmt werden darf, ein doppeltes Stimmrecht.

C

1.2 Mehrfachauswahl

1. **a**, **f** Mitbestimmung in sozialen Angelegenheiten
Mitwirkungsrecht in **e**, Informationsrecht in **b** und **c**

A

2. **b**, **d**, **g**

Da hier nur ein Informationsrecht- bzw. Beratungsrecht besteht, kann die jeweilige Maßnahme auch ohne Zustimmung umgesetzt werden.

a, **c**, **e** Mitbestimmungsrecht

f Mitwirkungsrecht

A

3. **a**, **d**

B

4. **b**, **e**

zu a) ergeben sich aus dem Betriebsverfassungsgesetz

zu c) Antrag erfolgt beim Betriebsrat

zu d) ergibt sich aus der Anzahl aller jugendlichen Arbeitnehmer und Auszubildenden unter 25

zu f) Einberufung nur im Einvernehmen mit dem Betriebsrat vor oder nach jeder Betriebsversammlung, Einberufung zu einem anderen Zeitpunkt im Einvernehmen mit dem Betriebsrat und dem Arbeitgeber.

B

5. **c**, **d**

zu a) zwischen 1 und 15 Mitgliedern

zu e) Mitglieder des Betriebsrats können nicht zu Jugend- und Auszubildendenvertretern gewählt werden.

zu f) geheime Wahl

B

6. **d**

Die Zeit der Teilnahme und die zusätzlichen Wegezeiten sind wie Arbeitszeit zu vergüten.

7. c, e, g

zu a) Sie ist nicht öffentlich.

zu f) Sie wird vom Vorsitzenden des Betriebsrates geleitet.

8. c

A

9. d

A

10. a, f

B

Die Jugend- und Auszubildendenvertretung stellt ihre Anträge an den Betriebsrat.

11. c

B

Da überwiegend Angelegenheiten behandelt und Beschlüsse gefasst werden, die Jugendliche und Auszubildende betreffen, hat die gesamte Jugend- und Auszubildendenvertretung ein Teilnahme- und ein Stimmrecht (§ 67 BetrVG).

12.

A

a) 9.210 (8.750 + 580 - 120)

b) 37 (35 + 2, da mehr als 9.000 wahlberechtigte Arbeitnehmer im Betrieb)

13. 24 (21 + 1 + 2)

B

Arbeitnehmer unter 18 und Auszubildende unter 25 sind wahlberechtigt.

14.

A

a) 1 soziale Angelegenheit, Einführung eines Arbeitsüberwachungsgerätes

b) 4 wirtschaftliche Angelegenheit, Personalplanung

c) 2 personelle Angelegenheit

d) 1 soziale Angelegenheit

e) 1 soziale Angelegenheit, Arbeitszeitregelung

f) 1 soziale Angelegenheit, Arbeitszeitregelung

g) 2 personelle Angelegenheit

h) 4 Betriebsrat kann es verlangen (§ 93 BetrVG), aber keine Zustimmung nötig

i) 1 Zustimmung notwendig, Einigungsstelle entscheidet notfalls

j) 2 personelle Angelegenheit, Neueinstellung (§ 99 BetrVG)

k) 2 personelle Angelegenheit, Umgruppierung
l) 2 personelle Angelegenheit
m) 4 wirtschaftliche Angelegenheit, Änderung der Betriebsorganisation
n) 1 soziale Angelegenheit, Ausgestaltung der Sozialeinrichtungen
o) 1 soziale Angelegenheit, Urlaubsgrundsätze
p) 4 wirtschaftliche Angelegenheit, Betriebsänderungen
q) 1 soziale Angelegenheit, Auszahlung der Arbeitsentgelte
r) 1 betriebliche Bildungsmaßnahme
s) 4 Arbeitgeber muss mit dem Betriebsrat in Diskussion treten

2. Fallsituation

A, B

a) 255 (105 + 150)

b) 455 (105 + 350)

c) Die regelmäßigen Wahlen der Jugend- und Auszubildendenvertretung finden alle zwei Jahre in der Zeit vom 1. Oktober bis zum 30. November statt.

d) Die Jugend- und Auszubildendenvertretung kann vor oder nach jeder Betriebsversammlung im Einvernehmen mit dem Betriebsrat eine betriebliche Jugend- und Auszubildendenversammlung einberufen.

e) Da die gesamte Jugend- und Auszubildendenvertretung ein Teilnahmerecht hat, dürfen alle Mitglieder an der Sitzung teilnehmen. Zudem haben die Jugend- und Auszubildendenvertreter auch Stimmrecht, da die zu fassenden Beschlüsse des Betriebsrats überwiegend jugendliche Arbeitnehmer und Auszubildende betreffen.

f)
- Eine JAV kann über den Betriebsrat Druck ausüben, wenn die Qualität der Ausbildung nicht stimmt oder die Auszubildenden ausbildungsfremde Arbeiten erledigen müssen.
- Die JAV sorgt dafür, dass die Gesetze, Tarifverträge und Betriebsvereinbarungen, die zu Gunsten der Auszubildenden erlassen wurden, eingehalten werden und sie macht Vorschläge, wie sich die Ausbildungsbedingungen verbessern lassen.
- An jeder Betriebsratssitzung kann ein Vertreter der Jugend- und Auszubildendenvertretung teilnehmen.
- Wenn ihre Angelegenheiten in der Betriebsratssitzung behandelt werden, hat die gesamte Vertretung ein Teilnahme- und Stimmrecht.

g) 15 Betriebsratsmitglieder

Es gibt 1.410 wahlberechtigte Arbeitnehmer. Die jugendlichen Arbeitnehmer (105) sind nicht wahlberechtigt. Die Arbeitnehmer, die noch keine 6 Monate dem Betrieb angehören (5) sind wahlberechtigt, aber nicht wählbar.

h) Es gibt 3 freigestellte Betriebsratsmitglieder für 1.410 wahlberechtigte Arbeitnehmer.

i) Nein, da Vorstände als Organe der AG nicht als Arbeitnehmer im Sinne des Betriebsverfassungsgesetzes gelten und das Gesetz nicht auf leitende Angestellte Anwendung findet (§ 5 BetrVG).

j) Wählbar sind die Wahlberechtigten, die sechs Monate dem Betrieb angehören, d.h. 1.405 Arbeitnehmer. (350 + 455 + 320 + 280)

k) Mitbestimmung heißt, dass der Arbeitgeber für bestimmte Maßnahmen die Zustimmung des Betriebsrates zwingend braucht. Wenn der Betriebsrat nicht zustimmt, entscheidet die Einigungsstelle. Der Spruch der Einigungsstelle ersetzt die Einigung zwischen AG und Betriebsrat.

Mitbestimmungsrecht hat der Betriebsrat

- in sozialen Angelegenheiten (§ 87 BetrVG) wie z.B. Betriebsordnung, Urlaubsregelung, Beginn und Ende der Arbeitszeit, Überstunden, Zeit, Ort und Art der Entgeltzahlung, Entlohnungsgrundsätze, Akkord- und Prämiensätze, Vorschlagswesen, Pausenregelung, Einrichtung technischer Überwachungsanlagen, soziale Einrichtungen, Kantine, Aufenthaltsraum, sanitäre Anlagen, Unfallverhütung, Entgeltgestaltung,
- bei betrieblichen Bildungsmaßnahmen (§ 98 BetrVG),
- bei Personalfragebögen, Beurteilungsgrundsätzen, Auswahlrichtlinien (§§ 94, 95 BetrVG),
- bei der Erstellung eines Sozialplans bei Betriebsveränderungen (§ 112, 112a BetrVG),
- beim betrieblichen Umweltschutz,
- in Fremdenfeindlichkeitsfragen.

l) Es gibt eine Vielzahl von Fragen, die nicht jeder einzeln mit dem Arbeitgeber aushandeln und durchsetzen kann. Der Betriebsrat ist als Gremium, das von den Arbeitnehmern gewählt ist, dafür zuständig und deshalb mit einer Vielzahl von Rechten (Mitbestimmungs-, Mitwirkungs-, Beratungs- und Informationsrecht) ausgestattet.

- Arbeitnehmer sind durch den Betriebsrat besser in betriebliche Prozesse einbezogen.
- Er vertritt die Interessen der Arbeitnehmer und kann so Einfluss auf die Arbeitgeberseite nehmen.
- Er soll die Beschäftigung im Betrieb fördern und sichern. Er sorgt z.B. dafür, dass Kündigungen vermieden und es bei der Aufstellung eines Sozialplanes sozial zugeht.
- Er bestimmt mit bei der Gestaltung von Arbeitszeiten, er wirkt mit bei Einstellung und Versetzung. Er muss vor jeder Kündigung gehört werden. Er achtet auf die richtige Umsetzung des Tarifvertrages.
- Er sorgt dafür, dass bei Einführung neuer Technologien die Gesundheit nicht gefährdet und Arbeitnehmerdaten geschützt werden.
- Arbeitnehmer haben einen Ansprechpartner, wenn es Ärger am Arbeitsplatz gibt.

m) Die regelmäßige Amtszeit der Jugend- und Auszubildendenvertretung beträgt zwei Jahre.
Die regelmäßige Amtszeit des Betriebsrates beträgt vier Jahre.
Die Ausbildungszeit beträgt maximal drei, in der Regel zweieinhalb Jahre.